Musikwirtschafts- und Musikkulturforschung

Reihe herausgegeben von
C. Winter, Hannover, Deutschland
M. Lücke, Berlin, Deutschland
M. Rauch, Ludwigshafen, Deutschland
P. Tschmuck, Wien, Österreich

Die neue Reihe *Musikwirtschafts- und Musikkulturforschung* [MMF] ist programmatisch explizit überdisziplinär angelegt. Die Bände diskutieren Musikkultur und Musikwirtschaft als „Laboratorien" unserer Kultur und Wirtschaft, in deren komplexen Zusammenhängen Leute neue Lebensweisen und UnternehmerInnen u.a. neue Geschäftsmodelle und Formen der Schöpfung von kulturellen, sozialem und ökonomischem Kapital innovieren. Die Reihe publiziert aktuelle Forschung sowie historische und systematische Studien und ist dabei fachlich, theoretisch und methodisch offen für Beiträge, die auch jenseits der Kultur- und Wirtschaftswissenschaften empirisch und konzeptuell zu einem Verständnis von Musikkultur und Musikwirtschaft beitragen z.B. mit Blick auf ihre rechtlichen, ästhetischen, politischen, medialen oder ethischen Bedingungen und Voraussetzungen.

Weitere Bände in der Reihe http://www.springer.com/series/15572

Peter Tschmuck · Beate Flath
Martin Lücke
(Hrsg.)

Musikwirtschafts-forschung

Die Grundlagen einer neuen Disziplin

Springer VS

Herausgeber
Peter Tschmuck
Wien, Österreich

Martin Lücke
Berlin, Deutschland

Beate Flath
Paderborn, Deutschland

Musikwirtschafts- und Musikkulturforschung
ISBN 978-3-658-19398-0   ISBN 978-3-658-19399-7   (eBook)
https://doi.org/10.1007/978-3-658-19399-7

Die Deutsche Nationalbibliothek verzeichnet diese Publikation in der Deutschen Nationalbibliografie; detaillierte bibliografische Daten sind im Internet über http://dnb.d-nb.de abrufbar.

Springer VS
© Springer Fachmedien Wiesbaden GmbH 2018
Das Werk einschließlich aller seiner Teile ist urheberrechtlich geschützt. Jede Verwertung, die nicht ausdrücklich vom Urheberrechtsgesetz zugelassen ist, bedarf der vorherigen Zustimmung des Verlags. Das gilt insbesondere für Vervielfältigungen, Bearbeitungen, Übersetzungen, Mikroverfilmungen und die Einspeicherung und Verarbeitung in elektronischen Systemen.
Die Wiedergabe von Gebrauchsnamen, Handelsnamen, Warenbezeichnungen usw. in diesem Werk berechtigt auch ohne besondere Kennzeichnung nicht zu der Annahme, dass solche Namen im Sinne der Warenzeichen- und Markenschutz-Gesetzgebung als frei zu betrachten wären und daher von jedermann benutzt werden dürften.
Der Verlag, die Autoren und die Herausgeber gehen davon aus, dass die Angaben und Informationen in diesem Werk zum Zeitpunkt der Veröffentlichung vollständig und korrekt sind. Weder der Verlag noch die Autoren oder die Herausgeber übernehmen, ausdrücklich oder implizit, Gewähr für den Inhalt des Werkes, etwaige Fehler oder Äußerungen. Der Verlag bleibt im Hinblick auf geografische Zuordnungen und Gebietsbezeichnungen in veröffentlichten Karten und Institutionsadressen neutral.

Gedruckt auf säurefreiem und chlorfrei gebleichtem Papier

Springer VS ist Teil von Springer Nature
Die eingetragene Gesellschaft ist Springer Fachmedien Wiesbaden GmbH
Die Anschrift der Gesellschaft ist: Abraham-Lincoln-Str. 46, 65189 Wiesbaden, Germany

Inhalt

AutorInnen VII

Vorwort XIII

1 Einleitung 1
  Peter Tschmuck, Beate Flath und Martin Lücke

Teil 1 Grundlagen der Musikwirtschaftsforschung

2 Musikwirtschaftsforschung als Musik(wirtschafts)kulturforschung.
  Annäherungen an eine neue Disziplin 9
  Beate Flath

3 Eine Methodologie für kulturelle Musikwirtschaftsforschung 27
  Lorenz Grünewald-Schukalla

4 Die Musikwirtschaftsforschung im Kontext der Kulturbetriebslehre –
  ein Vorschlag 57
  Peter Tschmuck

5 Musikwirtschaftsforschung: nur ein Feld der angewandten
  Ökonomie? 77
  Glaucia Peres da Silva

Teil 2 Methodische Zugänge zur Musikwirtschaftsforschung

6 Der Beitrag der Informatik zur Musikwirtschaftsforschung 97
   Christine Bauer

7 Musikwirtschaftsforschung und das Internet. Wie sich nicht nur
   die Musikindustrie, sondern auch die Forschung verändert 117
   Christian Handke

8 Musikwirtschaft als Forschungsgegenstand der (Musik-)Soziologie 137
   Michael Huber

9 Die perspektivische Rolle der (Inter-)Disziplin
   Musikwirtschaftsforschung für das Fach Musikwissenschaft 159
   Martin Lücke

AutorInnenverzeichnis

Mag. DI Dr. Christine Bauer
Institut für Computational Perception
Johannes Kepler Universität Linz
Altenberger Straße 69, 4040 Linz, Österreich
christine.bauer@jku.at
Christine Bauer, Mag. DI. Dr., Jahrgang 1979, ist seit 2017 Senior Postdoc Researcher am Institut für Computational Perception an der Johannes Kepler Universität Linz. Christine Bauer ist Stipendiatin des FWF-Elise-Richter-Förderprogramms. Vor ihrer akademischen Laufbahn arbeitete sie in der Verwertungsgesellschaft AKM (Autoren, Komponisten, Musikverleger) am Aufbau der Musiklizenzierung im Online-Bereich. Ihre wissenschaftliche Laufbahn begann sie am E-Commerce Competence Center tätig, bevor sie anschließend an die Wirtschaftsuniversität Wien wechselte; Forschungs- und Lehraufenthalte u.a. an der Carnegie Mellon University in Pittsburgh, der Universität zu Köln sowie der Popakademie Baden-Württemberg in Mannheim. Ihre Forschungsschwerpunkte sind im Bereich Kontext-adaptive Informations- und Empfehlungssysteme angesiedelt – insbesondere mit Anwendung in der Musikwirtschaft.

Jun.-Prof.in Dr.in phil. Beate Flath
Populäre Musik und Medien - Fach Musik
Fakultät für Kulturwissenschaften
Universität Paderborn
Warburger Str. 100, 33098 Paderborn, Deutschland
beate.flath@uni-paderborn.de
Beate Flath, Jun.-Prof.in Dr.in, 1981, seit 2015 Juniorprofessorin für Eventmanagement mit den Schwerpunkten Populäre Musik, Medien und Sport an der kulturwissenschaftlichen Fakultät (Fach Musik – Populäre Musik und Medien) der

Universität Paderborn. Sie hat Musikwissenschaft, Kunstgeschichte und Betriebswirtschaftslehre an der Karl-Franzens-Universität Graz studiert und 2009 mit einer experimentellen Arbeit zu Sound Design in der Fernsehwerbung promoviert. 2009 bis 2013 war sie als Universitätsassistentin am Institut für Musikwissenschaft der Karl-Franzens-Universität, anschließend als Universitätsassistentin am Institut für Kulturmanagement und Gender Studies (IKM) der Universität für Musik und darstellende Kunst tätig. Seit 2017 ist sie Mitherausgeberin der Reihe Populäre Kultur und Medien im Lit-Verlag sowie der Reihe Music Business Research im Springer Verlag.

Mag. Lorenz Grünewald-Schukalla
Fachbereich Wirtschaft
Campus Berlin
Hochschule für Medien, Kommunikation und Wirtschaft
Ackerstraße 76, 13355 Berlin, Deutschland
l.gruenewald@hmkw.de
Lorenz Grünewald-Schukalla, M.A., Jahrgang 1987 ist seit 2013 wissenschaftlicher Mitarbeiter an der Hochschule für Medien, Kommunikation und Wirtschaft Berlin. Er ist Geschäftsführer der Gesellschaft für Musikwirtschafts- und Musikkulturforschung (GMM). Nach dem Musikstudium an der Popacademie Enschede (NL, Hauptfach Gitarre) und einem Masterstudiengang in Musik und Medien am Institut für Journalistik und Kommunikationswissenschaften Hannover arbeitet er an seiner Promotion zu Musikmarketing und -Branding. Seine Arbeitsschwerpunkte liegen an der Schnittstelle zwischen Cultural Studies und Management-Forschung, der medienspezifischen Musikforschung sowie der Forschung zu Internet-Memes. Er ist Ko-Herausgeber des Jahrbuchs für Musikwirtschafts- und Musikkulturforschung und Autor der Publikationen „YouTubes Musikkultur zwischen Co-Creation und Kommerzialisierung", „A Methodology for Cultural Music Business Research", „Vom Produkt zum Produktionsmittel: Was Medienunternehmen von Spotify Lernen können" sowie „The New Artrepreneur - How Artists Can Thrive on a Networked Music Business".

Ass.-Prof. Christian Handke
Department of Arts and Culture
Erasmus School of History, Culture and Communication
Erasmus Universität Rotterdam
Woudestein, Van der Goot building, M7-18

P.O. Box 1738, NL-3000 DR Rotterdam, Niederlande
handke@eshcc.eur.nl
Christian Handke, Dr., Jahrgang 1971, lehrt seit Oktober 2007 Cultural Economics an der Erasmus University Rotterdam (Niederlande), wo er seit 2011 auch den Master Cultural Economics & Entrepreneurship leitet. Christian Handke ist Board Member der Association of Cultural Economics International und Vizepräsident der Society for Economic Research on Copyright Issues. Seine Lehr- und Forschungsschwerpunkte sind Innovation in der Kreativwirtschaft, die Ökonomik des Urheberrechts und empirische Methoden. Christian Handkes Arbeiten sind in führenden spezialisierten Fachzeitschriften erschienen, wie Information Economics & Policy und dem Journal of Cultural Economics. Mit Ruth Towse hat er das „Handbook on the Digital Creative Economy" herausgegeben (Elgar, 2013).

Assoz. Prof. Dr. Michael Huber
Institut für Musiksoziologie
Universität für Musik und darstellende Kunst Wien
Anton-von-Webern-Platz 1. 1030 Wien, Österreich
huber-m@mdw.ac.at
Michael Huber, Assoz. Prof. Dr., Jahrgang 1969, ist seit 2012 assoziierter Professor für Musiksoziologie an der Universität für Musik und darstellende Kunst Wien. Michael Huber ist Vorstandsmitglied im Österreichischen Musikrat und in der Austrian Music Business Research Association (AMBRA). Er hat Soziologie und Erziehungswissenschaften an der Universität Wien studiert (1998 Magister der sozial- und Wirtschaftswissenschaften, 2006 Doktor der Philosophie). Seine Forschungsschwerpunkte sind Musikrezeption, musikalische Sozialisation und Institutionen des Musiklebens. Publikation: Musikhören im Zeitalter Web 2.0. Theoretische Grundlagen und empirische Befunde. Wiesbaden: Springer VS 2018.

Prof. Dr. Martin Lücke
Campus Berlin
Hochschule Macromedia
Mehringdamm 33, 10961 Berlin, Deutschland
m.luecke@macromedia.de
Martin Lücke, Prof. Dr., Jahrgang 1974, ist seit 2009 Professor für Musikmanagement an der Hochschule Macromedia am Campus Berlin. Martin Lücke ist derzeit Vorsitzender der Gesellschaft für Musikwirtschafts- und Musikkulturforschung (GMM) sowie im Vorstand des Fachverbands Kulturmanagement und Board

Member der International Music Business Research Association (IMBRA). Er hat zunächst als Dramaturg bei den Bochumer Symphonikern gearbeitet (2003–2006) und war anschließend Kurator am Haus der Geschichte in Bonn (2006–2008). Seine Lehr- und Forschungsschwerpunkte sind Musikmanagement, Populäre Musik (u.a. Schlager und Progressive Rock), Kulturfinanzierung (Crowdfunding) sowie Ausbildungsforschung. Zu den wichtigen Publikationen zählt das 2013 bei Kohlhammer erschienene Lehrbuch Management in der Musikwirtschaft. Derzeit gibt Martin Lücke das Lexikon der Musikberufe im Laaber-Verlag heraus.

Dr. Glaucia Peres da Silva
Institut für Soziologie (IMS)
Fakultät für Gesellschaftswissenschaften
Universität Duisburg-Essen
Lotharstraße 65, 47057 Duisburg, Deutschland
Glaucia.peres@uni-due.de
Glaucia Peres da Silva, Dr. phil., Jahrgang 1979, ist seit 2013 wissenschaftliche Mitarbeiterin am Lehrstuhl für Soziologie mit Schwerpunkt Vergleichende Soziologie an der Universität Duisburg-Essen. Sie hat zunächst Kommunikations- und Sozialwissenschaften an der Universidade de Sao Paulo in Brasilien studiert; anschließend hat sie im Fach Soziologie zur Entstehung des Weltmusikmarktes an der Humboldt-Universität zu Berlin promoviert. Ihre Lehr- und Forschungsschwerpunkte sind Wirtschaftssoziologie, Kulturpolitik, Globalisierung- und Transnationalisierungsprozesse. Publikationen: Wie klingt die globale Ordnung (Springer, 2016), „Weltmusik: Ein politisch umstrittener Begriff" (in Global Pop, J.B. Metzler 2017), „Globale Klänge. ‚World Music' als Marktkategorie in den 1980er Jahren" (in PopGeschichte – Band 2, transcript 2015).

Ao.Univ. Prof. Mag. Dr. Peter Tschmuck
Institut für Kulturmanagement und Gender Studies (IKM)
Universität für Musik und darstellende Kunst Wien
Anton-von-Webern-Platz 1, 1030 Wien, Österreich
Tschmuck@mdw.ac.at
Peter Tschmuck, ao. Univ. Prof. Dr., Jahrgang 1971, ist seit Juni 2000 am Institut für Kulturmanagement und Gender Studies (IKM) der Universität für Musik und darstellende Kunst Wien, tätig, wo er sich 2003 im Fach Kulturbetriebslehre habilitiert hat. Peter Tschmuck ist stellvertretender Leiter des IKM und Präsident der International Music Business Research Association (IMBRA) sowie Obmann der

Österreichischen Gesellschaft für Musikwirtschaftsforschung (AMBRA). Er hat zunächst an der Universität Innsbruck Volks- und Betriebswirtschaftslehre studiert und dort auch sein Doktorrat gemacht hat. Nach einem Jahr in der Privatwirtschaft hat Peter Tschmuck eine Universitätsassistentenstelle an der Wirtschaftsuniversität Wien (WU) angenommen, von wo aus er im Juni 2000 ans IKM gewechselt ist. Seine Arbeits-/Lehr- und Forschungsschwerpunkte sind Musikwirtschaft, Ökonomik des Urheberrechts, Kunst- und Kulturökonomik, Kulturpolitik sowie Kulturmanagement. Aktuelle Publikation: The Economics of Music, 2017, Agenda Publishing. Seit 2012 gibt Peter Tschmuck gemeinsam mit Dennis Collopy und Carsten Winter das „International Journal for Music Business Research" heraus und ist Initiator sowie Organisator der Vienna Music Business Research Days. Regelmäßig erscheinen Aufsätze und Kommentare im Blog zur Musikwirtschaft in deutscher und englischer Sprache: http://musikwirtschaftsforschung.wordpress.com und http://musicbusinessresearch.wordpress.com

Vorwort der HerausgeberInnen

Dieser Band versammelt zum ersten Mal Beiträge von WissenschafterInnen unterschiedlicher Disziplinen, die sich zum Ziel gesetzt haben, das im Entstehen begriffene wissenschaftliche Fach Musikwirtsforschung methodologisch und methodisch zu fassen und abzugrenzen. Es ist kein Zufall, dass dieser Sammelband jetzt erscheint, zu einem Zeitpunkt, an dem sich die Musikwirtschaftsforschung bereits institutionalisiert hat. So wurde im Oktober 2015 die International Music Business Research Association (IMBRA) gegründet, deren Vorläufer, die nunmehrige Austrian Music Business Research Association (AMBRA), bereits seit 2009 existiert. Mittlerweile gibt es auch in Deutschland mit der Gesellschaft für Musikwirtschafts- und Musikkulturforschung (GMM) einen ähnlich gelagerten Zusammenschluss von WissenschafterInnen und im August 2017 wurde in den USA im Rahmen einer internationalen Konferenz die Music Industry Research Association (MIRA) gegründet. Der Kristallisationspunkt für alle diese Aktivitäten waren nicht zuletzt die Vienna Music Business Research Days, die seit 2010 WissenschafterInnen verschiedenster Disziplinen zusammenbringen, um aktuelle Forschungsergebnisse zu präsentieren und zu diskutieren, wobei stets der Austausch mit der VertreterInnen der Musikwirtschaft gesucht wird. Als Publikationsplattform gibt es seit 2012 zudem noch das International Journal of Music Business Research (IJMBR) und die Buchreihe, in der dieser Band bei Springer VS erscheint. Sie ist ebenfalls ein unverzichtbarer Beitrag zur Weiterentwicklung der Musikwirtschaftsforschung als eigenständige Interdisziplin.

Die Beiträge in diesem Band spiegeln die große Bandbreite an Forschung wider, die innerhalb der Musikwirtschaftsforschung möglich ist und versuchen abzuklären, was eigentlich unter Musikwirtschaftsforschung verstanden werden kann. Wir danken als HerausgeberInnen dieses Sammelbandes dem Springer VS Verlag für die Bereitstellung einer Publikationsplattform in Form der Buchreihe, in der dieser Band erschienen ist. Wir bedanken uns aber auch bei allen AutorInnen, die einen Buchbeitrag beigesteuert haben, nachdem sie alle an einem Workshop zur Methodologie der Musikwirtschaftsforschung am 1. Juli 2016 am Institut für Kulturmanagement und Gender Studies des Universität für Musik und darstellende Kunst Wien teilgenommen haben.

Wir hoffen sehr, dass dieser nunmehr vorliegende Band viele Denkanstöße zur Weiterentwicklung der Musikwirtschaftsforschung bieten und sich dadurch auch die internationale Scientific Community vergrößert und den fruchtbaren Dialog weiterführt.

Die HerausgeberInnen

Einleitung

1

Peter Tschmuck, Beate Flath und Martin Lücke

Dieser Sammelband ist Ergebnis eines Workshops, der am 1. Juli 2016 am Institut für Kulturmanagement und Gender Studies der Universität für Musik und darstellende Kunst Wien stattgefunden hat. Ziel war es, das im Entstehen befindliche Fach der Musikwirtschaftsforschung inter-disziplinär zu verorten und einzugrenzen. WissenschafterInnen aus verschiedenen Disziplinen – Musik- und Kulturwissenschaft, Kommunikationswissenschaft, Ökonomie, Managementwissenschaft, Rechtswissenschaft, Soziologie, Ethnologie – haben dabei den Versuch unternommen, aus ihrer jeweiligen disziplinären Perspektive einen Definitionsversuch dessen, was Musikwirtschaftsforschung sein könnte, vorzunehmen und damit den interdisziplinären Diskurs aufzunehmen.

Es kann an dieser Stelle zu Recht die Frage aufgeworfen werden, wozu es eine neue wissenschaftliche Disziplin braucht, wo doch wirtschaftliche Aspekte der Musikproduktion, -distribution und -rezeption schon längst Gegenstand der Wirtschaftswissenschaften sind (siehe dazu den Beitrag von Christian Handke). Es gilt dabei allerdings zu bedenken, dass sowohl die Betriebswirtschaftslehre als auch die Volkswirtschaftslehre einen ganz bestimmten Fokus auf musikwirtschaftliche Fragestellungen einnehmen. In der betriebswirtschaftlichen Analyse werden Prozesse und Strukturen in musikwirtschaftlichen Organisationen untersucht, wobei der Schwerpunkt auf Fragen der Organisationstheorie, der Finanzierung, des Marketings, des Personalmanagements und der Unternehmensführung gelegt wird. In der Volkswirtschaftslehre werden entweder mikroökonomische Aspekte der Musikwirtschaft untersucht, wie z. B. Nachfrage- und Angebotsverhalten, Formen des Marktversagens und verschiedene Marktformen oder es werden industrieökonomische Zugänge gewählt, um den Wandel von Industriestrukturen oder Innovation verstehbar zu machen.

Was dabei allerdings zu kurz kommt, ist die Beschäftigung mit musikalischen Inhalten, die sehr wohl mit wirtschaftlichen Prozessen korrespondieren. Das wird allerdings als Domäne der Musikwissenschaft gesehen, die dafür aber wenig Kompetenz in der wirtschaftlichen Analyse aufweist. Ähnlich verhält es sich mit anderen wissenschaftlichen Disziplinen. Die Medienwissenschaft interessiert sich für Musik als medialen Inhalt. Die Rechtswissenschaft betrachtet vor allem urheber- und markenrechtliche Aspekte bei der Verwendung und somit Lizenzierung von Musik. Die Soziologie beschäftigt sich mit Musik als Ergebnis sozialer Prozesse und Strukturen sowie Teil gesellschaftlicher Praxis usw. Das heißt, jede Disziplin leistet sehr wertvolle Beiträge zum Verständnis, unter welchen Bedingungen Musik produziert, verbreitet und rezipiert wird, ohne aber den musikalischen Inhalt in die Analyse miteinzubeziehen. Es bedeutet daher einen großen Erkenntnisgewinn, wenn Musik als Kulturgut zusammen mit ihren Produktions-, Verbreitungs- und Rezeptionsbedingungen untersucht wird. Damit kann z. B. ein besseres Verständnis für die ästhetische Veränderung von Musik gewonnen werden, weil Produktions-, Verbreitungs- und Rezeptionsbedingungen nicht nur kontextuell für Musik sind, sondern konstitutiv. Sie fließen somit in die musikalischen Inhalte ein und prägen sie bis zu einem gewissen Grad mit. Änderungen in der Musikästhetik lassen sich daher aus dem technologischen, sozialen, wirtschaftlichen und somit insgesamt kulturellen Wandel erklären. An diesem Beispiel wird deutlich, dass in dieser Zusammensicht der unterschiedlichen wissenschaftlichen Disziplinen die große Chance einer Inter-Disziplin Musikwirtschaftsforschung besteht.

Neben dieser methodologischen Offenheit bietet die Musikwirtschaftsforschung eine Methodenvielfalt, die sich aus den verschiedenen Disziplinen speist. Das lädt zum Experimentieren ein und vermeidet den unreflektierten Einsatz eines Methodenkanons, den sich über lange Zeiträume gewachsene Wissenschaftsdisziplinen bedienen.

Demzufolge gliedert sich dieser Sammelband in zwei Abschnitte. Im ersten Teil des Buches stellen die AutorInnen Überlegungen dazu an, wie die wissenschaftlichen Grundlagen der Inter-Disziplin Musikwirtschaftsforschung aussehen könnten. Im zweiten Teil befassen sich die Beiträge dann mit methodischen Fragen und einzelnen Forschungsansätzen, die verfolgt werden könnten.

Den Grundlagen-Teil leitet der Beitrag von Beate Flath „Musikwirtschaftsforschung als Musik(wirtschafts)kulturforschung: Annäherungen an eine neue Disziplin" ein. Dieser Beitrag erkundet kulturwissenschaftliche Perspektiven auf das sich etablierende Fach der Musikwirtschaftsforschung. Ausgehend von der Annahme eines Durchdringens von Musikkulturen und Wirtschaftskulturen wird als Gegenstandsbereich von Musikwirtschaftsforschung das dynamische Gefüge von Musikkulturen und Wirtschaftskulturen sowie die darin eingebetteten moderierenden Elemente erachtet. Die Grundannahmen der kulturellen Ökonomik, welche Wirtschaft als Kultur betrachtet, dienen dabei als theoretischer Ausgangspunkt.

An Hand von zwei Beispielen werden je zwei mögliche moderierende Elemente dieses Beziehungsgefüges – Wertbildungsprozesse, -strukturen und -mechanismen sowie die Produktivkrafttheorie der Medien – genauer betrachtet und vor der Hintergrundfolie ausgewählter Aspekte kulturwissenschaftlichen Denkens erkundet und reflektiert.

Im folgenden Beitrag schlägt Lorenz Grünewald-Schukalla eine Methodologie für kulturelle Musikwirtschaftsforschung vor, die Musikwirtschaft als materiell im Stile von Praxistheorien und kulturell im Stile der Cultural Studies untersucht. Startpunkt ist eine Praxistheorie, um die transformierende Musikkultur anhand ihrer Praktiken zu untersuchen, die die Grenzen von MusikproduzentInnen, -organisationen, -medien, Bands, ProsumentInnen oder Fans kreuzen und transzendieren. Es stehen in diesen Ansätzen nicht so sehr Strukturen und AkteurInnen im Fokus der Analyse, sondern soziale Praktiken, durch die die AkteurInnen bestimmte Strukturen hervorbringen. In diesem Sinn greift Grünewald-Schukalla die Methodologie der Multi-Sited-Ethnography auf, die dieser Art kultureller Musikwirtschaftsforschung entspricht. Dieser Ansatz gewährleistet, dass die Zirkulation kultureller Bedeutung, Objekte und Identitäten in einer zeitlichen Dimension erfasst und so die Praxisebene (zeitliche Dimension) mit der Strukturebene (kulturelle Produktion) verbunden werden. Damit können ganze Musikkulturen wie z. B. die Dance-Szene oder die Hip-Hop-Szene der Analyse zugänglich gemacht werden. Der Artikel schließt mit einem Vorschlag von Methoden und Werkzeugen, um die so produzierten Daten zu interpretieren und plädiert für eine Öffnung zu den Media Studies.

Peter Tschmuck argumentiert in seinem Beitrag, dass Musik als Kulturgut in sozialen Prozessen entsteht, die in organisatorischen und institutionellen Settings eingebettet sind und von diesen gestaltet werden. Dabei wird Klang/Geräusch wertmäßig aufgeladen und in das Kulturgut Musik transformiert. Die Musikwirtschaftsforschung untersucht diese Transformationsprozesse sowie die organisatorischen und institutionellen Settings (Mikro- und Makroaspekt), die zur Entstehung, Verbreitung und Rezeption von Musik als Kulturgut beitragen. Des Weiteren befasst sich die Musikwirtschaftsforschung mit der Erforschung der Wechselwirkung zwischen dem kulturellen und ökonomischen Wert des Kulturgutes Musik. Dabei wird diese Wechselwirkung als sozio-ökonomischer sowie historischer Prozess verstanden, in dem das Wertverhältnis ständig neu gestaltet und umgeformt wird. In diesem Sinn kann die Musikwirtschaftsforschung als Teilgebiet der Kulturbetriebslehre angesehen werden, die sich mit der Formation, Verbreitung und Rezeption von Kulturgütern beschäftigt.

Der methodologische Teil des Buches wird mit dem Beitrag von Glaucia Peres da Siva beschlossen, in dem sie darüber nachdenkt, wie die Musikwirtschaftsforschung anzulegen ist, um ihre Komplexität erfassen zu können. Ausgehend von einer Analyse der Begriffe Musik und Wirtschaft, wird auf die verschiedenen Auffassungen von Musikwirtschaft hingewiesen. Darauffolgend wird am Beispiel der Musikwirtschaft als Feld der angewandten Mainstream-Ökonomik argumentiert, dass ihre Prämissen nicht mit allen anderen Disziplinen zu teilen sind. Aufgrund dessen sollte sich die Musikwirtschaftsforschung nicht nur als ein Feld der angewandten Ökonomie konstituieren, sondern als ein interdisziplinäres Feld.

Christine Bauers Artikel über die Rolle der Informatik für die Musikwirtschaftsforschung steht am Beginn des methodischen Teils des Sammelbandes. Zunächst wird der Erkenntnisgegenstand der Musikwirtschafsforschung aus dieser Perspektive dargelegt und das zur Verfügung stehende Methodeninstrumentarium aufgezeigt. Dabei untermauert dieser Artikel, dass die Perspektive der Informatik in der Musikwirtschaftsforschung neben einem deskriptiven auch einen normativen Charakter hat; somit beschäftigt sich dieser Bereich auch mit der Konstruktion und Evaluierung von Artefakten in der realen Welt der Musikwirtschaft. Anhand von konkreten Beispielen werden Problemstellungen und Forschungsfragen, die sich der Informatik in der Musikwirtschaftsforschung stellen, erläutert; dies sind im Speziellen die Forschungsbereiche (i) Musikempfehlungssysteme, (ii) Kompetenzaufbau im Einsatz von Technologie sowie (iii) Monitoring und Reporting der digitalen Musiknutzung.

Christian Handke zeigt in seinem Aufsatz, dass aus der Digitalisierung und Internetnutzung sich nicht nur weitreichende Veränderungen in der Musikwirtschaft ergeben. Auch für die Musikwirtschaftsforschung entstehen neue Möglichkeiten und Herausforderungen. Dieses Kapitel gibt einen aktuellen Überblick über Themen, Datenquellen und Methoden der Musikwirtschaftsforschung in diesem Zusammenhang, insbesondere aus sozialwissenschaftlicher Sicht. Das Kapitel zeigt auf, dass die akademische Literatur zur Musikwirtschaftsforschung in den letzten Jahren schnell gewachsen ist und heute auf vielfältigere Daten zurückgreift als in den vorherigen Jahrzehnten. Wichtige Themen sind: (1) der Urheberrechtsschutz und seine Alternativen, (2) die Folgen des digitalen Einzelhandels und der Rolle von Internetplattformen wie YouTube oder Spotify, (3) die Verfügbarkeit und Nutzung von digitalen Daten durch Akteure in der Musikwirtschaft, sowie (4) die aktive Rolle von AmateurInnen und EndnutzerInnen in der Wertschöpfung durch sogenannte nutzergenerierte Inhalte oder nutzergetriebene Innovation in der Bewertung und Verbreitung von Musik.

Michael Huber bringt in seinem Text die musiksoziologische Forschungsperspektive ein: Diese interessiert sich für die gesellschaftlichen Voraussetzungen und Rahmenbedingungen musikwirtschaftlicher Strukturen, Prozesse und Praktiken. Musiksoziologie beschreibt und analysiert musikwirtschaftliche Phänomene über die Beobachtung und Interpretation von sozialem Handeln, das zu Wertschöpfung

1 Einleitung

führt. Sie fragt nach der Wirkung von formalen und informellen Regeln und Ressourcen auf die Entstehung, Entfaltung und Veränderung von musikwirtschaftlichen Praktiken, Institutionen und Wertungen. Ein besonderes Interesse dieser Forschung gilt zumeist sozialen Ungleichheiten oder Veränderungen bzw. Trägheitserscheinungen gesellschaftlicher Tatbestände und den daraus sich ergebenden Auswirkungen auf die musikalische Praxis. Dabei ist eine Reihe von analytischen Trennungen zu beachten, wie etwa jene nach Umgangsmusik, Darbietungsmusik und Übertragungsmusik. Aus der jeweils interessierenden Fragestellung ergibt sich dann die individuelle Schwerpunktsetzung unter Anwendung der entsprechenden Methoden.

Den Abschluss des Bandes bildet der Beitrag von Martin Lücke. Er argumentiert, dass die Musikwissenschaft innerhalb der (Inter-)Disziplin Musikwirtschaftsforschung sowohl methodisch als auch personell unterrepräsentiert ist. Dabei gibt es konkrete Beispiele (Spielplangestaltung etc.), die belegen, wie wichtig es ist, musikwissenschaftliche Themen eben auch aus einer wirtschaftlichen Sichtweise zu betrachten. Vor allem innerhalb der musikwissenschaftlichen (universitären) Ausbildung ist die Musikwirtschaft derzeit noch kaum vorhanden, selbst nicht im Feld der Populären Musik. Der neue Bachelorstudiengang Musikmanagement an der Universität des Saarlandes zeigt, wie auf curricularer Ebene diese verschiedenen Felder zu verbinden sind.

Teil 1
Grundlagen der Musikwirtschaftsforschung

Musikwirtschaftsforschung als Musik(wirtschafts)kulturforschung
Annäherungen an eine neue Disziplin

Beate Flath

Zusammenfassung/Abstract

Dieser Beitrag erkundet kulturwissenschaftliche Perspektiven auf die sich etablierende Disziplin „Musikwirtschaftsforschung". Ausgehend von der Annahme eines Durchdringens von Musikkulturen und Wirtschaftskulturen wird als Gegenstandsbereich von Musikwirtschaftsforschung das dynamische Gefüge von Musikkulturen und Wirtschaftskulturen sowie die darin eingebetteten moderierenden Elemente erachtet. Die Grundannahmen der kulturellen Ökonomik, welche Wirtschaft als Kultur betrachtet, dienen dabei als theoretischer Ausgangspunkt. An Hand von zwei Beispielen werden je zwei mögliche moderierende Elemente dieses Beziehungsgefüges genauer betrachtet und vor der Hintergrundfolie ausgewählter Aspekte kulturwissenschaftlichen Denkens erkundet und reflektiert.

This article focuses on the research perspective of cultural sciences on the establishing field of music business research (Musikwirtschaftsforschung). Based on the assumption that music cultures and economic cultures pervade each other, the dynamic relation, especially the moderating elements of these two fields is considered as subject area of music business research. Assumptions of cultural economics, which assume economics as culture, are the theoretical starting point. Two examples are presented in order to discuss and reflect in each case two possible moderating elements against the background of relevant aspects of cultural sciences.

> **Schlüsselbegriffe/Keywords**
>
> Musikwirtschaftsforschung, Kulturwissenschaft, Musikkulturen, Wirtschaftskulturen, Medien, Interdisziplinarität
>
> Music business research, cultural sciences, music culture, economic culture, media, interdisciplinary

2.1 Einleitung

Der Titel dieses Sammelbandes lautet „Musikwirtschaftsforschung. Die Grundlagen einer neuen Disziplin" – und so versucht der folgende Text, sich einer Definition der inter- und auch transdisziplinär angelegten Disziplin „Musikwirtschaftsforschung" aus kulturwissenschaftlicher Perspektive zu nähern. Dabei unternimmt er etwas (scheinbar) Paradoxes, denn der Definitionsversuch aus der Perspektive eines disziplinären Kanons kann einer inter- bzw. transdisziplinär angelegten Disziplin kaum gerecht werden. Er kann jedoch – und das wird hier versucht – ein Ausloten dieser Perspektive, bei all ihren Unschärfen, Widersprüchen und ihrer Heterogenität sein, um Potentiale und Möglichkeiten zum Bau von Brücken zu erschließen.

Disziplinäre Zu- und Einordnungen sind nicht nur historisch gewachsen, sie sind auch eng verknüpft mit dem Entstehen von Institutionen und (Macht-)Strukturen und damit einhergehend mit der Hoheit, sich mit Hilfe eines tradierten wissenschaftlichen Vokabulars zu bestimmten Themen zu äußern. Disziplinäre Zu- und Einordnung ist damit auch mit dem Ein- und Ausschluss von AkteurInnen, Institutionen und Fragestellungen verbunden. Das disziplinär verankerte Definieren eines interdisziplinär zu denkenden Gegenstandes setzt somit zumindest die Annahme, dass mit Wissen gleichzeitig auch Nichtwissen einhergeht, sowie die Bereitschaft zum Dialog voraus. Es setzt jedoch auch das Bewusstsein voraus, dass sich Forschende nicht vorbehaltlos Gegenstandsbereichen nähern (Haraway, 1988; Terkessidis, 2006), vor allem dann nicht, wenn sich der betreffende Gegenstandsbereich explizit quer zu Disziplinen und damit auch quer zur eigenen wissenschaftlichen Sozialisation und Verankerung verhält. Somit ist das Unterfangen, eine explizit inter- bzw. transdisziplinäre Disziplin aus der je eigenen disziplinären Perspektive zu erschließen, auch ein Stück weit ein Erkunden der eigenen Wahrnehmung disziplinärer Grenz- und Graubereiche.

Nimmt man die Zusammensetzung des Begriffs „Musikwirtschaftsforschung" in den Blick, dann wird deutlich, dass zumindest zwei Interpretationen denkbar sind: Zum einen ist es möglich, Musikwirtschaftsforschung als Wirtschaftsforschung, die sich im weitesten Sinne auf das Gut „Musik" bezieht, zu interpretieren, zum anderen ist es möglich, Musikwirtschaft als Gegenstandsbereich zu interpretieren. Während die erste Variante im Wesentlichen eine disziplinäre Einordnung in die Wirtschaftswissenschaften zumindest nahelegt, lässt die zweite Variante diese Einordnung offen und ermöglicht dadurch einen inter- und auch transdisziplinären Zugang (Mittelstraß 2003, Dressel et al. 2014, Ahlers & Jacke 2017) – auf diese Lesart bezieht sich der vorliegende Text. Davon ausgehend erkundet dieser Beitrag kulturwissenschaftliche Perspektiven auf die sich etablierende Disziplin „Musikwirtschaftsforschung", fragt nach ihren Gegenstandsbereichen, nach Fragen, die an diese Gegenstandsbereiche gerichtet werden können und danach, welcher Methodenkanon zur Bearbeitung dieser adäquat ist.

Dabei versteht der folgende Beitrag Musikwirtschaftsforschung als Musik(wirtschafts)kulturforschung (siehe auch Flath, 2017) und erachtet als ihren Gegenstandsbereich das dynamische Beziehungsgefüge von Musikkulturen und Wirtschaftskulturen – d. h. es steht hier weder eine wirtschaftswissenschaftliche Perspektive auf Entstehungs- und Verwertungszusammenhänge von Musik, noch eine kultur-/musikwissenschaftliche Perspektive auf Musikwirtschaft im Zentrum – denn dabei würde es sich um Gegenstandsbereiche handeln, die in entsprechenden Disziplinen verankert sind, sondern – vor dem Hintergrund, eine neue Disziplin in einem ersten Schritt zumindest zu denken – um eine kulturwissenschaftliche Perspektive, die das gegenseitige Durchdringen von Musikkulturen und Wirtschaftskulturen zum expliziten Gegenstand einer Disziplin macht.

2.2 Theoretisch-konzeptionelle Einordnungen und Prämissen

Dieser Beitrag geht von der Prämisse aus, dass es ein Miteinander-verwoben-Sein von Musikkulturen und Wirtschaftskulturen gibt. Musikkulturen werden hier nicht ausschließlich als auditive Medienkulturen (siehe hierzu Volkmar & Schröter, 2013), sondern in ihrer Gesamtheit als musikbezogene multimediale Kulturen verstanden, mit je eigenen, sich in einem fortwährenden Aushandlungsprozess befindlichen Sinn- und Bedeutungssystemen. Unter Wirtschaftskulturen werden grundlegende, wirtschaftsbezogene, sich in einem fortwährenden Aushandlungsprozess befindliche Sinn- und Bedeutungssysteme verstanden. Mit Wirtschaftskulturen sind dabei explizit nicht (nationale) Wirtschaftsstile gemeint (u. a. Klump 1996). Musik wird nicht nur innerhalb wirtschaftlicher Rahmenbedingungen kreiert, rezipiert, distribuiert und genutzt, sondern Prozesse, Strukturen und Mechanismen des Entstehens, Rezipierens, Distribuierens und Nutzens von Musik sind vielfach zentrale Elemente ökonomischer Entstehungs- und Verwertungszusammenhänge (Stichwort: Wertschöpfungskette, -netzwerke), die an unterschiedliche, miteinander in Beziehung stehende AkteurInnen und deren Berufsfelder gekoppelt sind. KomponistInnen, ArrangeurInnen, MusikerInnen, Software-DesignerInnen, Multi-Media-KünstlerInnen, InstrumentenbauerInnen, HändlerInnen, Musik-/EventmanagerInnen, Personen in musikbezogenen Aus- und Weiterbildungsinstitutionen, JournalistInnen, DJs, VideoproduzentInnen, NetzkünstlerInnen, InternetnutzerInnen, TonträgerkäuferInnen, BloggerInnen etc., sie alle interagieren, ob direkt oder indirekt, miteinander und formen so jenes klangliche Ereignis, welches in ständigen Aus- und Verhandlungsprozessen von Sinn und Bedeutung zu dem wird, was im jeweiligen kulturellen Kontext unter Musik verstanden wird. Dabei ist darauf hinzuweisen, dass diese Prozesse im Kontext von Organisationen (DiMaggio, 1982) und Institutionen (Dezau & North, 1994; North, 1994; Zembylas, 2004) zu sehen sind und der Zusammenhang zwischen dem, was sich in den jeweiligen Aushandlungsprozessen als Musik konstituiert und den entsprechenden AkteurInnen, Organisationen oder Institutionen kein uni-direktionaler Prozess ist, sondern im Gegenteil das, was sich im jeweiligen kulturellen Kontext als Musik konstituiert – eben weil es sich um Aushandlungsprozesse handelt – auch AkteurInnen, Organisationen und Institutionen von musikbezogenen Entstehungs- und Verwertungszusammenhänge beeinflusst.

Nähert man sich dem dynamischen Beziehungsgefüge von Musikkulturen und Wirtschaftskulturen, dann lassen sich unterschiedliche, disziplinär zu verortende Zugänge ausmachen. Darin wird Kultur entweder in ein wirtschaftswissenschaftliches Denken integriert (u. a. North, 1988; Denzau & North, 1994; Williamson, 2000), das Kulturgut und die volkswirtschaftlichen Bedingungen seiner Entstehungsprozesse zu wirtschaftswissenschaftlichen Gegenständen (siehe hier u. a. Baumol, 1967; Blaug, 1976; Throsby, 2001) oder wirtschaftliche Zusammenhänge zum Gegenstand sozial- bzw. kulturwissenschaftlicher Forschung (siehe u. a. Weber, 1920; Polanyi, [1977] 1944; Mauss, [1968] 1924; Rössler 1999)[1]. Eine explizit interdisziplinäre Position nimmt die Kulturbetriebslehre (Zembylas 2004; Zembylas & Tschmuck, 2006) – ein Begriff des Musiksoziologen Kurt Blaukopf (Zembylas & Tschmuck, 2006, S. 7) – ein, deren Forschungsgegenstände „Kultur-

---

1 Für einen Überblick siehe u. a. Tanner (2011) und Berghoff & Vogel (2004).

2 Musikwirtschaftsforschung als Musik(wirtschafts)kulturforschung

güter, Sinn- und Wertbildungsprozesse sowie (De-)Institutionalisierungsprozesse und Organisationswandel" (ibid.) sind, denen man sich aus kultur-, sozial- und wirtschaftswissenschaftlichen Perspektiven mit den entsprechenden Methoden nähert (ibid.).

Zu unterscheiden sind diese Zugänge vom Forschungsprogramm der kulturellen Ökonomik (Goldschmidt & Nutzinger, 2009; Blümle & Goldschmidt, 2007; Blümle, Goldschmidt, Klump, Schauenberg & von Senger 2004). Seine VertreterInnen gehen nicht nur davon aus, dass wirtschaftliche Zusammenhänge in kulturellen Kontexten zu denken sind, sondern übertragen dies zudem auf die Ebene der Forschenden sowie deren Erkenntnisgegenstände und Methoden. Hier werden grundlegende Paradigmen des kulturwissenschaftlichen Forschungsprogramms (u. a. Selbstreflexivität und Kontingenz) auf Ökonomik übertragen und damit ein möglicher Anspruch des kulturwissenschaftlichen Programmes – klassische Disziplinen nicht unberührt zu lassen (Reckwitz, 2010, S. 1) – eingelöst. Gerold Blümle und Nils Goldschmidt (2007, S. 466) arbeiten in diesem Zusammenhang sechs Elemente kultureller Ökonomik heraus: Ökonomik ist Kulturwissenschaft, Ökonomik wandelt sich mit ihrem Objekt, die Geschichte der Ökonomik ist der wissenschaftstheoretische Erklärungsansatz der Ökonomik, eine historische Theorie ökonomischen Denkens ist verknüpft mit einem geistesgeschichtlichen Forschungsprogramm, Ökonomik ist rekursiv, Ökonomik ist somit kulturell. D. h., *„a) das Erklärungsobjekt ist historisch und damit kulturell vermittelt, b) ihre Methode ist historisch und damit kulturell gebunden und c) ihre Methodologie ist historisch und kulturell herauszubilden"* (ibid., S. 468). Davon abgeleitet ist Wirtschaft ein Teil von Kultur und dem folgend ist Musikwirtschaft Teil von Musikkultur.

Dieser Ansatz bietet einen geeigneten Ausgangspunkt für das Entfalten eines Definitionsversuchs von Musikwirtschaftsforschung als Musik(wirtschafts)kulturforschung – die Prämisse, Wirtschaft ist Teil von Kultur, ist dabei zentral. Während jedoch die kulturelle Ökonomik ihre im Feld der Wirtschaft verankerten Erklärungsobjekte, Methoden und Methodologien kulturell kontextualisiert und Ökonomik als Kulturwissenschaft begreift, geht der hier vorgeschlagene Definitionsversuch von Musikwirtschaftsforschung darüber hinaus, da der Gegenstandsbereich über das wirtschaftliche Feld hinausweist und Wirtschaftskulturen in einem Beziehungsgefüge mit Musikkulturen konzeptualisiert werden. Damit wird dieses Beziehungsgefüge selbst zum Gegenstandsbereich. Dies unterscheidet sich von Zugängen, die Wirtschaft kulturell oder Musik ökonomisch perspektivieren. Dieses nicht abseits von Zeit und Raum zu denkende dynamische Beziehungsgefüge von Musikkulturen und Wirtschaftskulturen kann aus unterschiedlichen disziplinären Perspektiven erschlossen werden, beispielsweise aus wirtschafswissenschaftlichen oder auch sozialwissenschaftlichen Perspektive (siehe oben). Dieser Beitrag nimmt eine kulturwissenschaftliche Perspektive ein.

2.2.1 Musikwirtschaftsforschung als Musik(wirtschafts)kulturforschung

Als Gegenstandsbereich von Musikwirtschaftsforschung als Musik(wirtschafts)kulturforschung wird das dynamische, mehrdimensionale Beziehungsgefüge von Musikkulturen und (musikbezogenen) Wirtschaftskulturen ausformuliert. Dieser Gegenstandsbereich ist damit weder ausschließlich innerhalb von Musikwirtschaftskulturen noch ausschließlich innerhalb eines engen Verständnisses von Musikkulturen zu verorten, sondern zielt auf das als kontingent zu beschreibende Beziehungsgefüge dieser Sphären. Innerhalb dieses Beziehungsgefüges sind moderierende Elemente anzunehmen, die nicht nur die Beziehung dieser beiden Sphären moderieren, sondern auch deren nicht-uni-direktionale gegenseitige Bedingtheit modellieren oder theoretisch fassen – auf zwei denkbare moderierende Elemente soll im Folgenden kurz eingegangen werden.

Ein moderierendes Element dieser sich durchdringenden Sphären sind Werte[2] sowie die Prozesse, Strukturen und Mechanismen ihrer Bildung. Peter Tschmuck (siehe dieser Band) spricht in diesem Zusammenhang von der *„Doppelgesichtigkeit der Kulturgüter"* und beschreibt das Durchdringen von kulturellen und ökonomischen Werten. Dieser Text vollzieht – da Ökonomie als Kultur verstanden wird – keine konzeptionelle Trennung zwischen Ökonomie und Kultur. Die Unterscheidung zwischen Ökonomie und Kultur wird zu Gunsten einer Differenzierung zwischen „monetär" und „nicht-monetär" aufgegeben: Monetäre und nicht-monetäre Komponenten konstituieren in ihrem Zueinander über Mechanismen, Prozesse und Strukturen kulturell kontextualisierte Werte. Monetäre Komponenten sind dabei keineswegs gleichzusetzen mit ökonomischen Komponenten (im obigen Sinne), sondern sie sind als in Geldwirtschaften relevante Komponenten von Wertbildungsprozessen zu sehen, die Sinn- und Bedeutungszusammenhänge vieler Wirtschaftssysteme prägen. Damit können monetäre Komponenten Teil von Werten sein. „Kultur" bezieht sich in diesem Zusammenhang nicht auf Kulturgüter i. e. S. (siehe oben), sondern auf die Gesamtheit von sich stets in Aushandlung befindlichen Sinn- und Bedeutungszusammenhängen. „Kultur" wird damit nicht auf der Ebene einzelner Phänomene verortet, sondern auf einer Metaebene. Werte werden damit als diskursiv konzeptualisiert (siehe u. a. Munn, 1971, 1986).

---

2   Zum interdisziplinären Werte-Diskurs siehe z. B. Hahn (2014).

Das Kriterium zur Einordnung in die Kategorie „monetär" ist dabei die grundsätzliche Möglichkeit des Ausdrückens in Geldeinheiten (Preise, Kosten, Umsätze, Gebühren etc.). Anzumerken ist an dieser Stelle, dass nicht-monetäre Komponenten (wie beispielsweise Identität, sinnliches Erleben, Stolz, Sammlerlust, Aufmerksamkeit, Reputation etc.) als Katalysator für monetäre Komponenten erachtet werden, da Werte sich nicht ausschließlich aus monetären Komponenten bilden: Sie sind stets in individuell und/oder kollektiv wahrgenommene und (re-)produzierte Sinn- und Bedeutungszusammenhänge eingebunden.

Vor dieser Hintergrundfolie konstituiert sich beispielsweise der Wert eines Festival-Tickets für eine/n FestivalbesucherIn aus der monetären Komponente des Preises und aus nicht-monetären Komponenten, wie beispielsweise der Bedeutung des Besuchs des Festivals für die betreffende Person oder der antizipierten Erlebnisse am Festival etc. in individuellen Wertbildungsprozessen im jeweiligen (musik)kulturellen Kontext. Ein anderes Beispiel wäre der Wert einer Schallplattenrarität für den/die KäuferIn, der sich in Wertbildungsprozessen aus nicht-monetären Komponenten wie Stolz, Identifikation oder Sammlerlust etc. und der monetären Komponente, dem Preis, der als besonders hoch oder als besonders gering eingeschätzt wird, konstituiert. Die grundlegende Intention dieser Konzeptualisierung von Wert liegt in der Möglichkeit musik(wirtschafts)kulturelle Zusammenhänge vor der Hintergrundfolie von Wertbildungsprozessen, -strukturen und -mechanismen abseits der Trennung von Kultur und Ökonomie zu betrachten. D.h. der hier referierte Zugang „verortet" Kultur auf der Ebene der Entstehung und Aushandlung von Sinn- und Bedeutungszusammenhängen von Wert und nicht auf der Ebene einzelner Kulturgüter.

Musikkulturen und damit assoziierte Wirtschaftskulturen werden innerhalb dieses Beitrags als musikbezogene multimediale Kulturen verstanden, daher wird als weiteres zentrales moderierendes Element innerhalb des Beziehungsgefüges von Musikkultur und Wirtschaftskultur das Modell der Mediamorphose (Blaukopf, 1989; Smudits, 2002; Fiedler, 1997) sowie die Produktivkrafttheorie der Medien (Smudits, 2002) angeführt. Smudits (2002) beschreibt in Weiterführung von Blaukopf fünf Mediamorphosen[3], die Veränderungen kulturellen Schaffens und medientechnologische Entwicklungen in einem Zusammenhang sehen, wobei diese als nicht-linear und als idealtypisch zu denken sind sowie alle Bereiche des kulturellen Schaffens erfassen (ibid., S. 91). In Anlehnung an Karl Marx und Walter Benjamin

---

3   Im Rahmen des Mediamorphosenmodells werden die schriftliche oder erste grafische Mediamorphose, die zweite grafische Mediamorphose, die erste technische oder chemisch-mechanische Mediamorphose, die zweite technische oder elektronische Mediamorphose und die dritte technische oder digitale Mediamorphose (Smudits, 2002).

versteht Smudits Kommunikationstechnologien als Produktivkräfte, die zum einen gegenständlich, materiell fassbare Produktionsmittel (Medien), andererseits auch die Fähigkeiten und Regelsysteme (Kodes) mit ihnen umzugehen, umfassen (ibid., S. 73) – Kodes und Medien stehen dabei in einem dialektischen Verhältnis zueinander. Smudits differenziert hier zwischen drei Arten der Kodierung: einer lebendigen (Präsenz), einer symbolisch-grafischen (Kompetenz) und einer technologischen (technische Apparatur), mit je typischen Voraussetzungen dafür (in Klammern angeführt). Die fünf Mediamorphosen beschreiben den Prozess von lebendiger und präsenzintensiver, zu grafisch-symbolischer und kompetenzintensiver zu technikintensiver Kodierung, wobei im Zuge der digitalen Mediamorphose die Grenzen beginnen zu verschwimmen.

Das Modell der Mediamorphose sowie die Produktivkrafttheorie der Medien werden hier als nicht unidirektional, sondern als multidirektional interpretiert und zwar in jenem Sinne, als nicht nur Medientechnologien bzw. Produktivkräfte der Medien musikbezogenes kulturelles Schaffen beeinflussen, sondern auch umgekehrt, kulturelles Schaffen Medientechnologien bzw. Produktivkräfte verändern und weiterentwickeln kann. Auf dieser Wechselwirkung basiert die moderierende Qualität dieses Ansatzes innerhalb des Beziehungsgefüges von Musikkulturen, verstanden als musikbezogene multimediale Kulturen, und Wirtschaftskulturen.

Zusammenfassend lässt sich an dieser Stelle zunächst festhalten, dass ausgehend von den Prämissen der kulturellen Ökonomik Wirtschaft als Kultur gedacht wird und in weiterer Folge Musikwirtschaftsforschung als Musik(wirtschafts)kulturforschung konzeptualisiert wird – ihr Gegenstandsbereich ist das dynamische Beziehungsgefüge von Musikkulturen und Wirtschaftskulturen bzw. genauer, die dieses Gefüge zu einem nicht uni-direktionalen Beziehungsgefüge machenden, moderierenden Elemente. Hier werden exemplarisch a) auf monetären und nicht-monetären Komponenten basierende Prozesse, Mechanismen und Strukturen der Wertbildung und b) die Mediamorphose bzw. Produktivkrafttheorie der Medien (Blaukopf, 1989; Smudits, 2002) angeführt. Moderierende Elemente werden dabei als Art Scharniere zwischen Musikkulturen und Wirtschaftskulturen verstanden. Die hier skizzierten moderierenden Elemente sind bewusst danach gewählt worden, dass sie theoretisch-konzeptionell auf unterschiedlichen Ebenen anzusiedeln sind. Damit soll die hier angedachte Vielfalt an Möglichkeiten, diese Elemente zu denken und zu konzeptualisieren, zumindest angedeutet werden.

2.3 Erkundungen kulturwissenschaftlicher Perspektiven

Kulturwissenschaftliche Forschungsperspektiven bieten eine Vielzahl an Ansätzen, Paradigmen und theoretischen Rahmungen (siehe u. a. Jäger & Liebsch, 2011; Jäger & Straub, 2011; Jäger & Rüssen, 2011; Assmann, 2011; Düllo, Berthold, Greis & Wiechens, 1998), wobei der vorliegende Beitrag keinen Ansatz, kein Paradigma und auch keine theoretische Rahmung als für besonders adäquat erachtet, um das Beziehungsgefüge von Musikkulturen und Wirtschaftskulturen zu betrachten. Im Zentrum sollen vielmehr Kulturwissenschaft konstituierende Gravitationsfelder, d. h. zentrale Annahmen und Prämissen dieses heterogenen wissenschaftlichen Feldes stehen. Das Auswahlkriterium bildet dabei die Einschätzung, dass es sich dabei um für den vorliegenden Zusammenhang fruchtbare Ansätze handeln könnte.

Zunächst meint der Begriff Kultur nicht eine besondere Kultur, sondern lässt sich zumindest auf zwei Bedeutungsebenen beziehen – auf den Gegenstand und auf den Blick auf diesen Gegenstand: *„Kultur ist die Perspektive, die für die Beobachtung von Kulturen im Plural entwickelt wird. Eben dies ist das Definiens von Kulturwissenschaft."* (Böhme, 2011, S. 11). Die Kultur erster Ordnung, das Kontingente, d. h. das weder Zufällige noch Notwendige, ist das, was in der Kultur zweiter Ordnung (in den Kulturwissenschaften) reflektiert wird (ibid.). Kultur wird damit zur Metaebene und zum Gegenstand von Wissenschaft, die sich selbst als Teil von Kultur versteht: Selbstreflexivität ist dabei jenes Charakteristikum kulturwissenschaftlicher Forschung, das darauf basiert. Kulturwissenschaftliches Denken ist damit geprägt von den spezifischen Perspektiven der Selbstreflexivität und Kontingenz – unabhängig vom jeweiligen Kulturbegriff, den man den jeweiligen Betrachtungen zu Grunde legt. Dennoch sind diese „operative Begriffe":

> „Kulturbegriffe sind – wie alle Selbstverständigungsbegriffe (etwa auch Identität, Person, Mensch etc.) – nicht bloß Beschreibungsbegriffe, sondern operative Begriffe. Sie prägen ihren Gegenstand mit. (…) In diesem Sinne ist die ‚Realität' von Kultur immer auch eine Folge unserer Konzepte von Kultur. Kulturbegriffe sind nicht nur Beschreibungsinstrumente, sondern Wirkfaktoren. Man muß sich daher auch der Verantwortung bewußt sein, die man mit der Propagierung der jeweiligen Konzepte übernimmt." (Welsch, 1998, S. 101)

Und daran anknüpfend: „Kultur ist nur in Kultur als Kultur erfahrbar und beschreibbar. Kulturbeschreibung setzt eine Beschreibungskultur voraus, und Kulturtheorie ist stets auch eine Form kultureller Praxis." (Schmidt, 2014, S. 70) Entlang der Überlegung, wie Kultur konzeptionell *„greifbar"* wird, entfaltet sich ein (Spannungs) Feld unterschiedlicher Positionen und Ansätze, welches in Teilen im Folgenden vor dem Hintergrund des hier entwickelten Konzeptes des Beziehungsgefüges von

Musikkulturen und Wirtschaftskulturen „vermessen" werden soll. Das Verorten von Kultur in der Praxis der Menschen bzw. in Diskursen ist dabei eine überaus traditionsreiche Differenzierung, die hier explizit nicht in der Form von zwei Polen gedacht wird, sondern als zwei Perspektiven auf Kultur, die auch in einem explizit ausformuliertem Zueinander zu denken sind (siehe hier Bourdieus „Habitus" bzw. Giddens' „praktisches Bewusstsein"). Das Zueinander diese Zugänge, die sich (auch aus der Kombination) der unterschiedlichen Gewichtungen von Praxis und Struktur speisen, sind für Musik(wirtschafts)kulturforschung insofern interessant, als die darin eingeschriebenen top-down- oder bottom-up-Perspektiven (Reckwitz, 2010, S. 41) mit der Verortung von Spielräumen des/der Einzelnen einhergehen. Während kulturwissenschaftliche Zugänge, die der Struktur besondere Bedeutung beimessen, die übergeordnete Ebene, die Makro-Ebene (über)betonen, fokussieren praxisorientierte Zugänge das Kleinteilige, die Mikro-Ebene.

Im Rahmen dieses Beitrags stehen Praxistheorien im Vordergrund. Der Grund hierfür liegt in der Möglichkeit der Anknüpfung an bzw. bei gleichzeitiger Abgrenzung von Ansätzen der kulturellen Ökonomik, welche stark auf Konzepten des Handelns und des Verhaltens basieren. Praxistheorien[4] grenzen Praxis von normativen und zweckorientierten Handlungsmodellen ab und zwar insofern als sie a) Praktiken als Routinen und Gepflogenheiten (und weniger als ständig neue und bewusste Handlungsakte) konzeptualisieren, b) intersubjektive Wissens- und Bedeutungsbestände annehmen, die den Praxen zu Grunde liegen und c) sie Kompetenz und die Geschicklichkeit der AkteurInnen in den Mittelpunkt stellen – die einzelnen Handlungen werden als Teil eines kollektiven Sinn- und Bedeutungszusammenhanges und weniger als individuelle einzelne Handlungen betrachtet (siehe dazu ausführlicher Hörnig, 2011). D. h., Praxistheorien fokussieren das *„Denken und Wissen im Handeln"* (ibid., S. 145). Davon ausgehend kann von einem doppelseitigen Repertoire von Kultur gesprochen werden: Kultur bestehe demnach aus einem Repertoire an kulturellen Bedeutungsbeständen bzw. Wissensbeständen, die aufgezeichnet, gespeichert und verbreitet werden. Andererseits besteht Kultur aus einem Repertoire an praktischem Wissen und interpretativem Können, das diese Wissensbestände in Praktiken *„sichtbar"* (ibid., S. 146) macht. In Praktiken sind somit Sinn- und Bedeutungszusammenhänge eingewoben, die sich in den jeweiligen Praktiken selbst erschließen und in den jeweiligen kulturellen Kontexten als Praxisstile, Praxisregeln (Wittgenstein, 1984, S. 344f.) interpretiert werden können. Freiräume der Deutung und der Praxen an sich sind möglich.

Überträgt man diese Überlegungen nun auf den hier interessierenden Gegenstandsbereich – das Beziehungsgefüge von Musikkulturen und Wirtschaftskulturen

---

4   Zur „Praxiswende" siehe Schatzki, Knorr Cetina & Savigny (2011).

und jene moderierenden Elemente, die dieses Gefüge zu einem Beziehungsgefüge machen (Prozesse, Mechanismen und Strukturen der Wertbildung und das Modell der Mediamorphose/Produktivkrafttheorie der Medien) –, dann lassen sich Gravitationszentren einer kulturwissenschaftlichen Betrachtung wie folgt skizzieren. Die kulturwissenschaftliche Perspektive auf diese beiden exemplarisch hier vorgestellten moderierenden Elemente kann benannt werden als eine Perspektive auf kulturelle Praxis, die in Wertbildungsprozessen, -mechanismen und -strukturen, wie beispielsweise Praktiken des Tauschens, der Transaktionen oder des Teilens, eingeschrieben ist bzw. als Produktivkraft im Sinne von kulturelle Praxis konstituierende Fähigkeiten und Verfahrensweisen.

2.4 Musik(wirtschafts)kulturforschung – Zwei Fallbeispiele

Der folgende Abschnitt präsentiert zwei sehr unterschiedliche, mögliche Themenfelder musikwirtschaftskultureller Forschung, um die bisherigen Überlegungen zu verdeutlichen und zu reflektieren. Dabei handelt es sich um a) Implikationen von Eventkulturen für das jeweilige Umfeld und b) die Forderung nach einem bedingungslosen Grundeinkommen an Stelle des Urheberrechtes im Kontext digitaler Netzwerkmedien.

Das Beobachten, Benennen und Bewerten der Implikationen von Events für ihr Umfeld fügt sich in eine soziokulturelle Entwicklung ein, die sich innerhalb sozialwissenschaftlicher Forschung vorrangig entlang der Konzepte „Eventisierung" (Hitzler, 2000, 2011; Gebhardt, 2000; Hitzler, Gebhardt & Pfadenhauer, 2000; Hepp & Vogelgesang, 2003) und „Erlebnisgesellschaft" (Schulze, 1992) aufspannt. Gemeint ist damit sowohl die Beschreibung einer soziokulturellen Entwicklung seit Mitte der 1980er Jahre als auch ein zeitdiagnostischer Befund – beide messen der Veranstaltungsform „Event" eine zentrale Bedeutung bei. Einhergehend mit gesättigten Märkten, einer Zunahme von Freizeit, dem Anstieg des Lebensstandards und der Mobilität, dem Stilllegen von Produktionsstandorten, der zunehmenden Industrialisierung der Landwirtschaft sowie des wirtschaftlich immer bedeutender werdenden Dienstleistungssektors in kapitalistisch, westlich geprägten Kulturen, entstanden zum einen marketingstrategische Herausforderungen, zum anderen die Notwendigkeit, den Herausforderungen der Folgen dieses Strukturwandels zu begegnen. Veranstaltungskalender füllen sich mit Events bzw. Festivals, aus ehemaligen Produktionsstätten der Schwerindustrie werden „*kulturelle Produktionszentren*" und aus ehemaligen landwirtschaftlich geprägten Regionen werden renommierte, mit einem erstklassigen Kulturangebot ausgestattete Tourismusregionen. Architektur, die zuvor Produktionszusammenhänge repräsentierte, bietet nun – in modifizierter und adaptierter Form – Raum für kulturelle Entstehungs-, Verwertungs- und Aneignungszusammenhänge. Sehr bald entstand eine große Anzahl an Forschungsarbeiten, die zunächst vorrangig ökonomische Effekte von Events, wie Popmusikfestivals oder Festspiele, empirisch erhoben haben, um als regionalpolitische Entscheidungshilfen oder auch ex-post Belege für „richtige" Entscheidungen be- und genutzt zu werden. Dies wirft Fragen nach Bedeutungsdimensionen von Festivals für ihr Umfeld auf – eine mögliche Fragestellung, die an Musik(wirtschafts)kulturforschung gerichtet werden und innerhalb des Beziehungsgefüges von Musikkulturen und Wirtschaftskulturen verortet werden kann. Theoretische und methodische Anknüpfungspunkte bieten dieses Beziehungsgefüge moderierende Elemente, wie zum Beispiel auf dem Zueinander von monetären und nicht-monetären Komponenten beruhende Wertbildungsprozesse, -strukturen und -mechanismen. Musik(wirtschafts)kulturforschung, gerichtet werden kann. Das Untersuchen von damit in Zusammenhang stehenden Praktiken (Bardone, Rattus & Jääts, 2013), beispielsweise lokaler UnternehmerInnen, KulturmanagerInnen, MusikerInnen, AnwohnerInnen oder lokalpolitischer EntscheidungsträgerInnen in Hinblick auf beispielsweise Wertschöpfungseffekte, soziale oder ökologische Effekte ist sowohl in deduktiven als auch in induktiven Forschungsprozessen möglich.

Im Fokussieren eines weiteren moderierenden Elementes wird dieses Beziehungsgefüge auf eine andere Art und Weise perspektiviert. Beispielsweise können diese Praktiken auch vor dem theoretischen Hintergrund des Mediamorphose-Modells und der Produktivkrafttheorie der Medien untersucht werden und zwar in jenem Sinne, als unter Produktionskräften nicht nur Produktionsmittel, sondern auch „Verfahrensweisen und Fähigkeiten" gemeint sind, die in kulturellen Praktiken alle beteiligten AkteurInnen ihren Niederschlag finden, sei es das Anbieten oder das Erwerben von Tickets im Internet, das Posten und Kommentieren von Fotos oder Videos auf Social Media Plattformen vor, während oder nach dem Festival, das Bewerben der MusikerInnen und Bands etc. Diese kulturellen Praktiken sind zudem vor dem Hintergrund von Berufsbildern, Einkommensmöglichkeiten, Beschäftigungsverhältnissen oder auch Professionalisierungsgraden (Smudits, 2002, S. 99f.) zu sehen.

D. h. die Frage nach den Bedeutungsdimensionen von Festivals für ihr Umfeld kann beispielsweise über die Analyse der Praxis von Wertbildungsprozessen, -strukturen und -mechanismen – basierend auf dem Werte konstituierenden Zueinander von monetären und nicht-monetären Komponenten bzw. über die Analyse kultureller Praktiken der Mediennutzung erfolgen. Die jeweiligen hier angenommenen moderierenden Elemente des Beziehungsgefüges von Musikkulturen und Wirtschaftskulturen eröffnen jeweils unterschiedliche Perspektiven auf dieses Beziehungsgefüge.

Ein weiteres Beispiel, das hier exemplarisch zur Verdeutlichung der im Rahmen dieses Beitrages skizzierten Gedanken zum Gegenstandsbereich von Musik(wirtschafts)kulturforschung angeführt werden soll, fokussiert digitale Netzwerkmedien im Zusammenhang mit den Konzepten „prosume" (Toffler, 1980) und „produse" (Bruns, 2008) sowie mit sich verändernden Wertschöpfungsarchitekturen, Berufsbildern von Kreativschaffenden und Einkommensstrukturen. Im Kontext der Beobachtung, dass „gewöhnliche Leute" zunehmend UnternehmerInnen ihrer eigenen Kultur werden (Kaufmann & Winter, 2014) und im Verein damit, dass Kreativität wesentlicher Bestandteil von Wertschöpfung ist, ist die Argumentation von Ilja Braun (2014) zu sehen, ein bedingungsloses Grundeinkommen – nicht nur für Kreativschaffende, sondern für alle Mitglieder einer Gesellschaft – zu installieren. Zentral für den Vorschlag, den Anspruch der UrheberInnen, angemessen vergütet zu werden auf alle Mitglieder einer Gesellschaft zu übertragen, ist zum einen der Gedanke, dass Kreativität bzw. die Forderung nach Kreativität zunehmend ebenso auf alle Mitglieder einer Gesellschaft übertragen wird und zum anderen die Beobachtung, dass sich eine Vielzahl an Unternehmen der Kreativität Einzelner bedienen (beispielsweise in offenen Kooperationskonzepten wie Linux, User-Generated-Content etc.), ohne diese dafür angemessen zu entlohnen. Ergänzt werden sollen Brauns Ausführungen durch die Anmerkung, dass einzelne Schritte des Produktions- und Leistungserstellungsprozesses bewusst an die KundInnen abgegeben werden, was beispielsweise im Kontext von Erlebnisgesellschaft (Schulze, 1992) und Experience Economy (Pine & Gilmore, 1998) für die KundInnen als besonders erstrebenswert und damit „wertvoll" dargestellt wird. In musikbezogenen multimedialen Zusammenhängen sind damit beispielsweise Blogeinträge von Semiprofis oder Laien, aber auch Video-Tutorials zu Musiksoftware etc. gemeint. Unabhängig davon, ob man den Vorschlag eines bedingungslosen Grundeinkommens befürwortet oder ihm kritisch gegenübersteht, wird durch ihn auf sehr unterschiedlichen Ebenen deutlich, wie weitreichend und umfassend das Durchdringen von Wirtschaftskultur und Musikkultur tatsächlich gedacht werden kann, indem grundlegende, (musik)wirtschaftliche Paradigmen „westlicher" Prägung hinterfragt werden. Wertbildungsprozesse, -mechanismen und -strukturen, basierend auf monetären und nicht-monetären Komponenten, erschließen unterschiedliche Aspekte des Beziehungsgefüges von Musikkultur und Wirtschaftskultur, die beispielsweise in Praktiken der Musikdistribution (Wikström, 2012) ihren Niederschlag finden. Diese Wertbildungsprozesse, -mechanismen und -strukturen sind in einem Zusammenhang zu sehen mit Verfahrensweisen und Fähigkeiten im Umgang mit Medien, die zu kultureller Praxis werden können. Diese beiden sehr unterschiedlichen Themenfelder sollen verdeutlichen, wie das Beziehungsgefüge von Musikkulturen und Wirtschaftskulturen sowie die skizzierten moderierenden Elemente gedacht werden können und was eine kulturwissenschaftliche Perspektive auf sie freilegen könnte.

Die kulturwissenschaftliche Perspektive auf diese beiden exemplarisch hier vorgestellten moderierenden Elemente kann als die kulturelle Praxis von Wertbildungsprozessen, -mechanismen und -strukturen, beispielsweise des Tauschens oder Teilens bzw. als Produktivkraft im Sinne von kulturelle Praxis konstituierende Fähigkeiten und Verfahrensweisen benannt werden. D. h., die beiden hier nicht unabhängig voneinander zu sehenden moderierenden Elemente des dynamischen Beziehungsgefüges von Musikkultur und Wirtschaftskultur stellen quasi das Kontrastmittel für die Betrachtung von kultureller Praxis dar. Für beide gilt, dass diese Perspektive auf Kultur, als Kultur in Kultur einzuordnen ist und damit auch Teil kultureller Praxis ist (siehe Schmidt, 2014, S. 70). Der methodische Zugriff wird dabei als ein offener formuliert.

2.5 Zusammenfassung und kritische Reflexion

Dieser Beitrag interpretiert Musikwirtschaftsforschung als Musik(wirtschafts) kulturforschung, deren Gegenstandsbereich(e) das dynamische Beziehungsgefüge von Wirtschaftskulturen und Musikkulturen ist, bzw. dieses Beziehungsgefüge moderierende Elemente sind. Ausgehend von den Annahmen der kulturellen Ökonomik, die Wirtschaft als Kultur erachtet und zentrale kulturwissenschaftliche Prämissen, wie Kontingenz und Selbstreflexion, adaptiert, werden als moderierende Elemente der Beziehung von Musikkulturen und Wirtschaftskulturen in diesem Beitrag exemplarisch a) Wertbildungsprozesse, -mechanismen und -strukturen und b) das Modell der Mediamorphose bzw. die Produktivkrafttheorie der Medien (Smudits, 2002) benannt. Sie sind es, die aus einem Gefüge ein Beziehungsgefüge machen und aus Musikwirtschaftsforschung Musik(wirtschafts)kulturforschung. Die hier angeführten moderierenden Elemente sind als Perspektiven zu sehen, stehen untereinander in Verbindung und sind in weiteren Forschungsarbeiten im Rahmen von induktiven und deduktiven Forschungsprozessen zu ergänzen, zu adaptieren und zu präzisieren, um je nach Beschaffenheit das Beziehungsgefüge von Musikkulturen und Wirtschaftskulturen zu beschreiben, zu analysieren, zu erklären oder zu verstehen. Die hier angeführten moderierenden Elemente machen auch deutlich, dass kulturwissenschaftliche Perspektiven im Kontext des vorliegenden Themenfeldes Nähen und Überschneidungsbereiche mit beispielsweise kultursoziologischen Ansätzen (Bourdieu, 1980, 1982; DiMaggio 1982, Peterson & Anand 2004), aber auch wirtschaftsethnologischen (Rössler, 2005; Hahn, 2014) oder medienwissenschaftlichen Zugängen (z. B. Winter, 1998) aufweisen. Diese Nähen und Überschneidungsbereiche gilt es in weiteren vorrangig theoriebasierten Forschungsarbeiten zu reflektieren, zu diskutieren und für weitere Forschungsarbeiten fruchtbar zu machen.

Ausgehend von der kulturellen Ökonomik fokussiert dieser Beitrag grundlegende Annahmen des sehr weiten und komplexen Feldes der Praxistheorien – diese repräsentieren selbstverständlich nur einen, wenn auch sehr heterogenen Ansatz, weswegen weitere Forschungsarbeiten die hier vorgeschlagenen Überlegungen mittels unterschiedlicher Kulturbegriffe, -konzepte und -theorien schärfen und präziseren sollten. Die aus diesem Grund relativ offene Anlage der hier vorgelegten Konzeption soll dies ermöglichen, um im Ausloten von Perspektiven, bei all ihren Unschärfen, Widersprüchen und ihrer Heterogenität, inter- und auch transdisziplinäre Forschungszugänge zu ermöglichen.

Literatur

Ahlers, M. & Jacke, Ch. (Hrsg.) (2017). *Perspectives on German Popular Music*. London & New York: Routledge.
Assmann, A. (2001). *Einführung in die Kulturwissenschaft. Grundbegriffe, Themen, Fragestellungen* (= Grundlagen der Anglistik und Amerikanistik 27). Berlin: Erich Schmidt Verlag.
Bardone, E., Rattus, K., & Jääts, L. (2013). Creative Commodification of rural life from a performance perspective: A study of two south-east Estonian farm tourism enterprises, *Journal of Baltic Studies 44, 2*, 205-227.
Baumol, W., & Bowen, W. (1966). *Performing Arts, The Economic Dilemma: a study of problems common to theater, opera, music, and dance*. New York: Twentieth Century Fund.
Blaug, M. (Hrsg.) (1976). *The Economics of Arts*. London: Martin Robertson & Company.
Blaukopf, K. (1989). *Beethovens Erben in der Mediamorphose. Kultur- und Medienpolitik in der elektronischen Ära*. Haiden: Niggli.
Blümle, G., Goldschmidt, N., Klump, R., Schauenberg, B., & von Senger, H. (Hrsg.) (2004). *Perspektiven einer kulturellen Ökonomik*. Münster: LIT.
Blümle, G., & Goldschmidt, N. (2007). Die historische Bedingtheit ökonomischer Theorien und deren kultureller Gehalt. In W. Reinhard & J. Stagl (Hrsg.), *Menschen und Märkte. Studien zur historischen Wirtschaftsanthropologie* (S. 451-474). Wien, Köln, Weimar: Böhlau.
Braun, I. (2014). *Grundeinkommen statt Urheberrecht? Zum kreativen Schaffen in der digitalen Welt*. Bielefeld: transcript.
Böhme, H. (2002). *Orientierung Kulturwissenschaft. Was sie kann, was sie will*. Reinbek bei Hamburg: rororo.

Böhme, H. (2011). Stufen der Reflexion: Die Kulturwissenschaften in der Kultur. In F. Jäger & J. Straub (Hrsg.). *Handbuch der Kulturwissenschaften. Paradigmen und Disziplinen* (S. 1-15). Stuttgart: J. B. Metzler.

Bourdieu, P. (1987/1980). *Sozialer Sinn. Kritik der theoretischen Vernunft*. Frankfurt am Main: Suhrkamp.

Bourdieu, P. (1983). Ökonomisches Kapital, kulturelles Kapital, soziales Kapital (Originalbeitrag, übersetzt von Reinhard Kreckel), In Reinhard Kreckel (Hrsg.). *„Soziale Ungleichheiten"* (Soziale Welt Sonderband 2) (S. 183-198). Göttingen: O. Schwarz & Company.

Bourdieu, P. (1982/1979). *Die feinen Unterschiede. Kritik der gesellschaftlichen Urteilskraft*. Frankfurt am Main: Suhrkamp.

Bruns, A. (2008). *Blogs, Wikipedia, Second Life, and Beyond. From Production to Prdusage*. New York: Peter Lang

Dezau, A. T., & North, D. C. (1994). Shared Mental Models. *KYKLOS 47*, 3-31.

Dressel, G., Berger, W., Heimerl, K. & Winiwarter, V. (Hrsg.) (2014). *Interdisziplinär und transdisziplinär Forschen. Praktiken und Methoden*. Bielefeld: transcript.

Fiedler, R. (1997). *Mediamorphoses. Understanding New Media*. London and New Delhi: Pine Forge Press.

Flath, B. (2017). Musik(wirtschafts)kulturen – eine Annäherung am Beispiel von Hatsune Miku. In K. Holsträter & M. Fischer (Hrsg.), *Lied und populäre Kultur. Jahrbuch des Zentrums für Populäre Kultur und Musik 62* (S. 221-237). Münster: Waxmann.

DiMaggio P. (1982). Cultural entrepreneurship in nineteenth-century Boston, Part I: The creation of an organizational base for high culture in America. *Media Culture & Society 4*, 33–50.

Düllo, Th., Berthold, Chr., Greis, J., & Wiechens, P. (Hrsg.) (1998). *Einführung in die Kulturwissenschaft* (= Münsteraner Einführungen. Interdisziplinäre Einführungen Band 2). Münster: LIT.

Gebhardt, W. (2000). Feste, Feiern und Events. Zur Soziologie des Außergewöhnlichen. In W. Gebhardt et al. (Hrsg.), *Events. Soziologie des Außergewöhnlichen* (S. 17-31). Opladen: Leske+Budrich.

Goldschmidt, N., & Nutzinger, H. G. (Hrsg.) (2009). *Vom homo oeconomicus zum homo culturalis. Handlung und Verhalten in der Ökonomie* (= Kulturelle Ökonomik Band 8). Münster: LIT.

Hahn, H. P. (2014). Notizen zur Umbewertung der Werte. Perspektiven auf ökonomiche Konzepte im interdisziplinären Diskurs. In I. Klein & S. Windmüller (Hrsg.), *Kultur der Ökonomie. Zur Materialität und Performanz des Wirtschaftlichen* (S. 17-36). Bielefeld: transcript

Haraway, D. (1988). Situated Knowledge. The Science Question in Feminism and the Privilege of Partial Perspective, *Feminist Studies, Vol. 14, No. 3.*, 575-599.

Hepp, A., & Vogelgesang, W. (2003). Ansätze einer Theorie populärer Events. In A. Hepp & W. Vogelgesang (Hrsg.), *Medienevents, Spielevents, Spaßevents* (S. 11-36). Opladen: Leske+Budrich.

Hitzler, R. (2000). „Ein bisschen Spaß muss sein!" – Zur Konstruktion kultureller Erlebniswelten. In W. Gebhardt et al. (Hrsg.), *Events. Soziologie des Außergewöhnlichen* (S. 401-412). Opladen: Leske+Budrich.

Hitzler, R. (2011). *Eventisierung. Drei Fallstudien zum marketingstrategischen Massenspaß*. Wiesbaden: Springer.

Hörnig, K. H., (2011). Kultur als Praxis. In F. Jäger & B. Liebsch (Hrsg.), *Handbuch der Kulturwissenschaften. Grundlagen und Schlüsselbegriffe* (S. 139-151). Stuttgart: J. B. Metzler.

Kaufmann, K., & Winter, C. (2014). Ordinary People. Gewöhnliche Leute als Unternehmer ihrer Popkultur. In: Breitenborn, U., Düllo, Th. & Birke, S. (Hrsg.), *Gravitationsfeld Pop. Was kann Pop? Was will Popkulturwirtschaft? Konstellationen in Berlin und anderswo* (S. 339-351). Bielefeld: transcript.

Mauss, M. (1968 [1924]). *Die Gabe: Form und Funktion des Austausches in archaischen Gesellschaften*. Frankfurt am Main: Suhrkamp.

Mittelstraß, J. (2003). *Transdisziplinarität – wissenschaftliche Zukunft und institutionelle Wirklichkeit*, Konstanz: UVK.

Munn, N. (1971). The Transformation of Subjects into Objects in Walbiri. In R. M. Berndt (Hrsg.), *Australian Aboriginal Anthropology: Modern Studies in the Social Anthropology of the Australian Aborigines* (S. 141-163). Nedlands: University of Western Australia Press.

Munn, N. (1986). *The Fame of Gawa. A Symbolic Study of Value Transformation in a Massim (Papua New Guinea) Society*. Cambridge: Cambridge University Press.

North, D. C. (1990). *Institutions, Institutional Change, and Economic Performance*. Cambridge: Cambridge University Press.

Peterson, R. A., & Anand, N. (2004). The Production of Culture Perspektive. *Annual Review of Sociology 30*, 311-334.

Pine, B. J. II, & Gilmore, J. (1998). Welcome to the Experience Economy. *Harvard Business Review, 76 (4)*, 97-105.

Polany, K. (1977 [1944]). *The Great Transformation. Politische und ökonomische Ursprünge von Gesellschaften und Wirtschaftssystemen*. Frankfurt am Main: Suhrkamp.

Reckwitz, A. (2010). *Unscharfe Grenzen. Perspektiven der Kultursoziologie*. Bielefeld: transcript.

Rössler, M. (2005). *Wirtschaftsethnologie. Eine Einführung*. 2. Auflage. Berlin: Reimer.

Schatzki, T. R., Knorr Cetina, K., & von Savigny, E. (Hrsg.) (2001). *The Practice Turn of Contemporary Theory*. London/New York: Routledge.

Schmidt, S. J. (2014). *Unternehmenskultur. Die Grundlage für den wirtschaftlichen Erfolg von Unternehmen*. 6. Auflage. Weilerswist: Velbrück.

Schulze, G. (1992). *Erlebnisgesellschaft. Kultursoziologie der Gegenwart*. Frankfurt am Main: Campus.

Smudits, A. (2002). *Mediamorphosen des Kulturschaffens. Kunst und Kommunikationstechnologien im Wandel* (= Musik und Gesellschaft 27). Wien: Braumüller-Verlag.

Terkessidis, M. (2006). Distanzierte Forscher und selbstreflexive Gegenstände. Zur Kritik der Cultural Studies in Deutschland. In Ch. Jacke, E. Kimminich & S. J. Schmidt (Hrsg.), *Kulturschutt. Über das Recycling von Theorien und Kulturen* (S. 148-161). Bielefeld: transcript.

Toffler, A. (1980). *The Third Wave. The Classical Study of Tomorrow*. New York: Bantam Books.

Throsby. D. (2001). *Economics and culture*. Cambridge: Cambridge University Press.

Volmar, A., & Schröter, J. (Hrsg.) (2013). *Auditive Medienkulturen. Techniken des Hörens und Praktiken der Klanggestaltung*. Bielefeld: transcript.

Weber, M. (1920). *Die protestantische Ethik und der Geist des Kapitalismus*. Tübingen: Mohr.

Welsch, W. (1998). Strukturwandel der Geisteswissenschaften. In H. Reinalter & R. Benedikter (Hrsg.), *Die Geisteswissenschaften im Spannungsfeld zwischen Moderne und Postmoderne* (S. 85-106) Wien: Passagen Verlag.

Wikström, P. (2012). A Typology of Music Distribution Models. *International Journal of Music Business Research, vol. 1., no. 1*, S7-20.

Winter, C. (1998). Die Rolle der Medien im Kontext von Kulturwandel. Ansätze und Probleme ihrer kulturwissenschaftlichen Bestimmung. In Th. Düllo, Ch. Berthold, J. Greis & P. Wiechens (Hrsg.), *Einführung in die Kulturwissenschaften (=Münsteraner Einführungen. Interdisziplinäre Einführungen Band 2)* (S. 295-327) Münster: LIT.

Wittgenstein, L. (1984). Philosophische Untersuchungen. In ders. *Werkausgabe Band 1* (S. 225-580), Frankfurt am Main: Suhrkamp.

Zembylas, T. (2004). *Kulturbetriebslehre. Grundlagen einer Inter-Disziplin.* Wiesbaden VS-Verlag.

Zembylas, T., & Tschmuck, P. (2006). Einleitung: Kulturbetriebsforschung und ihre Grundlagen. In T. Zembylas & P. Tschmuck (Hrsg), *Kulturbetriebsforschung. Ansätze und Perspektiven der Kulturbetriebslehre* (S. 7-14). Wiesbaden: VS-Verlag.

Eine Methodologie für kulturelle Musikwirtschaftsforschung

Lorenz Grünewald-Schukalla

Zusammenfassung/Abstract

Im Lichte konstanter, durch Medien getriebener Transformationen von Musikwirtschaft- und Musikkultur verändern sich die Kontexte, in denen und die Praktiken, durch die Musik produziert, verteilt und genutzt wird. Um solche Prozesse zu erkennen und zu analysieren sowie um zu verstehen, was diese für die Leute bedeuten, die an und in ihnen arbeiten, schlägt dieser Artikel eine Methodologie vor, die Musikwirtschaft als materiell im Stile von Praxistheorien und kulturell im Stile der Cultural Studies untersucht. Vorgeschlagen wird Praxistheorie als ein Startpunkt, um die transformierende Musikkultur anhand ihrer Praktiken zu untersuchen, die die Grenzen von Musikproduzierenden, -organisationen, -medien, Bands, ProsumentInnen oder Fans kreuzen und transzendieren. Anschließend wird die Methodologie der Multi-Sited-Ethnography vorgestellt, die dieser Art von kultureller Musikwirtschaftsforschung entspricht. Der Artikel schließt mit einem Vorschlag von Methoden und Werkzeugen, um die so produzierten Daten zu interpretieren und plädiert für eine Öffnung zu den Media Studies.

In the light of the constant, media driven transformations of the music business and culture, the contexts and practices, where and through which music is produced, circulated and used, change constantly. To detect and analyse these new forms and processes related to the music business and to research their meaning for the people involved with them, this article proposes a methodology for cultural music business research. It suggests practice theory as a fruitful starting point to research a transformed music culture as modern practices run across increasingly blurred lines between music producers, businesses, media, brands and prosumers or fans. It then provides insights into the methodology of multi-sited ethnography that fits this kind of cultural music business research and finally proposes a set of methods and tools for interpretation of the data produced through this methodology.

> **Schlüsselbegriffe/Keywords**

Musikwirtschaft, Musikkultur, Praxistheorie, Cultural Studies, Methodologie, Medienmanagement

Music economy, music culture, theory of practice, cultural studies, methodology, media management

3.1 Einleitung

Mit der Transformation der Musikwirtschaften nach dem Jahr 2000 hat sich auch die Musikwirtschaftsforschung verändert, um die Transformation der Produktion und Nutzung von Musik zu verstehen. Seit der ‚Digital Music Revolution' (Tschmuck, 2012) haben zum Beispiel die ÖkonomInnen neue Modelle entwickelt, die die Peer-to-Peer-Netzwerke integrieren, in denen Musik getauscht wurde (Hummel & Lechner, 2001; Tschmuck, 2002). MedienwissenschafterInnen haben neue Blickwinkel darauf ermöglicht, wie ProsumentInnen[1] die Formen von Wert und Wertschöpfung in einer vernetzen Musikkultur konfiguriert haben (Potts et al., 2008; Winter, 2012; Jenkins, Ford & Green, 2013; Grünewald-Schukalla, 2018) oder sie haben Praktiken des ‚Sharings' von Musikfans in den Blick genommen und zu Unternehmensstrategien in Bezug gesetzt (Haupt & Grünewald, 2014). Kulturso-

---

1 Der Begriff ProsumerIn geht zurück auf Toffler (1980), der beschreiben wollte, wie die Kategorien von Produzierenden und Konsumierenden verwischen und wie letztere mehr zu Wertschöpfungsprozessen beitragen. Vor allem durch Digitalisierungs- und Mediatisierungsprozesse vollzog sich dieser Wandel in vielen Bereichen von Wirtschaft und Kultur, u.a. auch in der Musik (Winter, 2012). Hier soll dieser Begriff in einer weiten Form all diejenigen AkteurInnen fassen, die nicht einer Industrie angehören deren Produktions-, Sharing-, Remixing- oder Posting-Praktiken jedoch in Wertschöpfungsprozesse eingebunden werden. Dazu gehören z.B. Musikhörende, die Playlisten erstellen (Haupt & Grünewald, 2014) oder die ‚professionalisierten Amateure' YouTubes, die YouTuberInnen (Cunningham, Craig & Silver, 2016).

ziologInnen haben untersucht, wie musikferne Unternehmen die Musikwirtschaft betreten haben, um ihre Marken zu entwickeln (Holt, 2015; Meier, 2017) oder sie haben die Arbeitsweisen des Selbstmanagements und Entrepreneurships außerhalb von etablierten Institutionen wie Labels oder Orchestern betrachtet (Engelmann, Grünewald & Heinrich, 2012; O'Hara, 2014).

Ich behaupte nicht, dass es je einfach war Musikwirtschaftsforschung zu betreiben. Die angeführten Arbeiten aber suggerieren, dass die Produktion, Zirkulation und Nutzung der Werte und Bedeutungen im Kontext von Musik *andere* komplexe Prozesse geworden sind, so dass wir uns nicht länger auf die Organisationen, Märkte und Praktiken konzentrieren können, die wir bisher im Zentrum von Musikwirtschaft und -kultur gesehen haben. Deshalb sollten wir, um zu verstehen, was Musikwirtschaft heute *bedeutet*, abermals auf die musikwirtschaftlichen *Praktiken* schauen. Dabei würde ich die Definition musikwirtschaftlicher Praktiken im Lichte der genannten Transformationen nicht stabil und eng definieren, sondern offen lassen für alle Praktiken, die in irgendeiner Form mit dem ‚Doing' von Musikwirtschaft in Bezug gesetzt werden können und zwar sowohl durch die WissenschaftlerInnen als auch durch die TeilnehmerInnen im Feld. Dies können Praktiken sein, die nichts, auch nicht indirekt, mit Geld zu tun haben und die zum Beispiel andere Formen des Tausches, der Schöpfung von Wert, des (Selbst)managements, der Rationalisierung, der Verteilung von Musik und so weiter annehmen. Die Ziele dieses Beitrages sind die folgenden:

1. Praxistheorie und Cultural Studies als Startpunkt vorzuschlagen, um Musikwirtschaft und -kultur anhand ihrer Praktiken zu untersuchen, die die Grenzen von MusikproduzentInnen, -organisationen, -medien, Bands, ProsumentInnen oder Fans kreuzen und transzendieren.
2. Die Methodologie der Multi-Sited-Ethnography vorzustellen, die dieser Art von kultureller Musikwirtschaftsforschung entspricht
3. Methoden und Werkzeuge anzubieten, mit denen die so produzierten Daten interpretiert werden können.
4. Diesen Ansatz als *kulturelle* Musikwirtschaftsforschung auszulegen.

Diaz-Bones (2006) Begriff des ‚methodologischen Holismus' folgend, begreife ich die ersten drei Elemente als eine zusammenhängende, methodologische Trias. Methodologischer Holismus impliziert, dass - da unsere Theorien durch ihre Begriffe und Konzepte unsere Arten und Weisen formen, in denen wir Realität fassen können - empirische Wissenschaften die Theorien vielmehr *realisieren*, als dass sie sie *falsifizieren*. Methodologie muss daher ein reflexives Vorgehen sein, bei dem Theorien und Methoden epistemologisch ‚passbar' gemacht werden. Anders als

Methoden einer besonderen Disziplin oder eines Feldes ‚nur' zu entwickeln und zu beschreiben, bedeutet Methodologie, eine kohärente Trias aus Theorie, Methodologie und Methode zu entwickeln, die darin reflexiv ist, die Arten zu beschreiben auf welche sie eine spezifische Perspektive zur Welt ermöglicht und andere ausschließt (Diaz-Bone, 2006, S. 4; siehe auch: Gobo, 2008, S. 15ff.). Dieser Artikel diskutiert Musikwirtschaft nicht in den Begriffen der Ökonomie, sondern wendet sich den Praxistheorien sowie den Cultural Studies zu, die einen eigenständigen Stil anbieten, Musikwirtschaft als materielle Kultur (Hörning & Reuter, 2004) zu untersuchen. Hierzu will ich eine *mögliche* Methodologie skizzieren, die eine kohärente Einheit aus Theorie und Methode bildet, anstatt einen systematischen Überblick über verschiedene Methoden zu bieten, die zu diesem Zweck angewendet werden könnten.

Möglicherweise war Keith Negus ein Pionier dieser Art von Forschung und es lohnt sich, seinen Ansatz zur kulturellen Analyse der Musikwirtschaft ausführlich zu zitieren, weil er einige der Schlüsselelemente dieses Artikels inspiriert hat. Sein Ansatz

> „(...) is a deliberate attempt to try and steer a course away from the dichotomy between modernist despair at the power and influence of corporate commodity production and postmodernist celebration of the possibilities provided by cultural consumption and appropriation. It is also an attempt to suggest that the politics of culture need not simply be waged on one side or the other, but during a significant series of connections and relational practices which connect production and consumption and the articulations through which the corporate organization and music industry occupations are linked to broader cultural formations" (Negus, 1999, S. 87).

Negus konzentriert sich also nicht auf die Ökonomik von Musikproduktion, sondern stellt sich die Frage, in welcher Beziehung musikbezogene *Praktiken* mit ‚breiteren kulturellen Formationen' stehen. In den kommenden Abschnitten werde ich die theoretischen Grundlagen für ein solches Unternehmen skizzieren. Begonnen wird mit der Frage, was Praktiken sind und warum sie eine anti-essentialistische Erforschung von Musikwirtschaftsprozessen ermöglichen. Danach folgt eine kurze Einführung in den Forschungsstil der Cultural Studies. Die Theorie hinter sich lassend, wird dann die Methodologie der Multi-Sited-Ethnography dargestellt, was von einem kurzen Abschnitt zu möglichen Methoden begleitet wird. Zur Illustration werden die hier vorgestellten Ideen dann in einem konkreten Forschungskontext verortet. Der Artikel schließt mit einer Öffnung in zur teilweise vernachlässigten Dimension von Medien in der Musikwirtschaftsforschung.

3.2 Soziale Praktiken

Wenn die Frage lautet, was im Lichte der Transformationen der Musikwirtschaft heute als Musikwirtschaft zählt und was dies bedeuten könnte, dann bieten kulturell informierte Theorien der Praxis in Kombination mit qualitativen Methoden eine methodologische Perspektive, die Grenzen von Musikwirtschaftsprozessen aus einer ‚Bottom-up'-Perspektive zu erforschen. So fokussieren Negus und andere VertreterInnen des Cultural Turn in der Musikwirtschaftsforschung nicht so sehr die AkteurInnen oder die Strukturen von Musikmärkten und -industrien, sondern die bedeutungsvollen Praktiken, durch die AkteurInnen diese Strukturen erschaffen, unterhalten und verändern. (Negus, 1997; vgl. allgemein die Bände von Du Gay, 1997 sowie Du Gay & Pryke, 2002).

Parallel zu diesen Arbeiten der Cultural Studies wurden verschiedene Sozialtheorien entwickelt, die sich explizit mit Praktiken auseinandersetzen (Reckwitz, 2002). Praktiken sind Ereignisse, die als körperliche ‚doings and sayings' (Schatzki, 1996, S. 22) beobachtbar sind. Sie sind keine vereinzelten Handlungen, sondern kollektive Muster routinierter Handlungen, in deren zeitlicher Verkettung das Soziale hervorgebracht wird. Praxis, also das, was sich tatsächlich (und nicht theoretisch) ereignet, stellt nämlich eine performative Vollzugswirklichkeit dar, in der Handlungsfähigkeit, Sinn und Bedeutung immer wieder durch Wiederholung und Neuausführung von Praktiken produziert werden (Hörning & Reuter, 2004; Hillebrandt, 2014).

Praxistheorien modifizieren zentrale sozialtheoretische Begriffe wie den der Handlung oder der AkteurIn, ohne das handelnde Subjekt ein für alle Mal aufzugeben (Reckwitz, 2002, S. 282, Giddens, 2000, S. 44f). Subjekte werden zum Beispiel nicht durch Diskurse platziert und auch nicht durch eine andere Art von Struktur wie Märkten oder einer Unternehmenskultur. Sie partizipieren in den routinierten Praktiken, die bestimmte Subjektformen anbieten. Konzepte wie Bourdieus (2009) Habitus, das des Lernens (Wenger, 1998) oder des Vernähens[2] (Hall, 1992, 2004) beschreiben dann, wie sich Praktiken über die Zeit in die Körper einschreiben, wodurch gleichzeitig jeder Körper gewisse Dispositionen in neue Kontexte

---

2 Der Begriff des Vernähens (to suture) war Halls (1992, 2004) Versuch mit den Problemen früher poststrukturalistischer Subjektivierung umzugehen, bei denen die Subjekte allein durch Diskurse produziert werden. Das Konzept des Vernähens will auch psychische Prozesse berücksichtigen und danach fragen, warum und wie Menschen manche Positionen einnehmen und manche nicht: *„Die Vorstellung eines wirkungsvollen Vernähens zwischen Subjekt und Subjektposition erfordert nicht nur die >Anrufung< sondern auch, dass das Subjekt in die Position investiert."* (Hall, 2004, S. 173)

mitbringt. Diese Dispositionen sind also zugleich das Resultat der Praktiken, an denen teilgehabt wurde *und* eine Quelle von Offenheit und Irritation der Praxis (Hillebrandt, 2014, S. 72; Schatzki, 1996, S. 68; Padgett & Powell, 2012).

Im Vergleich mit Handlungstheorien sind Intentionen oder Rationalitäten damit ein Effekt von Praktiken, die routiniert Ziele für sich wiederholende Handlungen hervorbringen. Praktiken geben vor, was gedacht, gesagt, gefühlt oder gemacht werden kann. Auf der anderen Seite sind Praktiken jedoch keine feste Struktur, die Handeln determiniert. Strukturmomente, verstanden als veränderbare Begrenzungen dessen, was getan oder gedacht werden kann, sind in den Praktiken und ihren Wechselwirkungen enthalten (Shove et al. 2012, S. 134ff.). Ändern sich Praktiken oder ihre Elemente (siehe unten), dann ändern sich auch die Strukturmomente. Giddens Idee der Dualität von Struktur und Handeln ist hier ausschlaggebend. Praktiken sind das ‚Scharnier‘ zwischen Struktur und Handlung (Pentzold 2015, S. 231).

Shove, Pantzar & Watson (2012) identifizieren drei Elemente oder Dimensionen von Praktiken, die auch für den analytischen Fokus kultureller Musikwirtschaftsforschung relevant sind, weil sie die Gefahr des Kulturalismus der Cultural Studies, also die Überbetonung symbolischer Sinn- oder Bedeutungsdimensionen des Sozialen, hin zu einer Sensibilität für das Materielle erweitern. Um Praktiken und ihre Dynamik zu verstehen, gilt es, folgende Dimensionen zu berücksichtigen und vor allem in ihren Wechselwirkungen zu verstehen.

1. Material: Ausgehend von den Überlegungen der „Science and Technology Studies" (STS) oder der Akteur-Netzwerk-Theorie (ANT), die auch Dinge als soziale AkteurInnen auffasst, sind Praktiken immer materielle Praktiken (vgl. als Überblick zu STS und ANT Belliger & Krieger, 2006 sowie Wieser, 2012). Praxis ist ohne die Materialität der Körper, der Technologien, der Architekturen, der Werkzeuge etc., die Bestandteile all unserer Handlungen sind, denkbar. Heutige Praktiken, die mit Musik zu tun haben, sind zum Beispiel die der ‚Cross-Promotion‘ von YouTube-Videos durch das Parodieren oder Covern existierender Videos. Sowohl ‚Indie‘-KünstlerInnen als auch solche, die bei kommerziellen Musikunternehmen unter Vertrag stehen, partizipieren in diesen Praktiken, die zu einer Vermehrung an FollowerInnen und Klicks führen. Dies wird unterstützt durch die Algorithmen YouTubes, die Zuschauerinnen von einem Video zu einem ähnlichen Video ‚channelt‘. Dies beeinflusst in erheblichen Maße, wie Musikvideos heute produziert werden, also die Praktiken der Produktion.[3]

---

3   Man denke zum Beispiel an den bekannten ‚Harlem Shake‘ oder die zahllosen Interpretationen von ‚Somebody I used to know‘ von Gotye. Diese Praktiken inkludieren

2. Kompetenz: Praktiken sind durch geteilte Wissensordnungen intelligibel. Wissen ist hier jedoch nicht in erster Linie kodifiziertes Wissen, sondern *praktisches* Wissen, das im routinierten, verkörperten und oft impliziten Verhalten lokalisiert ist; ein ‚Know-How' im Sinne von Kompetenz. Praktiken sind jedoch nicht durch diese Wissensordnungen determiniert. Sie bringen die Ordnungen performativ hervor. In Praktiken der Cross-Promotion beispielsweise gehört es zur Kompetenz zu wissen, wie eine bestimmte Musik ‚gut' performt wird oder wie man eine witzige Parodie produziert. Wissen kann selbstverständlich auf vielfache Weise kodifiziert und repräsentiert werden. Entscheidend ist jedoch, wie sich dieses dann in tatsächlichen Praktiken, also in realen Kontexten ereignet.
3. Bedeutung: Praktiken strukturieren auch die Bedeutung einer individuellen Handlung und sind gleichzeitig durch sie strukturiert (Reckwitz, 2000, S. 265; Reckwitz 2002). Dies ist die im engeren Sinne *kulturelle* Seite der Praxis, die von den Kulturtheorien am stärksten bearbeitet wurde. Um auf das Beispiel YouTubes zurückzukommen, wird in Praktiken des Produzierens und Kommentierens von YouTube-Videos verhandelt, was es bedeutet, eine ‚authentische' YouTuberin zu sein und nicht eine, die ihre Videos nur aus kommerziellen Gründen herstellt (Grünewald & Haupt, 2014).

Viel mehr könnte über Praktiken und ihre Vermittlung von Struktur und Handeln, ihre Materialität usw. gesagt werden.[4] Das Beispiel von Cross-Promotion und der Praxis um YouTube-Videos soll meine These stützen, dass Musikwirtschaftsforschung davon profitieren kann, sich mit der kulturellen, materiellen und Wissens-Dimension von Musikwirtschaftspraktiken überraschen zu lassen. Im folgenden Abschnitt werde ich darauf eingehen, wie wir fragen können, zu welchen anderen Praktiken Cross-Promotion Verbindungen eingeht. Zum Beispiel Praktiken des ‚Signings' oder der Lizenzierung von Musikerinnen, die bei Cross-Promotion-Praktiken besonders gut performen. Oder zu Praktiken der Formatierung von YouTube-Videos für die ‚bessere' Integration von Werbung (Grünewald & Haupt, 2014). Diese Praktiken sind nicht notwendigerweise in den traditionellen Institutionen der Musikindustrie verortet, während YouTuberInnen nicht die traditionellen AkteurInnen sind, die Musikwirtschaftsforschung für gewöhnlich betrachten würde.

---

materielle Elemente wie Kameras, Instrumente, Netzwerk-Infrastrukturen, Algorithmen etc.

4   Eine allgemeine Übersicht über die ‚Grundzüge' der Praxistheorien bietet Reckwitz, 2003.

3.3 Artikulation und Formation

Praxistheorien wurden dafür kritisiert, durch ihren Fokus auf Praktiken Gesellschaft lediglich im kleinen Maßstab oder auf der Mikro-Ebene zu analysieren (Schatzki, 2016a). Als Kontrast zur Einzelbetrachtung von Praktiken wie Cross-Promotion kann man betrachten, wie Musikkulturen in den Cultural Studies konzeptualisiert wurden:

> „Rap, Hip-Hop or Rave can be understood as formations of popular music produced within the institutions of record company and advertising agencies. The mode of production of popular music would include the technical means of studio recording and the social relations within which such practices are embedded. Clearly, Hip-Hop or Rave are musical forms that involve the specific organization of sounds, words and images with which particular social groups form identifications." (Barker, 2011, S. 46)

Wenn Praktiken ‚kleine', routinierte und situierte Handlungsformen sind, wie genau lassen sich dann große Phänomene, wie die einer Industrie oder einer ‚Kultur' im Auge behalten (Schatzki, 2016a)? Verschiedene Praxistheorien und -theoretiker geben hier verschiedene Antworten. Sie alle haben jedoch gemein, dass sie ‚flache Ontologien' haben, was bedeutet, dass für sie das Soziale nicht aus unterschiedlichen Ebenen wie aus Mikro/Individuum/Handlung und Makro/Institution/Struktur besteht. Stattdessen denken sie in relational miteinander verbundenen Praktiken, die nur auf einer Ebene oder Dimension existieren (Schatzki, 2016b). Die Begriffe, die verwendet werden, um Praktiken zu größeren Formen zu verbinden, reichen vom Plenum (ibid.), über Komplexe (Reckwitz) oder Konstellationen (Wenger)[5]. In diesem Artikel werde ich die Begriffe der *Artikulation* und der *Formation* ver-

---

5 All diese Begriffe bezeichnen analytisch differenzierbare Stabilisierungen der Praxis, die aus miteinander verbundenen Praktiken bestehen. Sie sind eine Reaktion auf die methodologischen Herausforderungen der Praxistheorien, übersituative Phänomene wie Märkte, Organisationen, Institutionen etc. einzufangen. Reckwitz (2003, S. 295) legt den Begriff der Praxiskomplexe eng an dem der sozialen Felder und der Lebensformen an. Schatzki (1996, S. 89) hingegen differenziert zwischen Praktiken als „doings and sayings" und den materiellen ‚Arrangements' (Körpern, Dingen, Artefaktiken etc.) und folgert: *„a plenum of practices is one gigantic maze of practices and arrangements."* (ibid., S. 6). Wenger versucht, die globale Wirtschaft, Städte oder soziale Bewegungen mit dem Begriff der Konstellation einzufangen: *„(T)hey can profitably be viewed as constellations of interconnected practices."* (Wenger, 2008, S. 127; Herv. i. O.). Dass diese Konzepte eher offene Heuristiken als eng definierte Begriffe sind, zeigt das folgende Zitat aus einer jüngeren Publikation um Schatzki: *„(P)ractices consist in organised sets of actions, that practices link to form wider complexes and constellations – a nexus"* (Hui, Shove & Schatzki, 2016, S. 1; vgl. auch Hillebrandt, 2014, FN 27).

wenden. Beide stammen aus den Cultural Studies und werden von Hillebrandt (2014) eingesetzt, um das praxistheoretische Vokabular in die Begriffe der Praxis, der *Praxisform* und der *Praxisformation* zu systematisieren.

Für ihn ist eine Praxisform ein „*nexus of doings and sayings*" (Schatzki, 1996, S. 89), was er einer Artikulation (zunächst kann hier auch Kopplung gelesen werden) von Einzelpraktiken gleichsetzt. Hillebrandts Beispiel ist die Praxisform, die wir als Tausch bezeichnen. Tauschen ist eine Artikulation von Praktiken des Gebens, Nehmens und Zurückgebens. Größere Phänomene, die sich über eine Situation hinaus erstrecken, nennt Hillebrandt *Praxisformationen*. Sie sind „*durch Praktiken erzeugte Versammlungen von unterschiedlichen diskursiven, symbolischen, dinglichen und habituellen Elementen, die in ihrer spezifischen Assoziation eine übersituative Wirkung entfalten und Praktiken affizieren*" (Hillebrandt, 2014, S. 103). Die Praxisform des Tausches, die also selbst aus mehreren Praktiken besteht, kann wiederum mit anderen Formen der Praxis wie der des Vertrags, der Gesetze oder der Kryptowährung verbunden werden. Die Praxisformation ähnelt damit Latours Akteur-Netzwerk, dass in seinem Zusammenwirken das Soziale durch die Relationen und Wechselwirkungen der Praktiken und ihrer Elemente stabilisiert (Hillebrandt, 2014, 52ff.). In ihrer Regelmäßigkeit lassen Sie damit das Auftreten bestimmter Praktiken wahrscheinlicher werden.

In den Cultural Studies wird die Versammlung von Praktiken zu Praxisformationen mit dem Begriff der *Artikulation* untersucht. Grossberg (2010, S. 61) definiert Artikulation als

> „die Produktion von Identität auf der Grundlage von Differenz, von Einheiten aus Fragmenten, von Strukturen quer durch Praktiken. Artikulation bindet diese Praxis an jenen Effekt, diesen Text an jene Bedeutung, diese Bedeutung an jene Realität, die Erfahrung an jene Politik. Und die Bindungen werden selbst zu größeren Strukturen artikuliert."

Mit diesem Begriff lässt sich auf den kritischen Forschungsstil der Cultural Studies verweisen. Das Denken in Artikulation äußert sich nämlich auf der Ebene der Epistemologie, der Kritik von Machtprozessen sowie im interventionistischen Denken (Slack, 1986, S. 112). Epistemologisch gesehen, wird die soziale Welt als kontingente Artikulationen von Elementen des Sozialen gefasst und analysiert, womit das Konzept der Artikulation auch methodische Züge annehmen kann. Artikulation betont auch, dass Strukturen weder gegeben, noch für immer sind, sondern durch Artikulation und Reartikulation kontingent und veränderbar sind. Dies hilft den Cultural Studies, Machtprozesse der Strukturierung und Regulierung von Handlungsfähigkeit zu untersuchen, worauf ich weiter unten genauer eingehen werde. Zuletzt geht es einigen VertreterInnen nicht nur um die Analyse, sondern auch um das Aufzeigen von alternativen Artikulationen, also um einen intellektuellen Interventionismus (Slack, 1986).[6]

Im Kontext von Musikwirtschaftsforschung kann Artikulation genutzt werden, um die heterogenen Praktiken des Produzierens, Verteilens und Konsumierens von Musik sowie der für ihre Konstitution notwendigen Materialien, Bedeutungen und Wissensformen zu lokalisieren und zu verstehen, wie sie größere Formationen erzeugen, z. B. die Kultur des Sony Walkmans (Du Gay, Hall, Janes, Madsen, Mackay & Negus, 2013/1997), ein Genre (Negus, 1999), eine digitalisierte Musikindustrie (Tschmuck, 2012) oder die On-Demand Musikkultur (Winter, 2012). Denn Artikulation, wie andere relationale und kontextualisierende Sozialtheorien, stellt auch Möglichkeiten bereit, nicht nur zu betrachten, *dass* etwas verbunden ist, sondern auch *wie*. Die Praktiken, in denen der Sony Walkman designed wurde, und die Praktiken des Musikkonsums mit einem Walkman waren beispielsweise durch Praktiken der Marktforschung und der Werbung miteinander artikuliert, was eine neue global ausdifferenzierte Walkman-Kultur ermöglichte (Du Gay, Hall, Janes, Madsen, Mackay & Negus, 2013/1997). Wenn wir die Welt als artikulierte Praktiken verstehen, sollte uns das erlauben, bisher unentdeckte Musikwirtschaftspraktiken außerhalb der etablierten Stätten und Konzepte ‚traditioneller' Musikwirtschaftsforschung zu finden und mit unserer Forschung zu artikulieren.

Im methodischen Teil des Artikels wird daher darauf eingegangen, dass praxisorientierte Forschung beginnt, die *tatsächlichen* Praktiken des ‚Doings' von Musik zu analysieren, indem sie die Elemente der Praxis sucht und verbindet.

3.4 Cultures of Production, Production of Culture

Es ist wichtig, zu betonen, dass ‚Kultur' kein Begriff ist, der in den grundlegenden Werken der frühen Praxistheoretiker[7] oft genutzt wird.[8] Im Gegenteil kritisieren

---

6 Hall benennt dies sehr konkret in einem bekannten Zitat: „*(A)rticulation is thus the form of the connection that can make a unity of two different elements, under certain conditions. It is a linkage which is not necessary, determined, absolute and essential for all time. You have to ask, under what circumstances can a connection be forged or made.*" (Hall, 1986, S. 141; Herv. i. O.).

7 Leider werden Praxistheorien trotz der theoretischen Erfolge von Frauen wie Karin Knorr-Cetina, Judith Butler oder Elizabeth Shove vor allem auf Männer wie Bourdieu, Giddens und Schatzki zurückgeführt.

8 Jedoch verlief die Entwicklung der Projekte, die später als Theorien sozialer Praktiken rekonstruiert wurden parallel zur Entwicklung der Cultural Studies und sie kreuzten

manche Praxistheorien einen ‚Kulturalismus' und versuchen ihn durch einen Bezug zur Materialität zu erweitern oder zu ersetzen.⁹ Jedoch gibt es meines Erachtens zwei Gründe, die eine Weiterverwendung des Kulturbegriffes rechtfertigen. Der erste liegt im Verständnis der Cultural Studies von Kultur sowohl als symbolische Dimension der Praxis als auch von Kultur als Texten, Musiken, Produkten, Artefakten etc. Als zweiten Grund werde ich später herausarbeiten, dass daneben vor allem der kritische Forschungsstil der Cultural Studies die Nutzung des Kulturbegriffes für die Musikwirtschaftsforschung rechtfertig.

Ein kanonisches Beispiel kultureller Musikwirtschaftsforschung ist die Arbeit von Keith Negus (1997, 1999) und sein für eine Reihe von Cultural Studies Handbüchern entwickelter Zugang, die *Produktion von Kultur* (Peterson, 1979; Peterson & Anand, 2004) mit einem Fokus auf die *Kulturen der Produktion* zu untersuchen. Wie auch die VertreterInnen des ‚Production of Culture' Ansatzes fokussiert kulturelle Musikwirtschaftsforschung „*on the processes by which elements of culture are fabricated in those milieux where symbol-system production is (...) the center of activity*" (Peterson, 1979, S. 672). Es geht also zunächst vor allem um die Prozesse der Symbolproduktion und weniger um die Symbole selber.

Cultural Studies verstehen Kultur jedoch *sowohl* als die symbolische Dimension der Praxis *als auch* als die kulturellen Produkte, die auf bestimmte Weisen produziert und genutzt werden. Dabei haben sie ein zirkuläres und kontextuelles Verständnis

---

einander auch. So haben sich die Arbeiten der Cultural Studies unter dem Einfluss von Raymond Williams und der poststrukturalistischen Rezeption Stuart Halls und anderer immer zu kulturellen und bedeutungsproduzierenden *Praktiken* hin orientiert (Pentzold, 2015, siehe auch Grossberg (2010), der Praktiken explizit als theoretisches Zentrum platziert). Kultur zu untersuchen bedeutete dann, sie als etwas zu untersuchen, was mit der Gesamtheit menschlicher Aktivität in Verbindung steht, und sie nicht als Struktur oder Superstruktur zu betrachten (cf. Williams, 2002; Hall, 1980). Tatsächlich betrieb in Deutschland zunächst vor allem Reckwitz (2000) die Konvergenz der Praxistheorien. In diesem Zusammenhang spricht er auch von ‚Kulturtheorien', um so die symbolische Dimension aller Praxis sowie den ‚Cultural Turn' der Sozialwissenschaften hervorzuheben. In den letzten Jahren nutzt Hillebrandt (2011, 2014) die Cultural Studies auch explizit, um seine eigene Form der Praxistheorie zu entwickeln.

9   Der Fokus auf das Symbolische wurde teilweise dafür kritisiert, die materielle Dimension kultureller Praxis zu vergessen (Hörning & Reuter, 2008). Diese wurde bekanntermaßen verstärkt durch andere theoretische Entwicklungen wie die der ANT aufgegriffen (Wieser, 2012, S. 241 ff.). Es ist daher zu beachten, dass der Fokus nicht *alleine* auf der symbolischen Dimension liegt, sondern in den Weisen, wie die kulturelle Seite der Praxis mit ihren anderen Dimensionen in Beziehung steht, unter anderem die materiellen Konfigurationen der Praxis wie (Medien)technologien (Bräuchler & Postill, 2010) oder körperliche Affekte und Zustände der Lust (Grossberg, 1992, S. 398).

von Kommunikation und Kultur, bei dem Texte[10] in einem Kontext mit bestimmten Bedeutungen produziert (oder kodiert) werden, der sich vom Kontext, in dem sie konsumiert (oder dekodiert) werden unterscheidet. Daher muss ein Text in einem Kontext nicht das Gleiche bedeuten wie in einem anderen. Dieses Modell führt zu einem fortlaufenden Prozess des Kodierens und Dekodierens, einem Kreislauf der Kultur, in dem ein Text nie ein ‚fertiges' Produkt sein kann (Hall, 1980, Du Gay, Hall, Janes, Madsen, Mackay & Negus, 2013).[11] Texte werden erst relevant, wenn in Praktiken etwas mit ihnen gemacht wird.

Das eingangs angeführte Zitat von Keith Negus beschreibt seinen Zugang als eine ‚ausbalancierte und kulturell informierte' Weise, die Praktiken der Produktion und Nutzung von Musik miteinander zu artikulieren. Auch er folgt also dem Kreislaufmodell von Kultur, jedoch mit einem starken Bezug auf die Kontexte des Umgangs mit Musik. Denn obwohl Cultural Studies an der Analyse kultureller Artefakte interessiert sind, verstehen sie diese immer im weiteren Sinne mit Kultur artikuliert. Und zwar mit Kultur der im oben beschriebenen Sinne von Symbolen und Bedeutungen, die mit den Praktiken der Produktion und Konsumtion verbunden sind, der gewöhnlichen ‚gesamten Lebensweise', die Raymond Williams (2002) geprägt hat. Während Cultural Studies als Musikwirtschaftsforschung ökonomischen Strukturen wie Eigentum oder Kontrolle eines Unternehmens nicht blind gegenüber stehen, sind sie auch an den dort vorliegenden kulturellen Praktiken interessiert.

Negus stellte zum Beispiel fest, dass die kreativen Prozesse in der Musikindustrie nicht nur durch ökonomische Interessen und auch nicht nur durch die Unternehmenskultur strukturiert sind. Obwohl diese Faktoren nicht unwichtig sind, zeigte er, dass Musikproduktion mit einem viel breiteren kulturellen Kontext artikuliert ist, den er Genre-Kultur nennt. Musikgenres sind hier das Ergebnis eines *„complex interplay of musicians, listeners, and mediating ideologies, and (where) this process*

---

10 Kulturprodukte oder Symbole werden in den Cultural Studies aufgrund ihrer Wurzeln in den Literaturwissenschaften Texte genannt, wozu auch YouTube-Videos, Songs, Kleidungsstücke oder z. B. Tänze gehören können. (Barker, 2011, S. 10f.; Hesmondhalgh, 2013, S. 4).

11 Dieses Kommunikationsmodell wurde zurecht für seine Wurzeln in einer Kantschen Philosophie kritisiert, nach denen es eine positive Identität von Texten oder LeserInnen voraussetzt bevor ein Kommunikationsprozess beginnt (Grossberg, 2010, S. 51f.). Da das Modell Kodieren/Dekodieren eine Kritik linearer Theorien von Massenkommunikation darstellt, eignet es sich, genauso wie das darauf aufbauende Modell des Kreislaufs der Kultur, dennoch gut für eine Analyse von Musikkultur, die, wenn auch nur teilweise, durch Industrie produziert wird. Ein anderer Ansatz, der Musikproduktion und -konsumtion über die Musikindustrie hinaus untersucht, ist Howard Beckers (2008) Konzept der Kunstwelten (Finnegan, 1997).

is much more confused than the marketing process that follows" (Frith, 1996, S. 88). Genres sind nichts, was in phonografischen Unternehmen produziert wird. Erst die Artikulation der Produktionspraktiken eines Labels mit weiteren Praktiken in anderen Kontexten bringt die Formation eines Genres hervor. Musikwirtschaft im Stile der Cultural Studies zu untersuchen, bedeutet dann eine Perspektive einzunehmen, die nicht nur die Praktiken bestimmt, mit denen Musik produziert oder konsumiert wird. In dem sich Cultural Studies auch für Menschen und ihre kulturellen Identitäten interessieren, müssen sie verstehen, wie solche Praktiken mit den Weisen verbunden sind, mit denen Leute ihrem Leben und Arbeiten einen Sinn geben. Sie wollen bestimmen, was es *bedeutet*, auf die eine oder andere Art und Weise mit Musik umzugehen und wie materielle Elemente hier hineinspielen.

Die Analyse von Texten kann zum Beispiel mit der Analyse von breiteren Formationen artikuliert werden. In den USA sprachen zu Zeiten der Sklaverei die Texte des Blues oft über ein kollektives Bedürfnis nach Freiheit, während sie Männer und Frauen in den Jahren nach der Sklaverei oft als sexuell unabhängige Individuen behandelten. Dies fand jedoch in einem breiteren Kontext statt, in dem Frauen nun StudiomusikerInnen und PerformerInnen werden, und wo Schwarze Menschen Schallplatten kaufen und hören konnten (Davis, 1999, S. 4f.). Alle Momente der kulturellen Formation von Bluesmusik und die Weisen ihrer Artikulation hatten sich also verändert. Dies zeigt, dass Repräsentationen nie ‚nur' Texte sind, die man rezipieren und genießen kann, sondern dass sie immer zu spezifischen Formen von Identität und Subjektivität artikuliert sind. Nochmals: Der breitere Kontext, in diesem Falle die Sklaverei, ohne die eine Analyse der Kultur des Blues unvollständig wäre, wird in der Untersuchung artikuliert.[12]

Da sich Kultur also sowohl in der symbolischen Dimension von Musikwirtschaftspraxis als auch in den Texten oder Produkten, die durch diese Praktiken produziert werden, wiederspiegelt, sehe ich hier ein Argument, diese praxisorientierte Ausrichtung der Musikwirtschaftsforschung *kulturell* zu nennen. Um es kompakt, aber verklausuliert auszudrücken: Untersucht wird die im weitesten Sinne wirtschaftsbezogene materielle Kultur kultureller Praktiken.

---

12 Dass die Organisation von Musikwirtschaft an essentiellen Stellen mit kulturellen Entwicklungen verbunden ist, wird in Tschmucks (2012) historischer Untersuchung von Innovation in der Musikindustrie sehr aufschlussreich dargestellt.

3.5 Machtprozesse

Die zweite Eigenschaft kultureller Musikwirtschaftsforschung liegt im kritischen Forschungsstil der Cultural Studies. Kulturelle Musikwirtschaftsforschung ist nicht nur an Praktiken um der Praktiken willen interessiert, sondern auch an den Menschen, die in ihnen eingebunden sind. Sie will wissen, *„how practices transform groups, individuals and the conditions of their articulation"* (Hobart, 2010, S. 73). Cultural Studies als ein antidisziplinäres Forschungsfeld erhalten ihre Kohärenz nämlich mehr durch einen spezifischen, kritisch motivierten Forschungsstil als durch geteilte Theorien oder Methoden (Du Gay, Hall, Janes, Madsen, Mackay & Negus, 2013/1997; Johnson, 1986, S. 42; Grossberg, 2010; S. 26ff.).

In seinem Artikel ‚What is Cultural Studies Anyway' verortet Johnson (1986, S. 42) die Cultural Studies als eine ‚intellectual-political connection' die die Wechselbeziehungen von Kultur, Macht und sozialer (Un)möglichkeit untersuchen *soll*. Seiner Meinung nach tut sie das, indem sie die Formen untersucht, durch die menschliche Subjektivität produziert wird, die viel mit Kapitalismus, Populärkultur und Medien zu tun haben. Dieser Fokus ist damals wie heute essentiell. Musikbezogene Praktiken sind an Stätten innerhalb und außerhalb der Musikindustrie lokalisiert und werden heute oft durch verschiedene Formen digitaler Medien artikuliert (Potts et al. 2008; Winter 2012). Als solche sind sie auch mit verschiedenen kapitalistischen Praktiken artikuliert, die mit den Weisen, wie Musik produziert oder genutzt wird, in Wechselwirkung stehen. So werden aktuell immer mehr Praktiken entwickelt die Daten, die wir MusiknutzerInnen alltäglich produzieren, zu verwerten oder aber die Inhalte von ProsumerInnen durch Werbung zu monetisieren (Grünewald & Haupt, 2014; Cunningham, Craig & Silver, 2016). Gleichzeitig wurde oben gezeigt, dass Musikwirtschaftspraktiken nicht nur mit Kultur saturiert sind (da ja alle Praktiken eine symbolische Seite enthalten), sie sind auch Praktiken, die Kultur in Form von Texten produzieren. Texte wie Musikstücke sind selber eine spezifische Form von Medium und Repräsentation, die für Leute und ihre Identitätspraktiken – in Johnsons Begriffen ihren Subjektivitäten – wichtig sind.[13] Musik ist also in all ihren Kontexten der Produktion, der Nutzung, des Verteilens mit vielfältigen Machtprozessen verbunden, die regulieren, was geht und was nicht geht.

---

13 Dieser Fokus auf Subjektivitäten und Identitäten muss kurz erläutert werden, da Praxistheorien ja AkteurInnen und Subjekte zugunsten von Kompetenz, Bedeutung und Material dezentrieren. Obwohl die Cultural Studies menschliche Identitäten als performative Artikulationen durch Praktiken betrachten, sehen sie diese dennoch als bis zu einem gewissen Grade stabilisiert an. Sie interessieren sich für die mit Identitäten verbundenen, realen und erfahrbaren Konsequenzen und mit ihnen verbundener Machtprozesse (Hall, 1996).

In den Cultural Studies wird Macht oft als die Weise verstanden, mit denen Agency (Handlungsfähigkeit) ermöglicht oder verhindert wird (Barker, 2011, S. 10). So kann sie als die Möglichkeit untersucht werden, an bestimmten Praktiken teilzuhaben. Dies kann von einem ökonomischen Gesichtspunkt aus betrachtet werden: Wer hat z. B. die Ressourcen, eine Musik aufzunehmen und zu verteilen? Negus führt hier ein Beispiel aus der Musikwirtschaft an, in dem institutionelle Macht kulturell legitimiert wird. Er beschreibt die Formation des Rap-Genres, indem er die Organisation verschiedener Labels und Abteilungen nicht hinsichtlich ökonomischer Aspekte untersucht, sondern die politischen und kulturellen Themen in den Blick nimmt, die damit artikuliert sind. So zeigt er, wie die Artikulation Schwarzer Identitäten, rassistischer Praktiken und politischer Organisation Versuche der Industriemajors hervorbrachten, Schwarze Musiklabels und ihre Beschäftigten auf Distanz zu halten und wie dies eine Rolle in der historischen Formierung des ‚Race Music'-Genres spielte. Negus verbindet dies mit ähnlichen Praktiken, die zu seiner Zeit zu einem strukturellen Nachteil schwarzer Rap-KünstlerInnen und ManagerInnen führten. In der Artikulation mit Schwarzen Identitäten bedeutete der ‚Myth of the Street', für diese, dass sie nah an der Straße und ihrer Kreativität bleiben sollten und nicht für Vorstandszimmer der Majors in Betracht kamen. Entsprechend litten sie stärker unter ungleicher Ressourcenverteilung und Entlassungen (Negus, 1999, S. 88-97).

Agency kann aber auch durch die Entwicklung von Medien als Produktionsmittel (z. B. Napster, YouTube, Musical.ly etc.) verändert werden (vgl. Negus, 1999, S. 29; Winter, 2012). Banet-Weisers (2012, S. 57ff.) Beispiel junger Menschen (vor allem Frauen!), die durch die Produktion von YouTube Videos mit Geschlechteridentitäten experimentieren (Tanzen, Singen, Schminken etc.) zeigt, wie komplex Machtprozesse reartikuliert werden können. Während YouTube zunächst einen Raum darstellt, in dem *mehr* Möglichkeiten existieren, Sinn und Bedeutung zu produzieren und alternative Formen von Gender zu performen, ist es gleichermaßen ein *normativer* Raum, in dem Bewertungen in Form von Hatespeech oder Celebrity-Diskursen die Handlungsfähigkeit der YouTuberInnen sanktionieren und einschränken. Ich interpretiere diesen Raum ebenfalls als mit der Musikwirtschaft artikuliert, weil Lizenzierungsagenturen, Multichannel-Netzwerke und zuletzt auch YouTube (und ggf. die YouTuberInnen selber) mit diesen Videos wirtschaften (Grünewald-Schukalla, 2018).[14]

---

14 Macht kann also auch durch regulative Elemente vermittelt werden. Ismail-Wendts (2015) Artikel über die Regulation von Sampling-Praktiken im HipHop zeigt beispielsweise, wie die Kritik von Sampling in bestimmten Ideen darüber, was eine wertvolle kreative Praxis ausmacht, verwurzelt ist. Er zeigt auch, wie die Anwendung spezifischer Strategien der Repräsentation hier regulativ wird. Wenn z. B. Sampling in Gerichtsverhandlungen immer wieder als Diebstahl und nicht als kreative Praxis dargestellt wird.

Meines Erachtens ist dieser kritische Stil der Cultural Studies der zweite wichtige Grund, der eine Verwendung des Kulturbegriffes für die Musikwirtschaftsforschung trotz der theoretischen Überwindung des Kulturalismus durch die Praxistheorien weiterhin rechtfertigt.

3.6 Methodologie

Nachdem nun der theoretische Teil der methodologischen Trias dargelegt wurde, können wir uns methodischen Ansätzen zuwenden, die in kultureller Musikwirtschaftsforschung angewendet werden könnten. Ethnomethodologische Methoden sind hier aus zwei Gründen am prominentesten mit der Erforschung von Praktiken verbunden (Pink, Horst, Postill, Hjorth, Lewis & Tacchi, 2015, S. 41ff.; Hillebrandt, 2014; Reckwitz 2008). Der erste Grund liegt in der Idee, dass Praktiken Sets routinierter und impliziter Handlungen sind, die mit Bedeutungen, Materialien und Kompetenzen verbunden sind. Wenn das stimmt, dann kann zwar der physische Teil einer Praxis beobachtet werden, ihre impliziten sozialen Bedeutungen und Kompetenzen können jedoch nur indirekt erhoben und hermeneutisch untersucht werden. Der zweite Grund liegt im besonderen *Stil* der Ethnographie, die einen zirkulären Ansatz empirischer Forschung mit reflexiven Episoden verfolgt, denn *„Theorien sozialer Praktiken gewinnen aus dem Spannungsverhältnis der Relation zwischen Theorie und Praxis ihre Begriffe"* (Lengersdorf, 2015, S. 183).

Dabei muss klargestellt werden, dass ethnomethodologische Forschung die ‚zuhause' in unseren gegenwärtigen Gesellschaften durchgeführt werden, nicht anthropologische, sondern soziologische Ethnographien sind (Knoblauch, 2005). Damit verbunden sind einige Herausforderungen, die ein Abweichen klassischer Ethnographien verlangen (und erlauben). Zunächst ist es nämlich in soziologischen Ethnographien schwierig zu sagen, was es bedeutet zu leben *„as the ‚natives' do"* (Falzon, 2009). Wie unterscheide ich mich als ForscherIn von den ‚natives'? Ist Musik nicht ein omnipräsenter Teil der Gesellschaft, in der ich lebe?

Dies ist besonders der Fall, wenn sich ethnographische Forschung von Kulturen, Gesellschaften oder Lebenswelten hin zu Praktiken bewegt, an denen eine jede von uns alltäglich partizipiert. So gehören zu gegenwärtigen Musikformationen zum Beispiel Praktiken wie das ‚Liken' oder ‚Sharen' von Musik mit digitalen Netzwerkmedien. Diese Praktiken sind vielen von uns nicht fremd, womit das Risiko steigt, sie auf der analytischen Agenda zu übersehen. In den Kulturen der Musikproduktion, an denen die meisten von uns nicht tagtäglich teilnehmen, ist dies weniger der Fall.

Während daher einige Praktiken während der ethnographischen Forschung ‚befremdet' werden müssen (Reuter & Berli, 2016), stellt sich eine weitere Herausforderung für kulturelle Musikwirtschaftsforschung: ihre ‚Multi-Sitedness'. Oben habe ich die These aufgestellt, dass die heterogenen Stätten, an denen musikbezogene Praktiken existieren, eine Herausforderung für gegenwärtige Musikwirtschaftsforschung darstellen, weil Musik überall und von viel mehr Leuten als zuvor medial produziert werden kann. Diese Stätten können in Raum und Zeit beträchtlich voneinander entfernt sein. Die Praktiken einer Formation zu untersuchen bedeutet dann, die verschiedenen Stätten zu finden und herauszuarbeiten, wie sie miteinander artikuliert sind. Eine Formation wie die gebrandeter Musikkultur, die sich um Musikwirtschaftspraktiken kommerzieller Marken wie Red Bull formiert (Holt, 2015), ist damit kein anthropologisches Feld, wo Kultur und Ort konvergieren (falls das je der Fall war).[15] Stattdessen ist es ein ‚fuzzy field' (Nadei & Maeder, 2005), das durch Strategien, Entscheidungen und Bewegungen der ForscherIn konstruiert werden muss (Wittel, 2000). Diesen Herausforderungen kann durch Multi-Sited-Ethnography begegnet werden (Marcus, 1995).

3.7 Multi-Sited-Ethnography

Um den anti-essentialistischen Ansprüchen der Praxistheorien und der Cultural Studies gerecht zu werden, müssen sich AnalystInnen zwischen verschiedenen Kontexten und ihren Elementen hin und her bewegen. Multi-Sited-Ethnography *„moves out from the single sites and local situations of conventional ethnographic research designs to examine the circulation of cultural meanings, objects, and identities in diffuse time-space"* (Marcus, 1995, S. 96). Dies hat wesentlichen Einfluss auf die Frage, was von Ethnographien erwartet werden kann. Für gewöhnlich ist die Strategie, die für die Rekonstruktion von Praktiken einer Kultur am geeignetsten erscheint, die teilnehmende Beobachtung. Hier gilt es, entweder lange im Feld zu bleiben und dort tief einzutauchen *oder* fokussierte Ethnographien von Feldinteraktionen durchzuführen, z. B. durch Videographien (Tuma, Schnettler & Knoblauch, 2013). Beide sollen zu dichten Beschreibungen führen (Geertz, 1994; Knoblauch, 2005). Multi-Sitedness beschränkt die Möglichkeiten, lange an einem Ort zu sein,

---

15 Obwohl dies auch in klassischen Malinowesischen Ethnographien nicht der Fall war, gibt es in globalisierten Zeiten und vor allem nicht bei soziologischen Ethnographien, die in der ‚eigenen' Gesellschaft unternommen werden, keine besonderen Verbindungen zwischen einer Gruppe in einer Gesellschaft sowie in Zeit und Raum (Appadurai, 1990).

erheblich. Man nehme das Beispiel des Musikmarketings internationaler Marken: Eine ForscherIn kann für gewöhnlich nicht für sechs Monate in einer Kommunikationsagentur arbeiten, wenn sie auch die Praktiken von MarkenmanagerInnen, WerbetexterInnen oder MusikjournalistInnen untersuchen will (vgl. Nadai & Maeder, 2005, S. 20). Gleichzeitig sind viele relevante Situationen, wie zum Beispiel Meetings zwischen Management und Agentur oft unzugänglich und zu spontan, um Videographien durchzuführen. Kulturelle Musikwirtschaftsforschung, die multi-sited arbeitet, kann daher in den meisten Fällen nicht darauf abzielen, dichte Beschreibungen einzelner Stätten zu produzieren. Sie ist stattdessen an der Artikulation verschiedener Praktiken über verschiedene Kontexte hinaus interessiert. Es ist hier, wo ihre Methode auf Herausforderung verteilter Musikwirtschaftsprozesse trifft, die oben als zentrale Herausforderung kultureller Musikwirtschaftsforschung skizziert wurde.

Multi-Sited-Ethnography wird dieser Herausforderung gerecht, wenn ihr Ansatz, das Feld zu konstruieren, auf sogenannten ‚Following'-Strategien beruht (Marcus, 1995). AnalystInnen können zum Beispiel bestimmte Objekte verfolgen, während sie sich durch verschiedene Praktiken und durch verschiedene Kontexte bewegen und in diesen artikuliert werden (Appadurai, 1988; Lash & Lury, 2007). Ein Objekt zu verfolgen, bedeutet seine verschiedenen Manifestationen zu begleiten und „*the shifting status of things (...) in their circulations through different contexts*" zu beobachten (Marcus, 1995, S. 107). Im Falle von Objekten wäre es zum Beispiel vorstellbar, Blockchain-Architekturen[16] durch ihre verschiedenen Interaktionen zu verfolgen: Wie werden sie entwickelt? Welche politischen Ideen und Agenden werden in ihre Algorithmen übersetzt? Wie und durch wen wird die Blockchain aufgegriffen? Wie verändert sich ihre Bedeutung? Welche Praktiken werden durch die Blockchain bevorzugt und welche Praktiken und Identitäten werden benachteiligt? Etcetera.

Wir können dann beginnen, diese Praktiken und ihre kontextuellen Elemente in einer kulturellen Formation zu artikulieren, die sich um die Blockchain herum formiert. Einige davon werden einen Bezug zur Musikwirtschaft haben, andere nicht. Verschiedene Strategien des Verfolgens müssen mit verschiedenen Forschungsfragen

---

16 Eine Blockchain ist ein kryptographisches System, das Transaktionen in einer über viele UserInnen verteilten Datenbank (einer Kette aus Transaktionen) registriert (Hayes, 2016, S. 124). Diese Systeme können unterschiedliche Architekturen aufweisen. So kann z. B. die Entscheidung darüber, ob ein neuer Nutzer in das Netzwerk aufgenommen wird, bedingungslos möglich sein oder aber durch eine zentrale Stelle reguliert werden (Peters & Panayi, 2016, S. 240). Zurzeit hegen die Musikindustrien Hoffnungen auf solche Technologien, um ihre Rechte und Transaktionen effizienter zu registrieren und abzuwickeln (vgl. exemplarisch O'Dair 2016; Gilli & Röver, i. V.).

verbunden werden. So heften sich andere Following-Strategien an AkteurInnen (Latour, 2005, für musikbezogene Praktiken siehe DeNora, 2003, S. 156), Dinge wie den Sony Walkman (Du Gay, Hall, Janes, Madsen, Mackay & Negus, 2013/1997) oder an Events wie das Monterey Pop Festival (Daniel & Schäfer, 2015).

3.8 Methoden

Nachdem die theoretischen und methodologischen Grundzüge einer praxisorientierten kulturellen Musikwirtschaftsforschung skizziert wurden, kann das letzte Element der Trias aus Theorie, Methodologie und Methode angerissen werden (Diaz-Bone, 2006). Cultural Studies haben sich nie auf ein methodologisches Paradigma fokussiert, da ihre Stätten und Themen unterschiedliche Zugänge erforderten (Johnson, Chambers, Raghuram & Tincknell 2004, S. 41). Gleichzeitig war die Ethnologie immer eine Methodologie, unter der eine Vielzahl von Methoden genutzt werden konnten. Zu diesen gehören eine *„situational combination of field techniques (note taking, audio-/visual recording, interviews, examination of indigenous literature, observation, and such)"* (Falzon, 2009, S. 1). Beispielsweise nutzte Negus in seinen kulturellen Musikwirtschaftsforschungen nicht nur seine eigenen Erfahrungen als Songwriter. Er stützte sich auch stark auf Interviews mit MusikwirtschaftspraktikerInnen, Musikfans, KünstlerInnen. Dann ergänzte er dies durch eine Analyse der diskursiven Formen in Musik- und Musikwirtschaftsmagazinen, die eine Rolle dabei spielten ‚sozialen Tatsachen' wie Unternehmenskulturen oder Genres zu beschreiben und die diese aus praxeologischer Sicht mit hervorbringen (Negus, 1999, S. 3, 85). Das Grounded Theory Diktum ‚all is data' kann also auch hier angewandt werden.

Eine methodologische Trias muss sich auch ihrer blinden Flecken und der Weisen bewusst sein, wie sie Wissen generiert und generieren kann. So vollzieht sich die Integration solch diverser Typen von Daten nicht immer problemlos (Glaser, 2007; siehe auch Giampietro, 2008, S. 239ff.). Denn zunächst müssen die Daten, die durch Multi-Sited-Ethnography gesammelt werden, so interpretiert und konzeptualisiert werden, dass sie die Praktiken einer Formation sichtbar machen. Hier muss die AnalystIn beachten, dass das Sprechen über eine Praktik selbst Praxis ist, aber nicht die Praktik selber. Das bedeutet nicht, dass Interviews oder Feldprotokolle keine legitime Methoden wären, Schlüsse über Praktiken zu ziehen. Jedoch muss das Interview, die Beobachtung, das Magazin usw. selber als Teil von Praxis konzeptualisiert werden, das zu einer Praktik eine bestimmte Position einnimmt. Von diesem Blickwinkel aus muss die AnalystIn das Wissen über die besprochene Praxis *interpretieren*. (Reckwitz, 2008, S. 196f.). In diesem Sinne sind Daten

> „what is occurring, it is socially produced and it is up to the (…) researcher to figure it out, BECAUSE the participants are doing it, talking it, using it, think it, are it, respond to it, offer it and so forth. It is going on right in front of the (…) researcher! For example, treating talk (an interview) as data comprises not just what was said, but that the talk was given, in a certain way, in a certain context, with a certain endurance, in a culture, with talk story attached etc." (Glaser, 2007, Absatz 7).

Neben Primärdaten, die extra für ein Projekt erhoben werden, kann auch auf Sekundärmaterial vertraut werden, um Schlüsse über ihre Praktiken zu ziehen, z. B. durch Nachrichtenmeldung, Interviews mit JournalistInnen etc. Solche Daten, sowohl primäre als auch sekundäre, müssen daher für bessere Validität kontextualisiert werden, indem man zum Beispiel ihre Quelle, die vermutete Absicht der Quelle, die Situation, in der sie produziert wurde oder wie sie von ihren SchöpferInnen genutzt werden soll, in Betracht zieht (Ralph, Birks & Chapman, 2014). Dann können die Daten durch ständiges Vergleichen und durch das Generieren und Verdichten von Kategorien und Konzepten, die im Bezug zu den relevanten Praktiken stehen, verglichen werden (für den analytischen Prozess der Grounded Theory siehe Strauss & Corbin, 1998). Die Kategorien und Konzepte sollten Fragen über die Praktiken und die Weisen, wie sie miteinander artikuliert sind, beantworten. Kulturelle Musikwirtschaftsforschung wechselt dabei zwischen den Praktiken, ihren Bedeutungen, Materialien und Wissensformen sowie den Leuten, die an ihnen teilhaben.[17]

3.9 Ein Beispiel für ein Forschungsdesign

Wie oben beschrieben, kann eine Methodologie nie vollends vom Forschungskontext, in dem sie entwickelt wurde, abstrahiert werden (Diaz-Bone, 2006). Das Ziel dieses Abschnittes ist daher, den Kontext, in dem dieses Vorgehen entwickelt wurde, trans-

---

17 Zum Beispiel könnten wir versuchen herauszufinden, was es bedeutet, einen bestimmten Sound von Musik zu produzieren (und nicht einen anderen) und welche Rolle dabei neue oder alte Synthesizer-Technologien spielen. Oder wir können untersuchen, wie eine Musikmarketing-Managerin ihrer Praxis, etwas für eine spezielle Zielgruppe (und nicht eine andere) zu vermarkten, einen Sinn gibt. Durch konstantes Befragen und Vergleichen der Daten können solche Einsichten generiert und Praktiken inklusive ihrer Elemente artikuliert werden.

parent zu machen. Das Projekt, aus dem die vorliegenden Überlegungen stammen, hat seinen Ursprung in einem Feld, das noch nicht vollends mit der Musikwirtschaft identifiziert ist. Dort geht es um Marken, die bestehende Praktiken übernehmen und verändern, die für gewöhnlich mit AkteurInnen der Musikindustrie artikuliert sind (Meier, 2017). Ein Beispiel: Holt (2015) diskutiert die ‚Evolution des Sponsorings' anhand des Falles der *Red Bull Music Academy (RBMA)*. Die RBMA nahm ihren Anfang als DJ-Workshop und entwickelte sich zu einem Event, an dem nun über 60 MusikerInnen aus vielen Teilen der Welt in ‚kosmopolitische' Orte wie New York, Sao Paulo oder Tokyo eingeflogen werden. Dort nehmen sie sechs Wochen an Workshops, Studiosessions, Konzerten und Vorträgen teil. Diese Workshops werden ergänzt durch eine Serie von gebrandeten Konzerten und Festivals in verschiedenen Teilen der Welt. Außerdem gibt es ein RBMA Radio, das Konzerte und DJ-Sets archiviert, einen Blog, der von professionellen MusikjournalistInnen geschrieben und kuratiert wird und so weiter. Über Red Bull hinaus steigt die Zahl der Marken, die in Musikwirtschaftspraktiken investieren.

Hier liegt eine Formation vor, bei der Praktiken der Markenführung mit Musik in Beziehung gesetzt und mit existierenden Elementen aus anderen Musikformationen artikuliert werden. Diese reichen über die Praktiken von Labels, Verlagen und Distributoren hinaus hin bis zu Praktiken des Marketings, des Markenmanagements, von Markenagenturen, AgentInnen sowie von Marken-affinen KünstlerInnen und MarkenkonsumentInnen. Wie Leslie Meier (2017) zeigt, werden Musikwirtschaftspraktiken in dieser Formation in einer Weise transformiert, dass Musik nicht länger wegen ihres Wertes als vermarktbare Ware produziert wird, sondern aufgrund ihrer Möglichkeiten, andere Waren zu promoten – typischerweise eine gebrandetes Konsumgut. Ihre Arbeit beschreibt, dass durch die Reartikulation von Praktiken, die typischerweise zu einem Kontext der Musikindustrie gehörten, mit Praktiken, die Marken ausmachen, auch neue kulturelle Formen (Texte) wie ‚Branded Entertainment', Markenkonzerte, oder Jingles hervorgebracht werden. Damit verbunden sind auch neue Subjektformen von KünstlerInnen als Marke, die selbst an Praktiken der Markenführung teilnehmen müssen, um einen Wert für eine andere Marke erzeugen zu können.

Meiers analytischer Rahmen stammt aus der Politischen Ökonomie. Daher ist sie kulturell sensibel und bietet eine kritische Perspektive auf die politischen Effekte dieser Prozesse an. Jedoch arbeitet sie die Hauptursache für die Konvergenz von Markenführung und Musik ökonomisch heraus: In der digitalen Transformation der Musikindustrien sind die Geschäftsmodelle, die durch Tonträger-Waren angetrieben werden, nicht länger gangbar. Daher, so Meier, müssen die Musikindustrien neue, lizenzgetriebene Modelle entwickeln, die für Marken anschlussfähig sind.

Marken auf der anderen Seite sehen Musik als Möglichkeit, Bedeutungen und Affekte an ihre Produkte zu heften.

Aufbauend auf ihrer Arbeit, fragt das Projekt, für das die hier vorgeschlagene Methodologie entwickelt wurde, wie wir die Formation gebrandeter Musikkultur hinsichtlich ihrer kulturellen und materiellen Politiken beschreiben und erklären können. In einem ersten Schritt fragt das Projekt danach, welche Praktiken wichtig sind, wenn Marken auf Musik treffen und wie diese Praktiken miteinander artikuliert sind. Wie sind beispielsweise neue Formen mediatisierter Datenanalyse in die Organisationen eingebettet, die Marken produzieren? Was für Bedeutungen sind damit verbunden? In einem zweiten Schritt orientiert sich die Analyse an Fragen zu Identität und Macht. Welche Identitäten werden durch diese neuen Praktiken produziert? Wer kann, auf Basis welcher Identität, wie an dieser Formation teilhaben? Wem werden die Ressourcen gewährt, um an bestimmten Praktiken zu partizipieren? Schließlich fragt das Projekt nach den Effekten und Affekten, die durch die Formation gebrandeter Musikkultur hervorgebracht werden: Wie erfahren KünstlerInnen, ManagerInnen oder Fans ihre Teilhabe an Marken-Musik?

Als Methode wurde eine Multi-Sited-Ethnography gewählt, die einer der oben gewählten Strategien folgt: Ich folge Marken wie der Deutschen Telekom, Red Bull, Seat oder Audi in ihren Interaktionen mit Musik. Diese Interaktionen können Konzerte sein, die durch die Marke organisiert wurden, Festivals, die durch die Marke gesponsert wurden, die Entwicklung und Implementierung von Musikmarketing-Strategien durch MarkenmanagerInnen, Musikfans, die sich über Markenevents unterhalten oder Inhalte teilen, oder MusikjournalistInnen die Inhalte für ein gebrandetes Musikmagazin schreiben. Diese Strategie führt mich an verschiedene Stätten, an denen Forschung stattfindet, z. B. Strategiemeetings, Kommunikationsagenturen, Festivals und Konzerte, die Backstages, an denen KünstlerInnen nach einem gebrandeten Konzert anwesend sind. Um Daten zu generieren, werden halbstrukturierte Interviews mit MarkenmanagerInnen, AgentInnen, KünstlerInnen oder Fans, sowie Beobachtungen und kurze ethnographische Interviews bei Konzerten oder in Tonstudios durchgeführt. Womöglich versuche ich teilnehmende Beobachtungen mit Follow-up-Interviews zu kombinieren, um TeilnehmerInnen die Möglichkeit zu geben, die Kontexte der Aktivitäten, die ich beobachtet habe, zu erhellen. Das gesammelte Material wird dann anhand der Kodier-Strategien analysiert, die in der Grounded Theory und ihrer Weiterentwicklung der Situationsanalyse entwickelt wurden (Strauss & Corbin, 1998; Clarke, 2005).

Da es sich hierbei um ein laufendes Projekt handelt, befindet es sich noch im Fluss. Erste Zwischenstände weisen jedoch darauf hin, dass extensives Tracking der medialen Aktivitäten von Musikkonsumierenden im Zentrum gegenwärtigen Musikmarketings liegt. Anstatt darauf zu vertrauen, dass Tracking von KonsumentInnen ein exaktes Abbild der Welt produziert, die sich für manageriale Entscheidungen eignen, nutzen KommunikationsagentInnen und MarketingmangerInnen diese Daten oft, um ihre eigenen kulturellen Praktiken wie das Kuratieren eines Musikevents zu legitimieren. Da ihre eigenen Management-Positionen zunehmend prekär sind, bieten ihnen Trackingmethoden und Forschungspraktiken Wege ihre Arbeitslagen und Aktivitäten zu sichern, indem sie Qualitäten und Bedeutungen in kommunizierbare Quantitäten transformieren. Fragt man nach Identitäten, dann werden diese Praktiken zwischen Themen wie Ergebnisorientierung und Ästhetiken verhandelt, wobei sich einige der ManagerInnen als sowohl kulturell wie managerial orientiert bezeichnen, was sie oft in Konflikt mit anderen Abteilungen und AkteurInnen ihrer Organisationen und Netzwerke bringt.

Hinsichtlich der Machtbeziehungen, die in dieser Formation hervorgebracht werden, bietet die Perspektive der KünstlerInnen erste Einsichten. Für MusikerInnen ist die Assoziierung mit einer Marke eine wichtige politische Angelegenheit, da kulturelle Fragen von Authentizität und Autonomie in ihrem Feld von hoher Wichtigkeit sind. Hier entstehen diskursive Praktiken, in denen Marken und KünstlerInnen Narrative produzieren, die einen kulturellen ‚Fit' zwischen den beiden herstellen sollen. Jedoch bedeuten die Bedingungen eines legitimen Fits neue Formen der Inklusion und Exklusion, bei denen manche KünstlerInnen-Identitäten mit höherer Wahrscheinlichkeit Teil einer Markenkooperation werden als andere. Praktiken des Brandings mit Musik sind damit kein konfliktfreier Raum. Dies spiegelt sich auch in den Erfahrungen und Affekten wieder. Die Widersprüche, die durch Fragen von Authentizität und Fit verhandelt werden, produzieren Gefühle der Ambivalenz, die bei beinahe allen TeilnehmerInnen zum Ausdruck gebracht werden. Dies schließt sogar einige – wenn auch nicht alle – Musikfans mit ein.

3.10 Abschluss

Abschließend muss gesagt werden, dass es nicht *die eine* Methodologie für kulturelle Musikwirtschaftsforschung gibt. Andere Wege, spezifische Formationen von Musikwirtschaft und -kultur zu erforschen, müssen für ihre Forschungskontexte weiter adaptiert und entwickelt werden. Dies war immer eine Eigenschaft von Cultural Studies, was schlussendlich bedeutet, dass auch die hier vorgestellte Methodologie kritisch adaptiert und weitergedacht werden muss (Grossberg, 2010, S. 12f.).

Ein Teil, der hier nicht ausreichend entwickelt und diskutiert wurde, sind die Räume, die wir durch unsere digital-vernetzten Medienpraktiken herstellen (Wittel, 2000). Ich habe diese bisher eher implizit angesprochen, da weder die vorgestellten

Stränge der Cultural Studies noch das präsentierte Material zu Praxistheorien einen kohärenten Bezugsrahmen für die Erforschung von Medien und medialen Praktiken anbieten. Jedoch sind alle Aspekte unseres Lebens und ganz besonders dieser Personen, die in und mit den Kulturindustrien arbeiten, bis zur Unkenntlichkeit in und mit (digitalen) Medien verwoben. Musik und die Praktiken ihrer Produktion, Promotion und Nutzung zirkulieren heute durch mediale Netzwerke der Ko-Kreation (Potts et al., 2008). Daher müssen wir auch mehr Wissen darüber produzieren, wie Medien bestimmte Musikwirtschaftspraktiken und die Formationen, die aus ihnen bestehen, ermöglichen, beeinflussen, gestalten.

Bei diesen Methoden kann es nicht allein darum gehen, diese Gemeinschaften zu erforschen, die sich online formen, wie es in frühen Formen der Netnographie der Fall war (Kozinets, 2010).[18] Sie können auch nicht singuläre Analysen von Medien oder Inhalten sein. All diese Eigenschaften müssen mit den Praktiken, die eine musikbezogene Formation ausmachen, artikuliert werden.

Solche Methoden werden gerade in der Anthropologie entwickelt, in denen alltägliche Interaktionen (Praktiken) mit Medien mit verschiedenen ethnographischen Ansätzen erforscht werden. (Pink, Horst, Postill, Hjorth, Lewis & Tacchi, 2015). Ein weiterer Strang an Methoden wird in den Media Studies entwickelt. Burgess und Green (2009) können mit ihrer YouTube-Studie hier als ein Beispiel angeführt werden, in dem ökonomische Analysen mit quantitativen und qualitativen Untersuchungen von YouTube-Inhalten sowie mit den Identitäts-, Produktions- und Nutzungspraktiken in Beziehung gesetzt werden. Nick Couldry (2004) jedoch führt an, dass wir Medien nicht als singuläre Medien, sondern als artikulierte Praxis betrachten müssen. Wir könnten dann die gegenwärtigen Media Studies weiter de-essentialisieren und die Verwobenheit von Medien mit anderen Teilen der Gesellschaft besser verstehen. Dies ist sicherlich der Weg, den wir einschlagen sollten, jetzt wo digitale Medien zu den wichtigsten Formen der Praxis gehören, die Musikwirtschaft und -kultur, ja tatsächlich alle Aspekte unserer Gesellschaften und der Weisen, wie sie gelebt und erfahren werden, rekonfigurieren (Winter, 2012; Couldry, 2012). Kulturelle Musikwirtschaftsforschung muss darüber nachdenken, wie Medien als Praxis ein Teil ihrer Forschung werden können.

---

18 Die Netnographie ist ein innovativer und produktiver Zugang, um mittels ethnographischer Methoden die Kulturen von Online-Communities zu erforschen. Die Erforschung solcher Communities ist auch für die Musikwirtschaftsforschung relevant. Im Lichte des hier vorgeschlagenen Forschungsstils jedoch müssten die dortigen stärker mit den anderen Teilen der Praxisformationen, denen diese Communities zugeordnet werden müssten, artikuliert werden.

Literatur

Appadurai, A. (1988). *The Social Life of Things: Commodities in Cultural Perspective*. Cambridge: Cambridge University Press.

Banet-Weiser, S. (2012). *Authentic TM: Politics and Ambivalence in a Brand Culture*. New York: New York University Press.

Barker, C. (2011). *Cultural Studies: Theory and Practice*. London: Sage.

Becker, H. S. (2008). *Art worlds* (25th Anniversary Edition). Berkeley, California: University of California Press.

Belliger, A., & Krieger, D. J. (Hrsg.). (2006). *ANThology: Ein einführendes Handbuch zur Akteur-Netzwerk-Theorie*. Bielefeld: transcript

Bourdieu, P. (2009). *Entwurf einer Theorie der Praxis: auf der ethnologischen Grundlage der kabylischen Gesellschaft*. Frankfurt am Main: Suhrkamp.

Clarke, A. (2005). *Situational Analysis: Grounded Theory After the Postmodern Turn*. Thousand Oaks: Sage.

Couldry, N. (2004). Theorising Media as Practice. *Social Semiotics*, 14(2), 115-132. https://doi.org/10.1080/1035033042000238295

Couldry, N. (2012). *Media, Society, World: Social Theory and Digital Media Practice*. Cambridge: Polity.

Culture Mapping Online Publics. (o. J.). Verfügbar unter http://mappingonlinepublics.net/category/culture/ [4. Dezember 2016].

Cunningham, S., Craig, D., & Silver, J. (2016). YouTube, Multichannel Networks and the Accelerated Evolution of the New Screen Ecology. *Convergence: The International Journal of Research into New Media Technologies*, 22(4), 376-391. https://doi.org/10.1177/1354856516641620

Daniel, A., & Schäfer, F. (2015). Methodische Herausforderungen am Beispiel einer Soziologie der Praxisformation des Rock und Pop. In F. Schäfer, A. Daniel, & F. Hillebrand (Hrsg.), *Methoden einer Soziologie der Praxis* (S. 289-314). Bielefeld: transcript.

Davis, A. Y. (1999). *Blues Legacies and Black Feminism: Gertrude 'Ma' Rainey, Bessie Smith, and Billie Holiday*. New York: Vintage.

DeNora, T. (2003). *After Adorno: Rethinking Music Sociology*. Cambridge: Cambridge University Press.

Diaz-Bone, R. (2006). Developing Foucault's Discourse Analytic Methodology. *Forum: Qualitative Social Research*, 7(1). Verfügbar unter http://www.qualitative-research.net/index.php/fqs/article/view/71 [1. Dezember 2016].

Du Gay, P. (Hrsg.). (1997). *Production of Culture/Cultures of Production*. London: Sage in association with the Open University.

Du Gay, P., Hall, S., Janes, L., Madsen, A. K., Mackay, H., & Negus, K. (2013). *Doing Cultural Studies: The Story of the Sony Walkman* (2. Aufl.). Thousand Oaks: Sage

Du Gay, P., & Pryke, M. (Hrsg.). (2002). *Cultural Economy: Cultural Analysis and Commercial Life*. London: Sage.

Engelmann, M., Grünewald, L., & Heinrich, J. (2012). The New Artrepreneur - How Artists Can Thrive on a Networked Music Business. *International Journal of Music Business Research*, 1(2), 31-45.

Falzon, M.-A. (2009). Introduction: Multi-Sited Ethnography: Theory, Praxis and Locality in Contemporary Research. In M.-A. Falzon (Hrsg.), *Multi-Sited Ethnography: Theory, Praxis and Locality in Contemporary Research* (S. 1-24). Farnham: Ashgate.

Finnegan, R. (1997). Music, Performance and Enactment. In H. Mackay (Hrsg.), *Consumption and Everyday Life* (S. 113-159). London: Sage.

Frith, S. (1996). *Performing Rites. Evaluating Popular Music*. Oxford: Oxford University Press.

Geertz, C. (1994). Thick Description: Toward an Interpretive Theory of Culture. In M. Martin & L. McIntyre (Hrsg.), *Readings in the Philosophy of Social Science* (S. 213-231). Cambridge: Bradford.

Giddens, A. (2000). *Central Problems in Social Theory: Action, Structure and Contradiction in Social Analysis*. Basingstoke: Macmillan.

Gilli, L., & Röver, A. (i. V.). Die Blockchain in der Musikindustrie: Innovationspotential und Geschäftsmodelle. In M. Ahlers, L. Grünewald-Schukalla, M. Lücke, & M. Rauch (Hrsg.), *Big Data in der Musikindustrie*. Wiesbaden: Springer VS.

Glaser, B. (2007). All Is Data. *Grounded Theory Review, 6*(2). Verfügbar unter http://groundedtheoryreview.com/2007/03/30/1194/ [21. Dezember 2016].

Gobo, G. (2008). *Doing Ethnography*. Los Angeles: Sage.

Goggin, G. (2012). *Cell Phone Culture: Mobile Technology in Everyday Life*. London: Routledge.

Grossberg, L. (1992). *We Gotta Get Out of This Place: Popular Conservatism and Postmodern Culture*. New York: Routledge.

Grünewald-Schukalla, L. (2018). YouTubes Musikkultur zwischen Co-Creation und Kommerzialisierung: Produktivität als Werte-Schöpfung. In H. Schwetter, H. Neubauer, D. Mathei (Hrsg.), *Die Produktivität von Musikkulturen*. Wiesbaden: Springer VS.

Grünewald, L., & Haupt, J. (2014). Value Creation on YouTube: How Musicians, YouTubers and Commercial Networks Create Social, Cultural and Economic Capital. Gehalten auf der Vienna Music Business Research Days, Vienna. Verfügbar unter http://www.researchgate.net/profile/Lorenz_Gruenewald2/publication/267393473_Value_Creation_on_YouTube__How_Musicians_YouTubers_and_Commercial_Networks_Create_Social_Cultural_and_Economic_Capital1/links/544e8b910cf26dda089015c7.pdf [25. Februar 2015].

Hall, S. (1980). Encoding, Decoding. In S. Hall, D. Hobson, A. Lowe, & P. Willis (Hrsg.), *Culture, Media, Language* (Bd. 4) (S. 128-138). London: Hutchison.

Hall, S. (1986). On Postmodernism and Articulation An Interview with Stuart Hall. *Journal of Communication Inquiry, 10*(2), 45-61.

Hall, S. (1997). The Centrality of Culture: Notes on the Cultural Revolutions of our Time. In K. Thompson (Hrsg.), *Media and Cultural Regulation* (S. 208-236). London: Sage.

Hall, S. (2004). Wer Braucht >Identität<? In J. Koivisto & A. Merkens (Hrsg.), *Ideologie, Identität, Repräsentation* (S. 167-188). Hamburg: Argument.

Hall, S. (1992). The Question of Cultural Identity. In S. Hall, D. Held, & T. McGrew (Hrsg.), *Modernity and its Futures: Understanding Modern Societies* (S. 274-316). Cambridge: Polity

Haupt, J., & Grünewald, L. (2014). Vom Produkt zum Produktionsmittel: Was Medienunternehmen von Spotify Lernen Können. In H. Rau (Hrsg.), *Digitale Dämmerung: Die Entmaterialisierung der Medienwirtschaft* (S. 101-117). Baden-Baden: Nomos.

Hayes, A. (2016). Decentralized Banking: Monetary Technocracy in the Digital Age. In *Banking Beyond Banks and Money* (S. 121-131). Heidelberg: Springer VS.

Hebdige, D. (1995). Subculture: The Meaning of Style. *Critical Quarterly, 37*(2), 120-124. https://doi.org/10.1111/j.1467-8705.1995.tb01063.x

Hepp, A. (2004). *Netzwerke der Medien: Medienkulturen und Globalisierung.* Wiesbaden: VS Verlag für Sozialwissenschaften.
Hesmondhalgh, D. (2013). *The Cultural Industries* (3. Aufl.). London: Sage.
Hillebrandt, F. (2011). Cultural Studies und Bourdieus Soziologie der Praxis. Versuch einer überfälligen Vermittlung. In D. Suber, H. Schäfer, & S. Prinz (Hrsg.), *Pierre Bourdieu und die Kulturwissenschaften: zur Aktualität eines undisziplinierten Denkens* (S. 133-154). Konstanz: UVK.
Hillebrandt, F. (2014). *Soziologische Praxistheorien.* Wiesbaden: Springer.
Hobart, M. (2010). What do we mean by 'Media Practices'. In B. Bräuchler & J. Postill (Hrsg.), *Theorising Media and Practice* (S. 55-75). Oxford: Berghahn.
Holt, F. (2015). The Evolution of Corporate Sponsorship in Sensitive Cultural Spheres in the Early 21st Century. In H. Berger, F. Döhl, & T. Morsch (Hrsg.), *Prekäre Genres* (S. 255-287). Bielefeld: transcript.
Hörning, K. H., & Reuter, J. (2008). Doing Material Culture. Soziale Praxis als Ausgangspunkt einer „realistischen" Kulturanalyse. In A. Hepp & Winter, Rainer (Hrsg.), *Kultur - Medien - Macht: Cultural Studies und Medienanalyse* (S. 109-123). Wiesbaden: Springer VS.
Hui, A., Shove, D. E., & Schatzki, T. R. (2016). *The Nexus of Practice: Connections, Constellations and Practitioners.* London: Taylor & Francis Ltd.
Hummel, J., & Lechner, U. (2001). The Community Model of Content Management: A Case Study of the Music Industry. *International Journal on Media Management, 3*(1), 4-14. https://doi.org/10.1080/14241270109389940
Ismaiel-Wendt, J. S. (2015). Anmerkungen zum aktuellen Rechtsstreit über Musik-Sampling – „Kraftwerk (Ralf Hütter) vs. Moses Pelham" - und zur Frage nach rassismuskritischer, semiotischer Demokratie. Verfügbar unter http://zbi-uni-hildesheim.de/wp-content/uploads/2015/11/Ismaiel-Wendt-Rechtsstreit-%C3%BCber-Musik-Sampling-11_12_15.pdf [14. Juli 2016].
Jenkins, H., Ford, S., & Green, J. (2013). *Spreadable Media: Creating Value and Meaning in a Networked Culture.* New York: New York University Press.
Johnson, R. (1986). What Is Cultural Studies Anyway? *Social Text,* (16), 38-80. https://doi.org/10.2307/466285
Johnson, R., Chambers, D., Raghuram, P., & Tincknell, E. (Hrsg.). (2004). *The Practice of Cultural Studies.* London: Sage.
Jones, R. (2016). How do we solve Britain's 'boring' Music Scene? Verfügbar unter https://musobiz.wordpress.com/2016/09/21/how-do-we-solve-britains-boring-music-scene/ [21. September 2016].
Knoblauch, H. (2005). Focused Ethnography. *Forum: Qualitative Social Research, 6*(3).
Kozinets, R. V. (2010). *Netnography: Ethnographic Research in the Age of the Internet.* Thousand Oaks: Sage.
Lash, S., & Lury, C. (2007). *Global Culture Industries: The Mediation of Things.* Cambridge: Polity.
Latour, B. (2005). *Reassembling The Social: An Introduction To Actor-Network-Theory.* Oxford: Oxford University Press.
Lengersdorf, D. (2015). Ethnographische Erkenntnisstrategien zur Erforschung sozialer Praktiken. In F. Schäfer, A. Daniel, & F. Hillebrandt (Hrsg.), *Methoden einer Soziologie der Praxis* (S. 177-197). Bielefeld: transcript.
Marcus, G. E. (1995). Ethnography in/of the World System: The Emergence of Multi-Sited Ethnography. *Annual Review of Anthropology,* (24), 95-117.

Meier, L. M. (2017). *Popular Music as Promotion: Music and Branding in the Digital Age*. Cambridge: Polity.

Nadai, E., & Maeder, C. (2005). Fuzzy Fields. Multi-Sited Ethnography in Sociological Research. *Forum: Qualitative Social Research*, 6(3). Verfügbar unter http://www.qualitative-research.net/index.php/fqs/article/view/22 [13. August 2016].

Negus, K. (1997). The Production of Culture. In P. Du Gay (Hrsg.), *Production of Culture/Cultures of Production* (S. 67-119). London: Sage.

Negus, K. (1999). *Music Genres and Corporate Cultures*. London: Routledge.

O'Dair, M. (2016). *Music On The Blockchain 1.0.pdf*. Middlesex University. Verfügbar unter http://eprints.mdx.ac.uk/20574/1/Music%20On%20The%20Blockchain%201.0.pdf. [18. Mai 2017].

O'Hara, B. (2014). Creativity, Innovation and Entrepreneurship in Music Business Education. *International Journal of Music Business Research*, 3(2), 28-60.

Padgett, J. F., & Powell, W. W. (2012). The Problem of Emergence. In *The emergence of organizations and markets* (S. 1-29). Princeton: Princeton University Press.

Pentzold, C. (2015). Praxistheoretische Prinzipien, Traditionen und Perspektiven kulturalistischer Kommunikations- und Medienforschung. *Medien & Kommunikationswissenschaft*, 63(2), 229-245. https://doi.org/10.5771/1615-634x-2015-2-229

Peters, G. W., & Panayi, E. (2016). Understanding Modern Banking Ledgers through Blockchain Technologies: Future of Transaction Processing and Smart Contracts on the Internet of Money. In *Banking Beyond Banks and Money* (S. 239-278). Heidelberg: Springer.

Peterson, R. A. (1976). The Production of Culture: A Prolegomenon. *American Behavioral Scientist*, 19(6), 669-684. https://doi.org/10.1177/000276427601900601

Peterson, R. A., & Anand, N. (2004). The Production of Culture Perspective. *Annual Review of Sociology*, 30(1), 311-334. https://doi.org/10.1146/annurev.soc.30.012703.110557

Pink, S., Horst, H., Postill, J., Hjorth, L., Lewis, T., & Tacchi, J. (2015). *Digital Ethnography: Principles and Practice*. London: Sage.

Postill, J. (2010). Introduction: Theorising Media and Practice. In B. Bräuchler & J. Postill (Hrsg.), *Theorising Media and Practice* (S. 1-34). Oxford: Berghahn. Verfügbar unter https://www.academia.edu/151082/Introduction_Theorising_Media_and_Practice [12. Dezember 2016].

Potts, J., Hartley, J., Banks, J., Burgess, J., Cobcroft, R., Cunningham, S., & Montgomery, L. (2008). Consumer Co-creation and Situated Creativity. *Industry & Innovation*, 15 (5), 459-474. https://doi.org/10.1080/13662710802373783

Ralph, N., Birks, M., & Chapman, Y. (2014). Contextual Positioning: Using Documents as Extant Data in Grounded Theory Research. *SAGE Open*, 4(3). https://doi.org/10.1177/2158244014552425

Reckwitz, A. (2000). *Die Transformation der Kulturtheorien: zur Entwicklung eines Theorieprogramms*. Weilerswist: Velbrück Wissenschaft.

Reckwitz, A. (2002). Toward a Theory of Social Practices A Development in Culturalist Theorizing. *European Journal of Social Theory*, 5(2), 243-263. https://doi.org/10.1177/13684310222225432

Reckwitz, A. (2008). Praktiken und Diskurse: Eine Sozialtheoretische und Methodologische Relation. In H. Kalthoff, S. Hirschauer, & G. Lindemann (Hrsg.), *Theoretische Empirie: Zur Relevanz Qualitativer Forschung* (S. 188-209). Frankfurt am Main: Suhrkamp.

Reuter, J., & Berli, O. (2016). *Dinge Befremden: Essays zu Materieller Kultur*. Wiesbaden: VS Verlag für Sozialwissenschaften.

Schatzki, T. R. (1996). *Social Practices: A Wittgensteinian Approach to Human Activity and the Social*. New York: Cambridge University Press.

Schatzki, T. R. (2016a). Keeping Track of Large Phenomena. *Geographische Zeitschrift, 104* (1), 4-24.

Schatzki, T. R. (2016b). Praxistheorie als flache Ontologie. In H. Schäfer (Hrsg.), *Praxistheorie: Ein soziologisches Forschungsprogramm* (S. 29-44). Bielefeld: transcript.

Shove, E., Pantzar, M., & Watson, M. (2012). *The Dynamics of Social Practice: Everyday Life and how it Changes*. Los Angeles: Sage.

Slack, J. D. (1986). The Theory and Method of Articulation in Cultural Studies. In D. Morley (Hrsg.), *Stuart Hall: Critical Dialogues in Cultural Studies* (S. 112-130). London: Routledge.

Strauss, A., & Corbin, J. (1998). *Basics of Qualitative Research: Techniques and Procedures for Developing Grounded Theory* (Second Edition, Bd. xiii). Thousand Oaks: Sage.

Thompson, E. P. (1961). The Long Revolution-Part 2. *New Left Review*, (10), 34-39.

Toffler, A. (1980). *The Third Wave*. New York: Bantam Books.

Tschmuck, P. (2002). Musikanbieter im Internet: B2C-Services als Alternativen zu traditionellen Distributionsformen in der Musikindustrie? In M. Bruhn & B. Stauss (Hrsg.), *Electronic Services* (S. 723-751). Wiesbaden: Gabler. https://doi.org/10.1007/978-3-8349-4418-4_29

Tschmuck, P. (2012). *Creativity and Innovation in the Music Industry*. Berlin: Springer.

Tuma, R., Schnettler, B., & Knoblauch, H. (2013). *Videographie: Einführung in die interpretative Videoanalyse sozialer Situationen* (3. Aufl.). Wiesbaden: Springer VS.

Wenger, E. (2008). *Communities of Practice: Learning, Meaning, and Identity* (16th pr). Cambridge: Cambridge Univ. Press.

Wieser, M. (2012). *Das Netzwerk von Bruno Latour: Die Akteur-Netzwerk-Theorie zwischen Science & Technology Studies und poststrukturalistischer Soziologie*. Bielefeld: transcript.

Wilkinson, H. (2016). Thought Accountants were Boring? This one is Disrupting the Music Industry. Verfügbar unter http://realbusiness.co.uk/funding/2016/05/23/thought-accountants-were-boring-this-one-is-disrupting-the-music-industry/ [06. Dezember 2016].

Williams, R. (2002). Culture is Ordinary. In B. Highmore (Hrsg.), *The Everyday Life Reader* (S. 91-100). London: Routledge.

Willis, P. E. (2014). *Profane Culture*. Princeton: Princeton University Press.

Die Musikwirtschaftsforschung im Kontext der Kulturbetriebslehre – ein Vorschlag

4

Peter Tschmuck

Zusammenfassung/Abstract

Musik als Kulturgut entsteht in sozialen Prozessen, die in organisatorischen und institutionellen Settings eingebettet sind und von diesen gestaltet wird. Dabei wird Klang/Geräusch wertmäßig aufgeladen und in das Kulturgut Musik transformiert. Die Musikwirtschaftsforschung untersucht diese Transformationsprozesse sowie die organisatorischen und institutionellen Settings (Mikro- und Makroaspekt), die zur Entstehung, Verbreitung und Rezeption von Musik als Kulturgut beitragen. Des Weiteren befasst sich die Musikwirtschaftsforschung mit der Erforschung der Wechselwirkung zwischen dem kulturellen und ökonomischen Wert des Kulturgutes Musik. Dabei wird diese Wechselwirkung als sozio-ökonomischer sowie historischer Prozess verstanden, in dem das Wertverhältnis ständig neu gestaltet und umgeformt wird. In diesem Sinn kann die Musikwirtschaftsforschung als Teilgebiet der Kulturbetriebslehre angesehen werden, die sich mit der Formation, Verbreitung und Rezeption von Kulturgütern beschäftigt.

Music is a cultural good and emerges in social processes that are embedded in and shaped by organizational and institutional settings. They give sound an economic value transforming it into the cultural good music. Music business research, therefore, analyses these transformation processes as well as the organizational and institutional settings (micro and macro perspective) that support the emergence, dissemination and reception of music. Further music business research highlights the interdependency of economic and cultural value of music. The interdependency can be analysed as a socio-economic and historic process, in which valuation of music permanently alters. Thus, music business research can be defined as sub-discipline of cultural institutions studies that highlights the emergence, dissemination and reception of cultural goods.

> **Schlüsselbegriffe/Keywords**
>
> Schlüsselwörter: Musikwirtschaft, Musikindustrie, Kulturbetriebslehre, Kulturgut, Urheberrecht, Institution
>
> Keywords: Music economy, music industry, cultural institutions studies, cultural good, copyright, institution

4.1 Einleitung

Die Musikwirtschaftsforschung ist dabei, sich als interdisziplinäres, wissenschaftliches Fach zu etablieren, nachdem die ersten Schritte in diese Richtung um das Jahr 2010 gesetzt wurden. WissenschafterInnen unterschiedlichster Disziplinen haben sich schon davor auch mit wirtschaftlichen Fragen des Musikschaffens befasst, wobei sie aber die gesetzten disziplinären Grenzen nicht überschritten haben. MusikwissenschafterInnen haben durchaus die Relevanz wirtschaftlicher Prozesse im Werkschaffen großer KomponistInnen erkannt und in der Analyse berücksichtigt. Stellvertretend soll auf Ludwig Finschers Haydn-Monographie verwiesen werden, die z. B. die Rolle Joseph Haydns als Opernimpresario explizit in einem Kapitel abhandelt (Finscher, 2002, S. 233-261). Auch in Epochenbetrachtungen (z. B. Philip G. Downs für die Wiener Klassik) oder in Gattungsanalysen (z. B. Bianconi für die Oper) werden die wirtschaftlichen Rahmenbedingungen in die musikwissenschaftliche Analyse miteinbezogen.

Auch ÖkonomInnen befassen sich schon seit einiger Zeit mit den wirtschaftlichen Grundlagen des Musikschaffens, wie z. B. Frederik Scherer (2004), der in „Quarter Notes and Banknotes" die Ökonomie der Komponierpraxis im 18. und 19. Jahrhundert analysiert oder Hilda und William Baumol (1994, 2002), die sich in einigen Journal-Artikeln mit den ökonomischen Aspekten des Musiklebens zu Beethovens und Mozarts Zeit auseinander gesetzt haben.

Die wirtschaftlichen Aspekte der Musikproduktion, Musikverbreitung und Musikrezeption sind auch schon seit Längerem Forschungsgegenstand in der Popularmusikforschung, der Musiksoziologie, der Musikpsychologie, der Ethnomusikologie, der Medienwissenschaften, der Betriebswirtschafts- und Managementlehre, bis hin zu den Rechtswissenschaften (z. B. Musikurheberrecht) und der Informatik (z. B. Musikerkennungssysteme).

Ausgangspunkt waren aber bislang die methodologischen Grundlagen der jeweiligen Wissenschaftsdisziplinen und die üblicherweise damit zusammenhängenden Methoden. Das wissenschaftliche Interesse an wirtschaftlichen Aspekten des Musikschaffens, der Musiknutzung und Musikverbreitung sowie der Rahmenbedingungen, in dem sich das alles vollzieht, war und ist groß. Dennoch gab es lange Zeit keine Scientific Community, die sich mit wirtschaftlichen Aspekten der Produktion, Verbreitung und Rezeption von Musik auf wissenschaftlichem Niveau auseinandersetzt. Das eine solche durchaus ein Daseinsberechtigung hat, wurde mir klar, nachdem ich im März 2009 den Blog zum Musikwirtschaftsforschung (https://musikwirtschaftsforschung.wordpress.com/) und genau ein Jahr später das englischsprachige Pendants (https://musicbusinessresearch.wordpress.com/) ins Leben gerufen habe. Nicht nur eine rasch steigende Zahl an Zugriffen, sondern auch Anfragen, Kooperationsangebote und der Austausch von Forschungsergebnissen haben einen Bedarf nach einer interdisziplinären Forschungsplattform für die Musikwirtschaft erkennen lassen. Die Ersten Vienna Music Business Research Days zum Thema Musik-Filesharing im Juni 2010 wurden dann zum Kristallisationspunkt für eine Scientific Community der Musikwirtschaftsforschung. NachwuchswissenschaftlerInnen nutzten ab der zweiten Konferenz im Jahr 2011 den Young Scholars' Workshop, um ihre Forschungsergebnisse zur Diskussion zu stellen und seit 2014 gibt es einen wissenschaftlichen Konferenztag, an dem WissenschaftlerInnen aus aller Welt ihre Forschungsarbeiten präsentieren. Als Publikationsplattform hat sich schon ab 2012 das International Journal of Music Business Research (IJMBR) etabliert, das zum Organ der 2015 gegründeten International Music Business Research Association (IMBRA) wurde.

Das Feld der Musikwirtschaftsforschung hat sich also in den letzten sieben bis acht Jahren institutionalisiert und es ist der Zeitpunkt gekommen, darüber zu reflektieren, worin eigentlich die methodologischen Grundlagen dieser sich herausbildenden Inter-Disziplin bestehen und welche methodischen Herangehensweisen zielführend sind.

Mein Ausgangspunkt ist das wissenschaftliche Fach der Kulturbetriebslehre, dessen Venia docendi ich seit 2003 innehabe. Die Kulturbetriebslehre ist selbst noch ein sehr junges wissenschaftliches Fach, das aber durch seine interdisziplinäre Ausrichtung sehr gut geeignet ist, als Ausgangsbasis für die Musikwirtschaftsforschung zu dienen. Die Kulturbetriebslehre versteht sich als Inter-Disziplin an der Schnittstelle der Kultur-, Sozial- und Wirtschaftswissenschaften, die sich die Erklärung der Entstehung und Verbreitung von Kulturgütern in einem institutionellen Setting (Kulturbetrieb) zum Ziel gemacht hat (siehe dazu Zembylas & Tschmuck, 2006, S. 7ff.). Die Musikwirtschaft kann als ein solches institutionelles Setting, in dem das Kulturgut Musik entsteht und verbreitet wird, verstanden werden. Deshalb möchte ich in einem ersten Schritt auf die methodologischen Grundlagen der Kulturbetriebslehre eingehen und dann die Musikwirtschaftsforschung in diesen Rahmen einbetten.

4.2 Die Kulturbetriebslehre als methodologischer Rahmen für die Musikwirtschaftsforschung[1]

Der Gegenstandsbereich der Kulturbetriebslehre ist der Kulturbetrieb, der konstitutiv für die Entstehung und Verbreitung von Kulturgütern ist. Es bedarf daher einer Klärung sowohl des Kulturbegriffs der Kulturbetriebslehre als auch des institutionellen Settings der Kulturgüterentstehung und -verbreitung.

4.2.1 Der Kulturbegriff der Kulturbetriebslehre

Es gibt in diversen wissenschaftlichen Disziplinen eine Vielzahl an Definitionen von Kultur. An dieser Stelle können klarer Weise nicht erschöpfend sämtliche Konzeptionen präsentiert und diskutiert werden, sondern es kann ausschließlich der Versuch unternommen werden, einen für die Kulturbetriebslehre brauchbaren Kulturbegriff abzuleiten. Dafür macht es Sinn, die Extrempunkte eines Kontinuums zu markieren, die einerseits einen sehr breiten Kulturbegriff beschreiben, andererseits einen sehr engen.

Die maximalistische Variante (Zembylas, 2004, S. 21) stellt der anthropologische Kulturbegriff dar. Er basiert auf der Grundannahme, dass der Mensch fähig ist, Symbole zu bilden und zu vermitteln. Das impliziert, dass im Grunde genommen alles Kultur ist, was von Menschen hervorgebracht wird. Damit verliert der anthropologische Kulturbegriff seine analytische Fokussierung. Würde sich die Kulturbetriebslehre dieser Definition von Kultur bedienen, so wäre alles ihr Gegenstandsbereich, was Willkür Tür und Tor öffnen würde.

In der Minimalvariante wird Kultur als Teilbereich des Sozialen definiert, z. B. als Alltags- oder Soziokultur, als Bildungsgut, als Ideologie. Hierbei besteht allerdings das Problem der Abgrenzung: Kultur vs. Natur, Kultur vs. Technologie, Kultur vs. Zivilisation, Kultur vs. Ökonomie etc. Aber auch diese Minimalvariante

---

[1] Dieser Abschnitt basiert auf Teilen meines Skriptums „Einführung in die Kulturbetriebslehre", das ich im Rahmen von Lehrveranstaltungen zum Fach Kulturbetriebslehre verwende.

der Kulturdefinition ist trotz der analytischen Schärfe nicht unproblematisch, weil es zum einen das angesprochene Abgrenzungsproblem gibt und zum anderen der Erkenntnishorizont unnötig eingeschränkt wird.

Ein Kompromiss könnte darin bestehen, alle Erscheinungsformen der menschlichen Existenz als potenziell kulturell anzusehen, es aber vom jeweiligen sozialen und historischen Diskurs abhängig zu machen, was im konkreten Fall als kulturell angesehen werden kann und was nicht. Diese Überlegungen führen uns zu einem Kulturbegriff, wonach Kultur als historisch gewordenes Regelwerk, das der menschlichen Gesellschaft Struktur verleiht, verstanden wird. Dazu Zembylas (2004, S. 29): *„Menschliches Leben konstituiert sich also aus sozialen und kulturellen Zusammenhängen (...). Wenn wir Kultur folglich als Form der Konstitution einer Gemeinschaft durch Repräsentation verstehen, dann haben kulturelle Produkte den Charakter eines Symbols"*.

Ernst Cassirer (1923–29) zeigt in „Philosophie der symbolischen Formen", dass Symbole nicht nur versprachlichte Texte sind, sondern sich auch in anderer Form, z. B. bildhaft, akustisch oder in Form von Handlungen manifestieren können. Symbole formen die Kultur und bieten eine intersubjektive Basis für menschliche Kommunikation. Über symbolische Formen der Kultur wird Sinn gestiftet und verbreitet. Man kann sagen: Kein Sinn ohne Kultur und keine Kultur ohne Sinn. *„Wir sind ‚zum Sinn verurteilt'[2], weil wir kulturell geformt sind"* (Zembylas, 2004, S. 32).

Wie kommt nun aber die Kultur in den einzelnen Menschen und wie vergemeinschaftet sie sich? Dazu hat der französische Soziologe Pierre Bourdieu den Begriff des Habitus[3] eingeführt. Der Habitus ist ein *„System der organisierten oder mentalen Dispositionen und der unbewussten Denk-, Wahrnehmungs- und Handlungsschemata"* (Bourdieu, 1974 [zit. in Zembylas, 2004, S. 39]), die durch Wiederholung verinnerlicht – habitualisiert – werden. Der Habitus ist quasi die Repräsentation der sozialen Welt im Individuum. Bourdieu nennt dies das „kulturell Unbewusste", über das soziale Ordnung reproduziert wird. *„Im Mittelpunkt jeder Kultur stehen also mehrere Sets von Regeln, die zur Strukturierung des Handels und im Weiteren des Zusammenlebens beitragen"* (Zembylas, 2004, S. 41). Kultur ist also nicht nur ein Komplex von Bedeutungen, der in Texten und symbolisch aufgeladenen Objekten inkorporiert ist, sondern es handelt sich immer auch um eine soziale Praxis. Der Kulturbegriff der Kulturbetriebslehre umfasst also beides: Die Vorstellung, dass Kultur als Text verstanden und interpretiert werden kann (Textparadigma) aber auch als sozialer und historischer Prozess (sozialwissenschaftliches Paradigma).

---

2   In „Phänomenologie der Wahrnehmung" (Merleau-Ponty, 1966).
3   Ausführlich dazu: „Der Habitus als Vermittlung zwischen Struktur und Praxis" (Bourdieu, 1974, S. 125-158).

4.2.2 Der Institutionenbegriff der Kulturbetriebslehre

Wie der Kulturbegriff ist auch der Institutionenbegriff vielschichtig und bezeichnet zum einen ein organisatorisches Setting und zum anderen ein Praxisfeld, das im deutschsprachigen Raum gern auch als Betrieb bezeichnet wird wie z. B. der „Musikbetrieb", der „Konzertbetrieb" oder der „Opernbetrieb". Beiden Formen – Organisation und Praxisfeld – ist gemein, dass sie auf sozial vereinbarten Regeln beruhen. So zeichnet sich eine Organisation als System der Über- und Unterordnung aus, das sich durch Regelbefolgung stabilisiert. Aber auch das Praxisfeld wird durch Befolgung sozialer Regeln stabilisiert, allerdings nicht im Sinn hierarchischer Beziehungen, sondern durch soziale Tausch- und Aushandlungsprozesse, die ein Netzwerk von Beziehungen ausprägen, die über die Zeit hinweg durch standardisierte und routinisierte Handlungsprozesse verfestigen.

Um der Mehrschichtigkeit des Institutionenbegriffs gerecht zu werden, sollen in weiterer Folge verschiedene Ausformungen näher betrachtet werden: (1) der soziologische Institutionenbegriff; (2) der Betriebsbegriff in der Betriebswirtschaftslehre und (3) der ökonomische Institutionenbegriff.

4.2.3 Der soziologische Institutionenbegriff

In diesem Sinn kann die Institution als ein implizites und explizites Regelwerk verstanden werden, das bestimmte Praktiken generiert und kollektives Handeln überhaupt erst möglich macht. Erst das gerichtete kollektive Handeln *„(...) ermöglicht die Produktion kollektiver Symbole, geteilter Identitäten und ritueller Praktiken, d. h. eine Kultur"* (Zembylas, 2004, S. 97). Institutionen organisieren also gesellschaftliche Prozesse und können dabei sehr allgemeine Formen annehmen wie z. B. Sprache, Recht, Eigentum, Markt oder konkrete organisatorische Einheiten bilden wie z. B. Unternehmen, Körperschaften des öffentlichen Rechts, Verwaltungseinheiten, Vereine. Zembylas (2004, S. 99) bringt dies so auf den Punkt: *„Institutionen existieren als Instanzen oder als Organisationen"*.

4.2.4 Der Betriebsbegriff der Betriebswirtschaftslehre

Der Betriebsbegriff der Betriebswirtschaftslehre (BWL) entspricht nicht dem soziologischen Institutionenbegriff. Als Betrieb wird in der BWL „*(...) eine organisierte Wirtschaftseinheit*" verstanden, „*in der verfügbare Mittel (Vermögen) unter Wagnissen zur Erstellung von Leistungen und Abgabe dieser Leistungen an außenstehende Bedarfsträger eingesetzt werden."* (Lechner, Egger & Schauer, 1990, S. 34). Dabei wird Bezug genommen auf den Betriebsbegriff, den Erich Gutenberg in den 1950er Jahren entwickelt hat. Gutenberg (1983, S. 457ff.) definiert Betriebe als Wirtschaftseinheiten, die vorwiegend einen Fremdbedarf decken und somit Produktionswirtschaften darstellen, die Produktionsfaktoren kombinieren, dem Prinzip der Wirtschaftlichkeit unterliegen und auf Dauer ihre Existenz dadurch sichern, dass sie ein finanzielles Gleichgewicht (d. h. den Zahlungsverpflichtungen fristgerecht nachzukommen) anstreben. Der Betrieb kann die Form eines privatwirtschaftlichen Unternehmens annehmen, aber auch die eines öffentlichen Unternehmens bzw. eine Mischform des gemeinwirtschaftlichen Unternehmens (siehe dazu Kosiol, 1972; Thommen & Achleitner, 1998, S. 38). Darüber hinaus wurde der Betriebsbegriff auch auf nicht-gewinnorientierte Wirtschaftseinheiten wie Non-Profit-Unternehmen und die öffentliche Verwaltung ausgeweitet. Es handelt sich also nicht nur um erwerbswirtschaftliche, sondern auch um bedarfswirtschaftliche (z. B. Verwaltungseinheiten), förderwirtschaftliche (z. B. Interessenverbände) und gemeinwirtschaftliche (z. B. Selbstverwaltungskörper, kirchliche Einrichtungen, Parteien, Vereine) Betriebe (siehe Lechner, Egger & Schauer, 1990, S. 37f.).

Der betriebswirtschaftliche Betriebsbegriff, wie immer er auch abgegrenzt wird, geht aber stets von Wirtschaftseinheiten aus, die einen Fremd- oder Eigenbedarf decken. Somit ist der Institutionenbegriff der Kulturbetriebslehre – verstanden als ein implizites und explizites Regelwerk, das Praktiken generiert und kollektives Handeln möglich macht – umfassender als der Betriebsbegriff der BWL. Somit können jegliche Wirtschaftseinheiten grundsätzlich auch Gegenstand der Kulturbetriebslehre sein, sofern die Symbolproduktion ein wesentlicher Antrieb der betrieblichen Leistungserstellung ist – wie z. B. bei Unternehmen der phonografischen Industrie, Musikverlagen, Musikveranstaltungsunternehmen oder Verwertungsgesellschaften.

4.2.5 Der ökonomische Institutionenbegriff

Der ökonomische Institutionenbegriff hat seinen Ursprung bei Veblen (1899, 1904).[4] Daran anknüpfend entstand noch vor dem 2. Weltkrieg die „Neue Institutionenökonomik", die ihren Ausgang mit Ronald Coases' bahnbrechenden Artikel „The Nature

---

4   Beeinflusst wurde Veblen von der deutschen Historischen Schule der Nationalökonomie, zu deren wichtigsten Vertretern Wilhelm Roscher, Gustav Schmoller und Lujo Brentano zählen, aber auch von Darwins Evolutionstheorie, dem Pragmatismus (insbesondere von John Dewey) und der Kulturanthropologie.

of the Firm" (1937) nimmt, und dann von Oliver Williamson (1975) und Douglass North (1990) weiter entwickelt wurde. Die „Neue Institutionenökonomik" befasst sich in erster Linie mit der Analyse von Institutionen, die den ökonomischen Leistungsaustausch regeln. Dazu zählen Institutionen der Wirtschaft (insbesondere Märkte und Wirtschaftsorganisationen), die vor allem mittels Prinzipal-Agent- und Transaktionskostenansatz erklärt werden; die Institutionen des Rechts, wo es um die Definition von Eigentums- und Verfügungsrechten (property rights) geht und die Institutionen der Politik, die Gegenstand der Verfassungsökonomik und der Neuen Politischen Ökonomik sind.[5]

Der soziologische Institutionenbegriff der Kulturbetriebslehre weist zum einen über den ökonomischen Institutionenbegriff hinaus, da nicht nur Institutionen, die den ökonomischen Leistungsaustausch regeln, betrachtet werden, greift aber auch kürzer, weil auf jene Institutionen abgestellt wird, die sich auf die Symbolproduktion und -verbreitung spezialisiert haben. Demgemäß ist beispielsweise nicht der Markt als Gesamtinstitution in der Kulturbetriebslehre von Interesse, sondern nur sofern, wenn darüber Güter, deren Symbolgehalt im Vordergrund stehen, alloziert werden. Ebenso werden Institutionen des Rechts und der Politik nur dann betrachtet, wenn es beispielsweise um die Definition und Durchsetzung von Verfügungsrechten an symbolhaften Güter und Leistungen geht.

Der Institutionenbegriff der Kulturbetriebslehre ist also eine Schnittmenge aus dem soziologischen und ökonomischen Institutionenbegriff als auch mit dem Betriebsbegriff der Betriebswirtschaftslehre. Der Kulturbetrieb kann also verstanden werden als Netzwerk von AkteurInnen, die sich an Handlungsmuster orientieren, die durch kollektive Instanzen konstituiert werden. Konkret kann das die Verwendung bestimmter Technologien, die Ausprägung von Geschäftspraktiken und die Anwendung von künstlerischen Praktiken bedeuten.

4.3 Die Kulturbetriebslehre als Wissenschaft von der Entstehung und Verbreitung von Kulturgütern

Institutionen, verstanden als Regel- und Normengebilde, bilden Kultur aus, die selbst Ergebnis menschlicher Praxis ist. Es entsteht dadurch ein Regelkreislauf, wonach menschliche Handlungen, die auf Bedürfnissen beruhen, Institutionen ausbilden, die ihrerseits wieder auf die Bedürfnisse rückwirken usw. So haben die

---

5   Eine Einführung zur „Neuen Institutionenökonomik" bieten Erlei, Leschke & Sauerland (2007).

Menschen die Institution des Rechts wegen ihres Bedürfnisses nach Sicherheit hervorgebracht, die Institution der Sprache wegen ihres Bedürfnisses nach Kommunikation, die Institution Kunst wegen ihres Bedürfnisses nach Kontemplation und geistiger Auseinandersetzung.

Bleiben wir bei der Institution Kunst. Kunst vermittelt sich über Symbole. Symbole unterliegen keineswegs der Knappheit. Sie haben daher keinen ökonomischen Wert. Sie haben aber dennoch einen Wert, der kulturell bestimmt ist, weil Symbole stellvertretend für etwas stehen, also eine Bedeutung haben. Jedes Ding und jede Handlung kann mit Bedeutung aufgeladen und somit symbolhaft werden. Es kann damit ein Bedürfnis befriedigt werden, und wenn diese symbolhaften Dinge und Handlungen der Knappheit unterliegen, erhalten sie einen ökonomischen Wert und werden zu Kulturgütern. Kulturgüter verlieren aber nicht ihre Symbolhaftigkeit, nur weil sie einen Tauschwert erhalten. Beides ist zur gleichen Zeit präsent und bedingt sich im Kulturgut gegenseitig (Hasitschka, Tschmuck & Zembylas, 2005, S. 153f.). Kulturgüter entstehen aber weder spontan noch zufällig. Sie bedürfen eines institutionellen Settings, das als Kulturbetrieb bezeichnet werden kann. Im Kulturbetrieb findet eine Transformation von Symbolen in Kulturgütern statt, d. h. Symbole werden ökonomisch aufgeladen, indem sie einen Tauschwert erhalten (siehe Abb. 4.1).

Diese Doppelgesichtigkeit von Kulturgütern lässt sich gut an einem Beispiel demonstrieren. Solange ein Kunstwerk in einem Museum ausgestellt ist, dominiert der kulturelle Wert. Leonardo da Vincis „Mona Lisa" im Pariser Louvre stiftet sozialen Sinn und trägt zur Identitätsbildung bei. Es würde von der französischen Bevölkerung als Sakrileg angesehen werden, wenn die Museumsleitung einen Verkauf nur andächte. Dennoch bleibt der ökonomische Wert im Hintergrund bestehen. Dieser äußert sich in den Besuchermassen, die nicht zuletzt wegen der „Mona Lisa" den Louvre tagtäglich besuchen, aber auch in entsprechenden Sicherheitsvorkehrungen und konservatorischen Maßnahmen, die nicht unbeträchtliche Geldmitteln verschlingen. Und sollte die „Mona Lisa" für eine Ausstellung vorübergehend verliehen werden, dann wären die Versicherungskosten sicherlich exorbitant hoch. Hierbei zeigt sich also die Wechselwirkung zwischen kulturellem und ökonomischem Wert. Da die „Mona Lisa" so bekannt und kulturell wichtig ist, sind auch die Folgekosten entsprechend hoch.

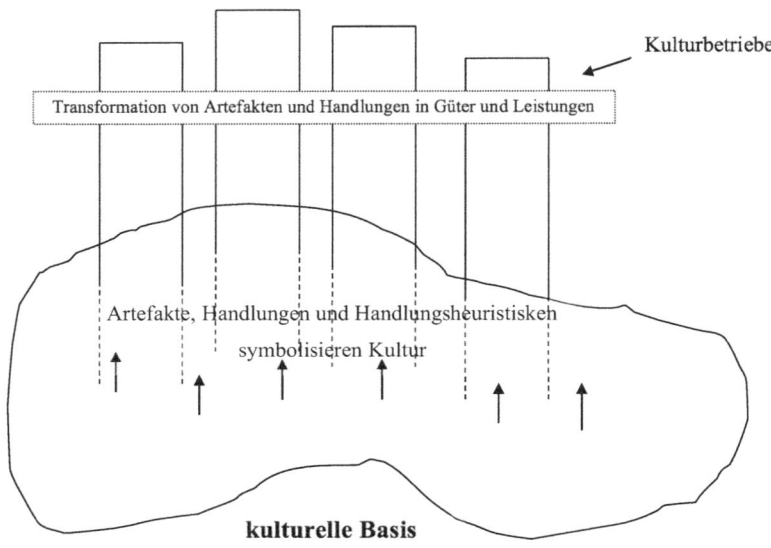

Abb. 4.1 Die Konstitution von Kulturgütern, Quelle: Tschmuck (2003, S. 17)

In einer Auktion eines Kunstwerks tritt hingegen der ökonomische Wert in den Vordergrund. Dabei geht es allein um die Preisbildung in einem Bieterverfahren. Das Kunstwerk erhält dadurch einen ökonomischen Wert, der sich in einer monetären Größe ausdrucken lässt. Hierbei ist aber wiederum der kulturelle Wert im Hintergrund aktiv. Dass Kunstwerke in Auktionen teils sehr hohe Preise erzielen, liegt an der kulturellen Bedeutung, die ein/e BieterIn dem Kunstwerk zumisst. So erzielen bestimmte Kunstrichtungen und KünstlerInnen signifikant höhere Preise als andere. Darin drückt sich soziale Wertschätzung aus, die sich nicht quantifizieren lässt, aber den ökonomischen Wert beeinflusst. Aber auch der ökonomische Wert, wie er in einer Auktion realisiert wird, wirkt auf den kulturellen Wert, der im Fall eines guten Auktionsergebnisses eine KünstlerIn renommierter werden lässt.

Kultureller und ökonomischer Wert müssen sich aber nicht unbedingt positiv verstärken. So kann der kommerzielle Erfolg eines Musikstars oder eines ganzen Musikgenres (z. B. Schlagermusik) dazu führen, dass ihm ein geringer kultureller Wert beigemessen wird, wohingegen schwer monetarisierbare Avantgarde-Kunst als kulturell „hochwertig" angesehen wird.

Fassen wir zusammen: Kulturgüter stiften also nicht nur einen ökonomischen Nutzen, sondern auch Sinn und erzeugen damit gesellschaftlichen Zusammenhalt, Identität, soziales und kulturelles Selbstverständnis und vieles mehr. So entsteht kultureller Wert. Der ökonomische Wert, der aus der Nutzenstiftung fließt, ist aber untrennbar mit dem kulturellen Wert verbunden. Beide Werte durchdringen und beeinflussen sich, was zur Doppelgesichtigkeit der Kulturgüter und somit auch der Musik führt. Der soziale Kontext, also die jeweils geübte Praxis, entscheidet darüber, ob der kulturelle Wert oder der ökonomische Wert in den Vordergrund tritt.

Musik als Kulturgut entsteht also in einem institutionellen Setting (informellen und formellen Regelwerken), die Strukturen und Praktiken ausbilden. Es handelt sich dabei um Kulturbetriebe, wenn das oberste Ziel die Symbolproduktion und Symbolvermittlung ist. Es kann sich dabei um organisatorische Einheiten handeln und um Netzwerke der Kulturgüterproduktion, in denen Organisationen und individuelle AkteurInnen interagieren. Die Entstehung und Verbreitung von Kulturgütern in den Organisationseinheiten ist Gegenstand der Mikroperspektive und soweit Netzwerke betroffen sind, sind sie Gegenstand der Makroperspektive der Kulturbetriebslehre. Mikro- und Makroperspektive sind aber keine voneinander getrennten Methoden oder Herangehensweisen, sondern bilden nur unterschiedliche Ebenen der Betrachtung. Beide Perspektiven helfen, die Entstehung von Kulturgütern zu beschreiben und zu erklären. Träger der Transformation von Symbolen und Kulturgütern sind also die Kulturbetriebe, seien es nun organisatorische Einheiten oder Netzwerke von Organisationen und individuellen AkteurInnen.

Als Inter-Diszplin ist die Kulturbetriebslehre dabei methodisch offen. Je nach Fragestellung können quantitative und qualitative (empirische) Methoden zum Einsatz kommen. Wichtig ist dabei die historiografische Herangehensweise, die erklären helfen soll, wie ein Kulturbetrieb entstanden ist und sich im Laufe der Zeit entwickelt hat. Daraus können dann wiederum Rückschlüsse auf die Kulturgüterproduktion gezogen werden. Das heißt aber nicht, dass die Kulturbetriebslehre eine historische Wissenschaft ist, sondern nur, dass sie sich der Historiografie neben anderer Methoden zur Erklärung der Entstehung und Verbreitung von Kulturgütern bedient.

4.4 Die Musikwirtschaftsforschung im Kontext der Kulturbetriebslehre

Die Musikwirtschaftsforschung kann im methodologischen Rahmen der Kulturbetriebslehre als die interdisziplinäre Wissenschaft von der Entstehung und Verbreitung von Musik als Kulturgut verstanden werden. Sie untersucht dabei organisatorische

Einheiten (Mikroaspekt) und institutionelle Settings (Makroaspekt), in denen Musik entsteht, verbreitet und rezipiert wird. Dabei wird die Wechselwirkung zwischen kulturellem und ökonomischem Wert von Musik zum zentralen Gegenstand der Analyse und bedient sich auch einer historiografischen Methodik.

Ein Beispiel soll veranschaulichen, wie der methodologische Rahmen der Kulturbetriebslehre musikwirtschaftliche Zusammenhänge erklären kann. Es wird in der Folge dargestellt, wie der institutionelle Rahmen des Urheberrechts nicht nur das Praxisfeld der Musikwirtschaft strukturiert, sondern auch das Verhalten der AkteurInnen prägt und ganz bestimmte Marktformen hervorbringt.

Die Institution des Urheberrechts und musikwirtschaftliche Verwertungsprozesse hängen eng zusammen, was eine historische Betrachtung evident macht. Solange Musikschaffende bis zum Ende des 18. Jahrhunderts Teil des höfischen Systems waren, wurde sie als Hofbedienstete betrachtet und ihr Werkschaffen dem fürstlichen Auftraggeber als Eigentum zugeschrieben. Ende des 18. Jahrhunderts bricht dieser strukturelle Rahmen als Teil gesamtgesellschaftlicher Veränderungen auf. Hoforchester, wie z. B. jenes der Fürsten von Esterházy (Finscher, 2002, S. 55) wurden wegen schlechter wirtschaftlicher Rahmenbedingungen aufgelöst und die Hofmusiker strömten auf einen sich ausbildenden Musikveranstaltungsmarkt. Das öffentliche Konzertleben bot seinerseits den ursprünglich als Hofkapellmeistern besoldeten Komponisten, wie z. B. Joseph Haydn (ibid.) zusätzliche Verdienstmöglichkeiten. Parallel dazu breitete sich ein Musikverlagswesen aus, das nicht mehr handwerklich organisiert war, sondern frühindustrielle Züge trug (Baierle, 2009, S. 71ff.). In dieser neuen wirtschaftlichen Gemengelage, begannen nun die Komponisten selbstbewusst ihre Urheberrechte einzufordern, da die musikverlegerische Praxis darin bestand, in die Werke – meist vereinfachend – einzugreifen. Ein weiterer Missstand war das unautorisierte Nachdrucken von Werken, was vor allem die Musikverleger aufbrachte, letztendlich aber auch die Komponisten schädigte, wenn dabei ihre Werke entstellt verbreitet wurden (Tschmuck, 2002, S. 217). Allerdings waren die Musikverleger nicht an einem langfristigen Schutz der Kompositionen und schon gar nicht an der Kodifizierung von moralischen Rechten für die UrheberInnen interessiert (Hunter, 1986).

Die widersprüchlichen Interessen zwischen erfolgreichen Komponisten wie Ludwig van Beethoven, Johann Nepomuk Hummel, Carl Maria von Weber und Louis Spohr manifestierten sich in einer Petition an die Deutsche Bundesversammlung in Frankfurt am Main, wonach der unautorisierten Verbreitung ihrer Werke per Gesetz Einhalt geboten werden sollte. Vor allem Hummels Engagement für ein Urheberrechtsgesetz nach französischem Vorbild verärgerte seinen Verleger C. F. Peters so sehr, dass dieser zu einem verlegerischen Boykott von Hummels Werken aufrief. Da die Werke von Hummel aber sehr stark nachgefragt waren, wurde dem Boykottaufruf keine Folge geleistet (Benyovszky, 1932, S. 135). Diese Episode spiegelt die steigende Marktmacht der Komponisten im frühen 19. Jahrhundert wider und wird noch durch die Tatsache bekräftigt, dass eine zweite Petition der Komponisten an die Bundesversammlung im Jahr 1829 zumindest zur Gründung des Verbands der deutschen Musikalienhändler führte, dem die Aufgabe zukam, ein von den Komponisten gefordertes zentrales Melderegister für Musikwerke zu führen, um das unautorisierte Nachdrucken von Werken einzudämmen (ibid.).

Die Lobbying-Aktivitäten von Hummel & Co. führten zwar noch nicht zur Einführung eines autorenzentrierten Urheberrechts, aber sie bereiteten den Weg für eine moderne Urheberrechtsgesetzgebung im römisch-deutschen Kaiserreich. Nach dem Vorbild des während der Französischen Revolution kodifizierten Urheberrechtsgesetz[6], wurden im Landrecht des Großherzogtums Baden[7] – auf Druck der napoleonischen Besatzungsmacht – erstmals Autorenrechte den Verlegerrechten gleichgesetzt.

Das Gesetz zum Schutze des Eigentums an Werken der Wissenschaft und der Kunst gegen Nachdruck und Nachbildung im Königreich Preußen aus dem Jahr 1837[8] kann dann als erstes modernes Urheberrechtsgesetz auf deutschem Boden bezeichnet werden, in dem erstmals nicht nur ein Urheberrechtsschutz für Autoren, sondern auch ein Schutz vor unautorisierten Adaptionen und Aufführungen von (musik)dramatischen und musikalischen Werken festgeschrieben wurde. Die Besonderheit des preußischen Urheberrechtsgesetzes war, dass nicht nur mehr die physische Ausformung eines Werks als schutzbedürftig angesehen wurde, sondern das Werk in seiner abstrakten, unkörperlichen Form. In weiterer Folge wurden

---

6 Originaltext und Kommentar zum Décret de la Convention Nationale du dix-neuf juillet 1793 relatif aux droits de propriété des Auteurs d'écrits en tout genre, des Compositeurs de musique, des Peintres et des Dessinateurs. Primary Sources on Copyright (1450-1900). http://www.copyrighthistory.org/cam/tools/request/showRecord.php?id=record_f_1793. [27. März 2017].

7 Originaltext und Kommentar zum Landrecht des Großherzogthums Baden 1809. Primary Sources on Copyright (1450-1900). http://www.copyrighthistory.org/cam/tools/request/showRecord.php?id=record_d_1809. [27. März 2017].

8 Originaltext und Kommentar zum Preußischen Gesetz zum Schutze des Eigentums an Werken der Wissenschaft und der Kunst gegen Nach-druck und Nachbildung 1837. Primary Sources on Copyright (1450-1900). http://www.copyrighthistory.org/cam/tools/request/showRecord.php?id=record_d_1837a. [27. März 2017].

auch im Königreich Sachsen (1844)[9] und im Österreichischen Kaiserreich (1846)[10] ähnlich gelagerte Urheberrechtsgesetze verabschiedet. Das 1871 vereinigte Deutsche Kaiserreich übernahm dann das Urheberrechtsgesetz des Norddeutschen Bundes[11], das sich stark am Preußischen Urheberrechtsgesetz orientierte.

Obwohl der Schutz von AutorInnen- und KomponistInnenrechten, insbesondere auch der moralischen Rechte, in vielen europäischen Ländern im Laufe des 19. Jahrhunderts gesetzlich festgeschrieben wurde, war die Durchsetzung dieser Rechte für die Musikschaffenden noch keineswegs gewährleistet. Dazu bedurfte es der Gründung von Verwertungsgesellschaften zur kollektiven Rechtewahrnehmung. Die erste Verwertungsgesellschaft war die Société des Auteurs, Compositeurs et Éditeurs de Musique (SACEM) in Frankreich, die 1850 gegründet wurde. Dem war ein Rechtsstreit vorangegangen, in dem der Verfasser populärer Lieder und spätere Librettist zahlreicher Operetten von Jacques Offenbach, Ernest Bourget, den Betreiber eines der damals sehr beliebten Konzert-Cafés in Paris auf Tantiemenzahlungen klagte (siehe dazu Albinsson, 2014). Bourget forderte, dass der Betreiber des Café Morel ihm für die öffentliche Aufführung seiner Werke zur Belustigung der Gäste und zur Erhöhung der Konsumation, 10 Francs für jede Darbietung eines seiner Werke zahlen müsste, was dem Tarif für die Aufführung musikdramatischer Werke in Provinztheatern entsprach. Das Gericht entschied im Sinne des Librettisten und verbot die öffentliche Darbietung von Bourgets Werken, wenn diese nicht vergütet würden. Allerdings widersetzten sich die Betreiber des Café Morel und des Café Les Ambassadeurs diesem Urteil und ließen weiterhin Bourget-Stücke aufführen. Deshalb zog Bourget 1848 erneut vor Gericht und erreichte eine erneute Verurteilung der beiden Konzert-Cafés, die zu einer Strafzahlung von jeweils 300 Francs verurteilt wurden. Während die Eigentümerin des Les Ambassadeurs, Mme. Varin, sich dem Urteil beugte, ging Morel in Berufung, die mit einer zusätzlichen emp-

---

9 Originaltext und Kommentar zum Gesetz, den Schutz der litterarischen Erzeugnisse und Werken der Kunst betreffend in Königreich Sachsen. Primary Sources of Copyright (1450-1900). http://www.copyrighthistory.org/cam/tools/request/showRecord.php?id=record_d_1844. [27. März 2017].

10 Originaltext und Kommentar zum Gesetz zum Schutze des literarischen und artistischen Eigenthumes gegen unbefugte Veröffentlichung, Nachdruck und Nachbildung im Österreichischen Kaiserreich. Primary Sources of Copyright (1450-1900). http://www.copyrighthistory.org/cam/tools/request/showRecord.php?id=record_d_1846b. [27. März 2017].

11 Originaltext und Kommentar zum Gesetz, betreffend das Urheberrecht an Schriftwerken, Abbildungen, musikalischen Kompositionen und dramatischen Werken. Primary Sources of Copyright (1450-1900). http://www.copyrighthistory.org/cam/tools/request/showRecord.php?id=record_d_1870. [27. März 2017].

findlichen Strafzahlung von 500 Francs gegen ihn endete. Damit war klar gestellt, dass nicht nur für die Aufführung musikdramatischer Werke („Großes Recht") in Opernhäusern und Theatern Genehmigungen einzuholen und Lizenzentgelte zu entrichten wären, sondern auch für jegliche Form von Musikstücken (von populären Liedern bis hin zu sinfonischen Werken), die öffentlich wiedergegeben wurden.

Damit diese Rechte auch gegenüber Musikveranstaltern durchgesetzt werden konnten, gründeten Ernest Bourget, Victor Parizot und Paul Henrion, mit Unterstützung des Musikverlegers Jules Colombier am 18. März 1850 die Agence Centrale pour la Perception des Droits des Auteurs et Compositeurs de Musique, die ein Jahr später in La Société des Auteurs, Compositeurs et Éditeurs de Musique (SACEM) umbenannt wurde (Tournier, 2006, S. 26f. [zit. in Albinsson, 2014, S. 66]). Damit war eine Organisation geschaffen, die auf Grundlage des Urheberrechtsgesetzes Nutzungsentgelte für öffentliche Aufführung von Musik für die KomponisteInnen, TextautorInnen und MusikverlegerInnen einfordern durfte.

Auch in anderen europäischen Ländern wurden wie z. B. in der österreichischen Reichshälfte der Habsburger Doppelmonarchie 1897 die AKM (Autoren, Komponisten und Musikverleger) oder im Deutschen Kaiserreich die Anstalt für musikalisches Aufführungsrecht – die Vorgängerorganisation der GEMA – im Jahr 1901 Verwertungsgesellschaften gegründet.

Die gesetzlichen Vorgaben und die darauf beruhende Rechtsprechung etablierten ein neues musikwirtschaftliches Verwertungsnetzwerk, in dem die Veranstalter Promotion für die aufgeführten Musikstücke machten, wovon die Musikverlage und die mit ihnen verbundenen KomponistInnen und AutorInnen in zweifacher Form profitieren: einmal über die Popularisierung der Musikwerke und zum anderen über die Zahlung von Lizenzentgelten an die Verwertungsgesellschaften.

Mit dem Markteintritt der phonografischen Unternehmen Ende des 19. Jahrhunderts wurde dieses Verwertungsnetzwerk durch neue AkteurInnen herausgefordert, die sich ohne rechtliche Schranken der Musik der UrheberInnen und der sie vertretenden Verlage zu ihren eigenen kommerziellen Zwecken bedienten. Das Lobbying der Verlage und prominenter Komponisten wurde von den Gesetzgebern in vielen industrialisierten Ländern erhört und mündete in der entgeltlichen Lizenzierungspflicht mechanischer Rechte, die z. B. im US Copyright Act 1909 oder britischen Copyright Act von 1911 festgeschrieben wurde. Neue Verwertungsgesellschaften wie die Mechanical-Copyright Protection Society (MCPS) in Großbritannien oder die Harry Fox Agency in den USA wurde zwecks Einhebung der Lizenzentgelte ins Leben gerufen.

In etwa zur gleichen Zeit gingen die Plattenfirmen dazu über, mit den InterpretInnen, die in ihren Aufnahmen zu hören waren, exklusive KünstlerInnen-Verträge abzuschließen, die eine quasi monopolistische Nutzung der Einspielungen eines

Stars ermöglicht. Der erste belegte Künstlerexklusivvertrag wurde zwischen dem italienischen Startenor Enrico Caruso mit dem US-amerikanischen Major-Label Victor Talking Machine im Jahr 1904 geschlossen (Suisman, 2009:, Pos. 1245). Die Folge davon waren Lobbying-Aktivitäten der Tonträgerproduzenten für ein dem Urheberrecht verwandtes Leistungsschutzrecht, das in weiterer Folge kodifiziert wurde und zu Gründung neuer Verwertungsgesellschaften zur Wahrnehmung der Leistungsschutzrechte führte, wie z. B. die Phonographic Performance Ldt. (PPL), die von Plattenfirmen EMI und Decca 1934 in Großbritannien gegründet wurde.[12]

Seit dem frühen 20. Jahrhundert wird die musikwirtschaftliche Verwertung stark vom urheberrechtlichen Rahmen geprägt. Das Urheberrecht schützt zwar das Werkschaffen sowie die finanziellen und persönlichen Rechte der AutorInnen und KomponistInnen, aber die vertraglichen Vereinbarungen zwischen UrheberInnen und VerwerterInnen können den Schutz der UrheberInnen aushöhlen. So führt die Übertragung der exklusiven Werknutzung an die Verlage dazu, dass die UrheberInnen im Rahmen der gesetzlichen Schutzfristen nicht mehr über ihre Werke ohne Zustimmung der Vertragspartner verfügen können. Da Urheberrechte ausschließlich dem/der UrheberIn zukommen, begründet das ein Monopol in der wirtschaftlichen Auswertung eines Werks, das in Österreich und Deutschland mit 70 Jahren nach Ableben des/der UrheberIn wirksam ist. Ein Monopol führt aber zu einer Ineffizienz in der Marktallokation, da Monopolisten eine geringere Menge an Output zu einem höheren Preis im Vergleich zum Konkurrenzmarkt anbieten. Zwar handelt es sich beim Musikmarkt um keinen Monopolmarkt, da die einzelnen Musiktitel in Konkurrenz zueinander stehen, aber es bildet sich monopolistische Konkurrenz (Varian, 2009, S. 530ff.) heraus. D. h. dem Verlag kommt bezüglich des einzelnen Werks ein Herstellungs- und Verbreitungsmonopol zu. Somit verhält sich der Verlag – Analoges gilt für Plattenfirmen und die Musikaufnahmen – bei der Preissetzung wie ein Monopolist und das Urheberrecht wirkt als Markteintrittsbarriere. Gelingt es nun einzelnen Verlagen bzw. Plattenfirmen sehr viele Nutzungsrechte zu akkumulieren, so werden sie langfristig auch mehr Marktmacht kumulieren. Aus einem monopolistischen Konkurrenzmarkt erwächst mit der Zeit also ein oligopolistischer Markt (ibid., S. 551-578), der durch einige wenige sehr große Anbieter und viele kleine Unternehmen charakterisiert ist. Oligopolistische Unternehmen agieren allerdings nicht mehr als Gewinnmaximierer, sondern werden versuchen, ihren Marktanteil zu maximieren, indem sie ihr Verhalten, z. B. in der Preissetzung aufeinander abstimmen. Oligopolistische Unternehmen senken aber durch abgestimmtes Verhalten, nicht nur die soziale

---

12 Siehe dazu PPL. About Us. http://www.ppluk.com/About-Us/Who-We-Are/Company-history/. [27. März 2017].

Wohlfahrt (konkret durch höhere Preise), sondern setzen ihre Marktmacht auch im Lobbying gegenüber legislativen Instanzen ein, um z. B. ein für sie vorteilhaftes Urheberrecht zu erreichen (Mankiw, 2014, S. 352), wie aus Abb. 4.2 hervorgeht.

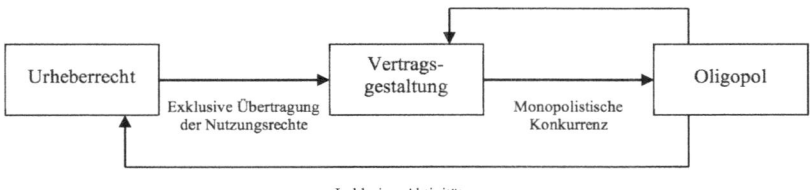

Abb. 4.2 Der Zusammenhang zwischen Urheberrecht und Marktstruktur (in Anlehnung an Tschmuck (2009, S. 262).

4.5 Schlussfolgerungen und Ausblick

Das Beispiel zeigt, dass eine Instanz bzw. Institution wie das Urheberrecht ganz bestimmte Verhaltensweisen der AkteurInnen in einem Praxisfeld wie der Musikwirtschaft bedingt und sich spezifische, ökonomische und musikalische Praktiken herausbilden. Aber nicht nur das: Die Kodifizierung von Urheberrecht hat auch neue Organisationsformen wie jene der Verwertungsgesellschaften hervorgebracht. So entstehen vernetzte formelle wie auch informelle Regelwerke und dazu gehörige Sanktionsmechanismen, die Erlaubtes von Unerlaubten trennen. Die Regelwerke bestimmen auch die Markttransaktionen und letztendlich auch die sich ausprägenden Marktformen. Das Ergebnis ist ein musikwirtschaftlicher Regelkreislauf, in dem Denken und Handeln der AkteurInnen geprägt wird.

Gemäß der methodologischen Grundlagen der Kulturbetriebslehre ist es für das Verständnis der Produktion, Verbreitung und Rezeption von Kulturgütern notwendig, die Entstehung des Kulturbetriebs (historische Dimension), seine Funktionsweise (Praxisdimension) und seinen Aufbau (Strukturdimension) zu untersuchen und zu analysieren. Das Ergebnis ist dann die Erklärung, wie Kulturgüter entstehen, verbreitet und rezipiert werden (Kulturgüterdimension). Umgelegt auf die Musikwirtschaft bedeutet dies, dass eine historiografische Methodik angewendet werden soll, um die Entstehung von Praxisfeldern und organisatorischen Einheiten nachvollziehbar zu machen. Das Musikschaffen kann dann eingebettet in institutionellen und organisatorischen Settings analysiert und die Musik – verstanden als Kulturgut – in ihrer Wechselwirkung zwischen kulturellen und ökonomischen Werten interpretiert werden. Es geht also um die Wechselwirkung zwischen den symbolischen und ökonomischen Faktoren in einer Mikro- wie Makroperspektive. Es handelt sich aber auch um keine ausschließlich ökonomische Analyse, weil der kulturelle Aspekt von Musik stets mitbedacht werden sollte.

In Anlehnung an die Kulturbetriebslehre lassen sich nun folgende Forschungsschwerpunkte für die Musikwirtschaftsforschung identifizieren (vgl. Hasitschka, Tschmuck & Zembylas, 2005):

1. Die Erklärung des Formationsprozesses von Musik als bedeutungsvolle, symbolisch aufgeladene Entität, und ihre Transformation zu einem Objekt ökonomischer Tauschakte.
2. Die Analyse jener kulturellen Praktiken und ihrer institutionellen Einbettung, die die Hervorbringung und den Umgang von Musik als Kulturgut konstitutiv und regulativ prägen.
3. Die Erforschung der spezifischen Merkmale organisatorischer Einheiten der Musikwirtschaft (z. B. Plattenfirmen, Musikverlage, Musikagenturen, Verwertungsgesellschaften, Musikveranstalter, Musikschulen und -universitäten, Interessensverbände).
4. Die Untersuchung der gesellschaftlichen Organisation von Musikberufen sowie anderer Aktivitäten (Musikschaffen, Musikinterpretation, Musikvermittlung, Musikausbildung etc.).

Literatur

Primärquellen

Décret de la Convention Nationale du dix-neuf juillet 1793 relatif aux droits de propriété des Auteurs d'écrits en tout genre, des Compositeurs de musique, des Peintres et des Dessinateurs. Primary Sources on Copyright (1450-1900). Verfügbar unter http://www.copyrighthistory.org/cam/tools/request/showRecord.php?id=record_f_1793 [27. März 2017].

Gesetz, betreffend das Urheberrecht an Schriftwerken, Abbildungen, musikalischen Kompositionen und dramatischen Werken. Primary Sources of Copyright (1450-1900). Verfügbar unter http://www.copyrighthistory.org/cam/tools/request/showRecord.php?id=record_d_1870 [27. März 2017].

Gesetz, den Schutz der literarischen Erzeugnisse und Werken der Kunst betreffend in Königreich Sachsen. Primary Sources of Copyright (1450-1900). Verfügbar unter http://www.copyrighthistory.org/cam/tools/request/showRecord.php?id=record_d_1844 [27. März 2017].

Gesetz zum Schutze des literarischen und artistischen Eigenthumes gegen unbefugte Veröffentlichung, Nachdruck und Nachbildung im Österreichischen Kaiserreich. Primary Sources of Copyright (1450-1900). Verfügbar unter http://www.copyrighthistory.org/cam/tools/request/showRecord.php?id=record_d_1846b [27. März 2017].

Landrecht des Großherzogthums Baden 1809. Primary Sources on Copyright (1450-1900). Verfügbar unter http://www.copyrighthistory.org/cam/tools/request/showRecord.php?id=record_d_1809 [27. März 2017].

PPL. About Us. Verfügbar unter http://www.ppluk.com/About-Us/Who-We-Are/Company-history/ [27. März 2017].

Preußisches Gesetz zum Schutze des Eigentums an Werken der Wissenschaft und der Kunst gegen Nachdruck und Nachbildung 1837. Primary Sources on Copyright (1450-1900). Verfügbar unter http://www.copyrighthistory.org/cam/tools/request/showRecord.php?id=record_d_1837a. [27. März 2017].

Sekundärquellen

Albinsson, S. (2014). A Costly Glass of Water – The Bourget v. Morel Case in Parisian Courts 1847-1849. *Svensk tidskrift för musikforskning* 96(2), 59-70.

Baierle, C. (2009). *Der Musikverlag. Geschichte, Aufgaben, Medien und neue Herausforderungen.* München: Musikmarkt.

Baumol, H., & Baumol, W. (1994). On the economics of musical composition in Mozart's Vienna. *Journal of Cultural Economics* 18(3), 171-198.

Baumol, H., & Baumol, W. (2002). Maledizione! or the Perilous Prospects of Beethoven's Patrons. *Journal of Cultural Economics* 26(3), 167-184.

Benyovszky, K. (1934). *J. N. Hummel: Der Mensch und Künstler.* Bratislava: EOS-Verlag.

Bourdieu, P. (1974). *Zur Soziologie der symbolischen Formen.* Frankfurt am Main: Suhrkamp.

Bianconi, L., & Pestelli, G. (Hrsg.) (1998). *Opera Production and its Resources. The History of Italian Opera, part II/Systems, Bd. 4.* Cambridge: Cambridge University Press.

Cassirer, E. (1923-29). *Philosophie der symbolischen Formen, 3 Bände.* Berlin: Bruno Cassirer.

Coase, R. (1937). The Nature of the Firm. *Economica* 4 (16), 386–405.

Downs, P. G. (1992). *Classical Music. The Era of Haydn, Mozart and Beethoven.* New York und London: W. W. Norton.

Erlei, M., Leschke, M., & Sauerland, D. (2007). *Neue Institutionenökonomik, 2. Aufl.* Stuttgart: Schäffer-Poeschel.

Finscher, L. (2002). *Joseph Haydn und seine Zeit, 2. Aufl.* Laaber: Laaber Verlag.

Gutenberg, E. (1983). *Grundlagen der Betriebswirtschaftslehre, Bd. I: Produktion, 24. Aufl.* Berlin, Heidelberg, New York: Springer.

Hasitschka, W., Tschmuck, P., & Zembylas, T. (2005). Culture Institutions Studies. *Journal of Arts Management, Law and Society* 35(2), 147-158.

Hunter, D. (1986). *Music Copyright in Britain to 1800.* London: Music & Letters.

Kosiol, E. (1972). *Die Unternehmung als wirtschaftliches Aktionszentrum. Einführung in die Betriebswirtschaftslehre.* Reinbek bei Hamburg: Rowohlt.

Lechner, K., Egger, A., & Schauer, R. (1990). *Einführung in die Allgemeine Betriebswirtschaftslehre, 13. überarbeitete Aufl.* Wien: Industrieverlag Peter Linde.

Mankiv, G. N. (2014). *Principles of Microeconomics, 7. Aufl.* Stamford: Cengage Learning.

Merleau-Ponty, M. (1966). *Phänomenologie der Wahrnehmung.* Berlin: de Gruyter.

North, D. C. (1990). *Institutions, Institutional Change and Economic Performance.* Cambridge u. a.: Cambridge University Press.

Scherer, F. M. (2004). *Quarter Notes and Banknotes. The Economics of Music Composition in the Eighteenth and Nineteenth Centuries.* Princeton: Princeton University Press.

Suisman, D. (2009). *Selling Sounds. The Commerical Revolution in American Music,* Kindle-Ausgabe. Cambridge, Mass. und London: Harvard University Press.

Thommen, J.-P., & Achleitner, A.-K. (1998). *Allgemeine Betriebswirtschaftslehre. Umfassende Einführung aus managementorientierter Sicht, 2. Aufl.* Wiesbaden: Gabler.

Tournier, J.-L. (2006). *Vivre de sa Musique avec la Sacem.* Monaco: Éditions du Rocher.

Tschmuck, P. (2002). Creativity Without a Copyright. Music Production in Vienna in the Late Eighteenth Century. In R. Towse (Hrsg.) *Copyright in the Cultural Industries* (S. 201-220). Cheltenham: Edward Elgar.

Tschmuck, P. (2003). *Kreativität und Innovation in der Musikindustrie.* Innsbruck: StudienVerlag.

Tschmuck, P. (2009). Copyright, contracts and music production. Information, Communication & Society, 12(2), 251-266.

Varian, H. (2009). *Grundlagen der Mikroökonomik. 9. Aufl.* München: R. Oldenbourg Verlag.

Veblen, T. B. (1899). *The Theory of the Leisure Class.* New York: Macmillan.

Veblen, T. B. (1904). *The Theory of Business Enterprise.* New York: Scribner.

Williamson, O. E. (1975). *Markets and Hierarchies, Analysis and Antitrust Implications: A Study in the Economics of Internal Organization.* New York: Free Press.

Zembylas, T. (2004). *Kulturbetriebslehre. Grundlagen einer Inter-Disziplin.* Wiesbaden: VS Verlag.

Zembylas, T., & Tschmuck, P. (2006). Einleitung: Kulturbetriebsforschung und ihre Grundlagen. In T. Zembylas &, P. Tschmuck (Hrsg.) *Kulturbetriebsforschung. Ansätze und Perspektiven der Kulturbetriebslehre* (S. 1-17). Wiesbaden: VS-Verlag.

Musikwirtschaftsforschung: nur ein Feld der angewandten Ökonomie?

Glaucia Peres da Silva

Zusammenfassung/Abstract

Zusammenfassung: Musikwirtschaft gewinnt neulich mehr Aufmerksamkeit in der wissenschaftlichen Debatte. In diesem Beitrag wird diskutiert, wie die Musikwirtschaftsforschung anzulegen ist, um ihre Komplexität zu erfassen. Ausgehend von einer Analyse der Begriffe Musik und Wirtschaft, wird auf die verschiedenen Auffassungen von Musikwirtschaft hingewiesen. Darauffolgend wird am Beispiel der Musikwirtschaft als Feld der angewandten Mainstream-Ökonomik argumentiert, dass die Prämissen der Mainstream-Ökonomik nicht mit allen anderen Disziplinen zu teilen sind. Aufgrund dessen sollte sich die Musikwirtschaftsforschung nicht nur als ein Feld der angewandten Ökonomie konstituieren, sondern als ein interdisziplinäres Feld.

Abstract: Music economy is recently attracting more attention in the scientific debate. This paper discusses how music economy research could be constructed in order to encompass its complexity. Departing from an analysis of both concepts of music and economy, some notions of music economy are indicated. Discussing the example of music economy understood as a field of applied mainstream economics, it is argued that premises of a discipline cannot be shared with all other disciplines. For this reason, music economy research should constitute not only a field of applied economics, but also an interdisciplinary field.

> **Schlüsselbegriffe/Keywords**
>
> Schlüsselwörter: Musikwirtschaft, Interdisziplinarität, Ökonomie, Musikwissenschaft, Wirtschaftssoziologie, Popularmusik, Musikethnologie
>
> Keywords: Music economy, interdisciplinarity, economics, musicology, economic sociology, popular music, ethnomusicology

5.1 Einleitung

Die wissenschaftliche Debatte über Musikwirtschaft ist relativ neu. Studien, die den Begriff Musikwirtschaft verwenden, sind erst seit den 1990er Jahren zu finden. Inhaltlich beschäftigen sie sich mit der Struktur der Musikindustrie, vor allem mit der Tonträgerindustrie und dem Aufkommen digitaler Technologien aus wirtschaftswissenschaftlicher Perspektive (vgl. Altendorfer, 2004; Anderson, 2014; Bürkner, Lange, B., & Schüßler, 2014; Limper & Lücke, 2013; Moser & Scheuermann, 2003; Tschmuck, 2010). Auf diese Weise schließen sie sich einer wissenschaftlichen Tradition an, die die Industrialisierung der Musikproduktion im Kapitalismus analysiert.

Die ersten Analysen dieser Tradition werden durch die Kritik der Kulturindustrie geprägt, wie sie in der Frankfurter Schule formuliert wird (vgl. Adorno, 1997; Horkheimer & Adorno, 1944). Mit der Etablierung einer Massenkultur gewinnt der Produktionsprozess von Symbolen an Bedeutung, den Peterson & Berger (1975) am Beispiel der Musikindustrie untersuchen. In dieser quantitativen Analyse der Charts beobachten die Autoren einen zyklischen Produktionsprozess, der Phasen von Homogenität und Stagnation gefolgt von Kreativität nachzeichnet. Diese These wird von zahlreiche Studien überprüft (vgl. Burnett, 1992; Christiansen, 1995; DiMaggio, 1977; Lopes, 1992; Rothenbuhler & Dimmick, 1982). Als Folge wird die Musikindustrie überwiegend aus der Perspektive der Organisationsstudien analysiert (vgl. Anand & Peterson, 2000; Hirsch, 2000).

Parallel dazu, im Feld der Cultural Studies, die sich zuerst auf die Analyse von Subkulturen konzentrieren, entsteht eine Kritik am Konzept von Kulturindustrie. Dabei beginnen auch MusikwissenschaftInnen, die Produktion populärer Musik zu untersuchen. Der neue Blick auf die Musikproduktion führt zu einer Pionierarbeit von Keith Negus (1992), der ethnographisch den Alltag der Plattenfirmen in London erfasst. In dieser Studie werden wichtige Prämissen der Organisationsforschung bestätigt und neue Debatten initiiert, wie zum Beispiel über die Verbindung von Musikgenres und Organisation der Plattenfirmen. Zugleich wird die industrielle Produktion von Schallplatten nicht nur in den westlichen Industrieländern, sondern auf der ganzen Welt untersucht (vgl. Frith, 1989; Guilbault, 1993; Manuel, 1990; Wallis & Malm, 1984). Auf diese Weise wird die kapitalistische Musikproduktion auch ein Thema der Musikethnologie.

Obwohl die Analysen der Tonträgerindustrie die Studien zur Musikindustrie beherrschen (vgl. Williamson & Cloonan, 2007), gewinnt die Live-Musik als zentraler ökonomischer Sektor neulich an Bedeutung (vgl. Frey, 1994; Frith, 2007, 2013; Holt, 2010). Außerdem steht die Transformation von traditionellen Musiken im globalen Kontext mehr im Fokus der Forschung, wobei Rechtsfragen aufgeworfen (vgl. Feld, 1994, 2000) sowie Debatten über kulturelle Vielfalt erregt werden. Die Ansätze zur Musikproduktion werden dadurch umso diverser, als Themen von Gender und Macht mitberücksichtigt werden.

Angesichts dieser Entwicklung lässt sich fragen, wie Musikwirtschaft wissenschaftlich am besten zu erfassen ist. Der Begriff von Musikwirtschaft wird eher in wirtschaftswissenschaftlichen Studien verwendet, die Grundprinzipien der Wirtschaftswissenschaft auf die Analyse der Musikproduktion anwenden. Aufgrund dessen kann Musikwirtschaft als ein Feld der angewandten Ökonomie betrachtet werden. Musikwirtschaft als Forschungsgegenstand wird jedoch von verschiedenen Disziplinen behandelt, welche die Komplexität dieses Felds deutlich machen. Um die verschiedenen Aspekte des Phänomens betrachten zu können, scheint ein interdisziplinärer Ansatz zur Musikwirtschaft angemessener zu sein.

Um diese These zu untermauern, wird anfangs der Begriff Musikwirtschaft diskutiert. Dabei stehen die verschiedenen Auffassungen von Musik und Wirtschaft im Vordergrund, die zusammengesetzt, unterschiedliche Bedeutungen für Musikwirtschaft ausmachen. Anschließend wird theoretisch ausgeführt, wie diese Betrachtungsweisen den wirtschaftswissenschaftlichen Blick auf die Musikwirtschaft herausfordern. Zuletzt wird die Musikwirtschaftsforschung als interdisziplinäres Feld konzipiert, das mit eigenen Herausforderungen konfrontiert ist.

5.2 Musikwirtschaft – Ein Definitionsversuch

Die Wortzusammenstellung Musikwirtschaft verbindet zwei Begriffe, die sehr allgemein sind und unterschiedliche Bedeutungen je nach Kontext haben. Was mit Musikwirtschaft bezeichnet wird, hängt vom Verständnis der Begriffe Musik und Wirtschaft ab. Im wissenschaftlichen Diskurs erfolgt die Bedeutungsvariation beider Begriffe entlang disziplinärer Grenzen. Um diese Abwandlung abzubilden, wird zunächst exemplarisch die Auseinandersetzung mit beiden Begriffen in ausgewählten Fachdisziplinen näher betrachten.

In der Enzyklopädie *Die Musik in Geschichte und Gegenwart* (Blume & Finscher, 1994) – der umfassendsten deutschsprachigen Enzyklopädie im Bereich Musik – fällt auf, dass keine allgemeingültige Definition von Musik angeboten wird, denn *„zu unterschiedlich sind in dieser Stichwortgruppe [Musiké, musica und Musik] allein die Begriffsverständnisse der einzelnen Fachdisziplinen, zu verwickelt ist das Ineinander von Wortgeschichte, Definitionen, Einteilungen und Bedeutungen"* (Riethmüller & Simon, 1994, S. 1195f.). Aus diesem Grund betonen Riethmüller und Simon, dass jeder Versuch, Musik begrifflich zu erfassen, *„immer nur eine ganz bestimmte Seite des Gesamtphänomens (...), die jeweils als bedeutsam und bemerkenswert angesehen wird"* (ibid., S. 1197), hervorhebt.

Ein Blick auf die historische Entwicklung des Musikbegriffs macht jedoch deutlich, dass einige Aspekte öfter vorkommen als andere. Zum Beispiel streckt sich von der Antike bis den 18. Jahrhundert die Vorstellung, dass Musik eine Doppelfunktion erfüllt: Sie ist zugleich Wissenschaftslehre und Kunstübung. Bis heute gilt auch, dass Musik aus Melodie, Harmonie und Rhythmus besteht und in Melodik, Rhythmik und Metrik klassifiziert werden kann. Die Unterscheidung zwischen theoretischer, praktischer und poetischer Musik wird auch seit dem 16. Jahrhundert gemacht. Diese Aspekte prägen die antik-abendländische Musikkultur (ibid., S. 1202) und auch die Auffassung von Musik der Musikwissenschaft, in der Musik *„im Spannungsverhältnis zwischen Wissenschaft und Kunst"* (Cadenbach, Jaschinski & von Loesch, 1994, S. 1792) existiert. In diesem Kontext wird der Musikbegriff auch Kunstmusik oder ernste Musik genannt.

Trotz eines gewissen Konsens über die Definition von Musik in der Musikwissenschaft wird dieser Musikbegriff häufig kritisiert. Laut Wicke (2004) enthält der Begriff von Musik der Musikwissenschaft eine denotative Funktion, die mit seiner diskursiven Funktion zusammenfällt. Das bedeutet, dass Musik mittels innermusikalischer Analyse definiert wird. Als Folge erweckt dieser Musikbegriff den Eindruck, dass es *„allein der denotative Gehalt eines Begriffes [sei], der seine Funktion im Kontext eines diskursiven Regimes (...) bestimmt"* (Wicke, 2004, S. 166). Dies betrachtet Wicke als *„eine Mystifikation, die die normative Wirkung der entwickelten Begrifflichkeit nur verdeckt"* (ibid.). In Wirklichkeit konstituiert diskursiv die Musikwissenschaft eine Praxis von Musik mit, die für sich beansprucht, *„die höchste Verkörperung der Tonkunst"* (ibid.) zu sein. Dieser Musikbegriff ist demnach *„Resultat der diskursiven Formation des Musikprozesses und weder in ihm selbst noch in der Organisation des klanglichen Materials begründet"* (ibid., S. 167).

Diese Mystifikation wird besonders bemerkbar, wenn andere musikalische Praxen analysiert werden, wie zum Beispiel die populäre Musik. In diesem Fall fallen die denotative und die diskursive Funktion des Musikbegriffs weit auseinander. Das heißt, dass es nicht möglich ist, Musik mittels innermusikalischer Analyse zu definieren. Dies ergibt sich aus der Art und Weise, wie das diskursive Regime in diesem Feld organisiert wird. Laut Wicke spielt die Musikwissenschaft für die Bestimmung von Popmusik keine Rolle. Vielmehr sind *„Industrie, Publikum und Musikerschaft als Mittler fungierenden Fach- und Fanjournalismus"* (ibid., S. 166), die den Begriff von Popmusik denotativ unscharf machen und ihn entsprechend ihren Interessen anpassen. Aus diesem Grund kann Musik nicht Alltagserfahrungen spiegeln oder abbilden, sondern sie produziert den Sinn und die Weltanschauung, die solche Erfahrungen organisieren und sinnvoll machen (Wicke 1992, S. 21). Der Musikbegriff schließt dabei Klassifikationsfunktionen, Wertungsbegriffe, Beschreibungskriterien und Sinnbestimmungen ein, die den musikalischen Wahrnehmungs- und Aneignungsprozess in einem Aussagesystem verankern (Wicke, 2004, S. 170). Wicke schlägt daher vor, Musik als *„das konkrete Ensemble sozialer, kultureller und ästhetischer Praktiken"* (ibid., S. 166), die durch Klang vermittelt sind, zu verstehen.

Der Musikwissenschaft wird außerdem vorgeworfen, einen eurozentrischen Musikbegriff zu verwenden. Damit wird *„eine universale menschliche Verhaltensweise bezeichnet, die sich in Singen, Instrumentalspiel und dem rhythmischen Körperschlag (...) artikuliert"* (Riethmüller & Simon, 1994, S. 1210). Es gibt daher keine Gemeinschaft oder Gesellschaft ohne Musik. Unter der Annahme der Universalität betont die Musikwissenschaft ihre *„übergeordneten ‚abstrakten' Begriff"* von Musik, den *„die meisten Kulturen der Welt"* nicht kennen (ibid.). Aus dieser Perspektive gehen die MusikwissenschaftlnnenInnen davon aus, dass musikalische Universalien unabhängig von Ethnie oder Kultur überall zu finden sind. Unter starkem Einfluss der Evolutionstheorie im 19. Jahrhundert beginnt die Musikwissenschaft, Musik „exotischer Völker" vergleichend zu untersuchen, um diese Universalien festzustellen. Auf diese Weise zielt sie darauf ab, die Ursprünge aller menschlichen Kultur rekonstruieren zu können (vgl. Christensen, Simon, Béhague & Geldenhuys, 1994, S. 1259f.).

Als Folge dieser Untersuchungen bildet sich die Vergleichende Musikwissenschaft heraus, die seit den 1960er Jahren als Musikethnologie bezeichnet wird. Das Interesse an den Universalien erneuert sich in diesem Fachbereich, der aber mit der eurozentrischen Tradition der Musikwissenschaft bricht: Die Welt wird als eine einzige kulturelle Einheit betrachtet (vgl. Nettl, 1978). Der Musikbegriff wird im Plural als Musiken verwendet, denn Musik hat verschiedenen Bedeutungen an unterschiedlichen Orten der Welt. In diesem Kontext ist das europäische Konzept von Musik eine der vielen ethno-kulturellen Möglichkeiten (vgl. Christensen, Simon, Béhague & Geldenhuys, 1994, S. 1280). Ein Teil der MusikethnologInnen ziehen hiernach Weltmusik (world music) als übergeordneten abstrakten Begriff vor, um sich auf das Ergebnis der Begegnung zwischen „fremden" Musiken weltweit zu beziehen (vgl. Bohlman 2002, 2013).

Diese Definition vom Musikbegriff ist jedoch innerhalb der Musikethnologie umstritten. Anlehnend an Alan P. Merriam (1977) definieren viele MusikethnologInnen Musik als Kultur, Theorie und Verhalten und lehnen deswegen den Begriff von Weltmusik ab (vgl. Mendívil, 2017). Diese Definition ist auch problematisch, wie Sorce Keller (2011) erklärt: Es ist nicht möglich, die Grenzen für das Phänomen Musik festzusetzen, weil *„jede einzelne Kultur ihre eigenen hat"* (Sorce Keller, 2011, S. 14). Da Musik letztendlich alle menschlichen Aktivitäten zusammenfasst, die sich auf Klanggestaltung und -nutzung beziehen, empfiehl Sorce Keller den WissenschaftInnen nur von klanglichen Wechselwirkung zu reden. Auf diese Weise wird kein Musikbegriff *a priori* von ForscherInnen, sondern immer im analysierten Kontext definiert.

Diese kurze Aufführung eines kleinen Teils der Debatte lässt eine Vielfalt der Definitionen vom Musikbegriff erkennen. Je nach der Definition wird eine bestimmte Beziehung zwischen Musik und Wirtschaft impliziert. Im Fall der Kunstmusik wird diese Beziehung durch die romantische Tradition der zweiten Hälfte des 19. Jahrhunderts geprägt (vgl. Sorce Keller, 2012, S. 213). Mit der Einführung der Absoluten Musik und ihres Ideals von Zwecklosigkeit wird die Kunstmusik losgelöst von jeder Vorstellung von Nützlichkeit erfasst. Auf diese Weise entfernt sich die musikalische Praxis von dem Utilitarismus und jeder Kosten-Nutzen-Kalkulation im wirtschaftlichen Sinne. Kunstmusik gehört hierbei zur autonomen Sphäre der Kunst, in der Gefühle und Emotionen herrschen. Die Sphäre der Kunst stellt sich der autonomen Sphäre der Ökonomie gegenüber, die von rationaler Kalkulation und Effizienz geprägt wird. Die Trennung beider Sphären scheint grundlegend, um ihre eigenen Ziele zu erreichen. Die Mischung von Kunst (und Gefühlen) mit Ökonomie (und rationaler Kalkulation) könnte beide beschädigen: Die Kunst würde einen Zweck verfolgen und die Ökonomie würde weniger effizient werden (vgl. Zelizer, 2007, S. 1059).

Im Fall der populären Musik wird genau die Trennung beider Sphären hinterfragt. Als populäre Musik gelten *„nur solche sozialen, kulturellen und ästhetischen Praktiken, die sowohl durch Klang wie durch den Warenzusammenhang vermittelt sind"* (Wicke, 2004, S. 166). Die kommerzielle Organisation der Musikproduktion und -konsumtion sowie die effiziente Verwertung des investierten Kapitals sind dabei grundlegend. Die Analysen konzentrieren sich demnach auf die Probleme, die sich aus der Verwandlung von Musik in Ware ergeben, und auf die Herausforderungen der industriellen Produktion, die mit dem Aufkommen neuer Technologien entstehen (vgl. Frith, 2001). In den Popular Music Studies fällt die Auffassung von Wirtschaft mit dem Gegenstand der Wirtschaftswissenschaft zusammen: ein gesellschaftliches Koordinationssystem produktiver Tätigkeiten (vgl. Krugman & Wells, 2013, S. 2). Dies ist auch der Grund, weshalb die Mehrheit der Studien zur industriellen Musikproduktion aus der Perspektive der Wirtschaftswissenschaft verfasst ist.

Blickt die ForscherIn jedoch nicht auf das Zentrum der Musikindustrie, sondern auf deren Ränder, kommt ein anderes Verständnis von Wirtschaft ins Spiel. Um die Praxis nichtwestlicher Musikkulturen zu analysieren, verwendet die Musikethnologie den Kulturbegriff der Ethnologie. Dabei wird die Kultur in drei Teilen unterschieden – materielle Kultur (Objekte, Werkzeuge, Instrumente usw.), expressive Kultur (performativ-ästhetische Praktiken und Artefakte) und sozioökonomisches System (soziale Schichtung, Gruppen, Institutionen usw.) –, die miteinander interagieren. Das Musizieren wird demnach durch Dynamiken in den drei Teilen beeinflusst (vgl. Sorce Keller, 2012, S. 214). In diesem Sinne sind die wirtschaftlichen Prozesse des Musizierens als Merkmale einer Kultur zu verstehen. Das ökonomische Verhalten in einem sozioökonomischen System wird mit dem kulturellen Leben so verflochten, dass die Wirtschaft nur als Teil der Kultur verständlich wird.

In den genannten Beispielen herrschen zwei Konzepte von Wirtschaft vor, die sich gegenüberstehen. Debatten über wirtschaftliche Prozesse werden jedoch nicht nur in den spezifischen Fachdisziplinen geführt. Die Wirtschaftssoziologie bestreitet das Monopol der Wirtschaftswissenschaft, vor allem der neoklassischen Theorie, ökonomisches Verhalten und Prozesse zu erklären (vgl. Swedberg, Himmelstrand & Brulin, 1987). Unter der Prämisse, dass ökonomisches Verhalten in ein Netzwerk sozialer Beziehungen eingebettet ist, sucht die Wirtschaftssoziologie einen Mittelweg zwischen dem atomistischen Ansatz der Wirtschaftswissenschaft und dem übersozialisierten Ansatz der Ethnologie (vgl. Granovetter, 1985). Dabei wird Wirtschaft als *„die Koordination der Produktion, Konsumtion und Distribution des Reichtums durch die Menschen"* (Aspers, 2015, S. 29) begriffen. Diese Definition impliziert, dass die Wirtschaft wesentlich sozial ist, wobei sich die AkteurInnen in ihrem ökonomischen Handeln an anderen orientieren. Diese Sicht etablierte sich zunächst in den Studien über Musikkonsum, in denen die soziale Konstruktion vom Geschmack grundlegend ist (vgl. Bachmayer, Wilterdink & van Venrooij, 2014; Kraemer & Nessel, 2011; Varriale, 2015). In den letzten Jahren wird diese Perspektive auch in Studien über die Entstehung von Musikmärkten übernommen, in denen die Herausbildung von Marktinstitutionen wie Charts, Interessenverbänden und Musikmessen analysiert werden (vgl. Peres da Silva, 2016).

Die Definition des Begriffs Musikwirtschaft ist daher stark von Fachdisziplin und Kontext bedingt. Die Herausforderung für die wissenschaftliche Forschung zur Musikwirtschaft ist es, zunächst bewusst zu werden, dass derselbe Begriff unterschiedliche Bedeutungen haben kann. Dabei wäre es ein Fehler davon auszugehen, dass die Prämissen einer mit allen anderen Disziplinen zu teilen sind. Eben wenn Musikwirtschaft im Allgemeinen etwas mit Klang und Geld zu tun hat, braucht die wissenschaftliche Beschäftigung mit dem Phänomen genauere Definitionen, um Wissen zu erzeugen.

Dieses Argument wird im Folgenden am Beispiel der Übernahme eines vorherrschenden Verständnisses von Wirtschaft, wie sie in der Mainstream-Ökonomik definiert wird, ausgeführt.[1]

5.3 Kritik der Musikwirtschaft als Feld der angewandten Mainstream-Ökonomik

Die Mainstream-Ökonomik und deren neoklassische Theorie stehen in den letzten Jahrzehnten unter harscher Kritik, nicht zuletzt aufgrund der Finanz- (2007) und der Eurokrise (2010). Es wird zunehmend gefordert, dass die Grundlage der Wirtschaftswissenschaft neu überdacht werden muss. Diese Sichtweise auf die Wirtschaft herrscht in den Diskursen und Praktiken im ökonomischen Feld vor, sodass die Analysen der Musikindustrie das Modell neoklassischer Theorie häufiger anwenden. Im Folgenden werden die Annahmen dieser Theorie zusammenfassend präsentiert.

Um ökonomische Prozesse zu erklären, geht die Mainstream-Ökonomik von einem Modell individuellen Verhaltens aus, das im Begriff des *homo oeconomicus* erfasst wird. Menschliches Handeln wird dabei als rationale Auswahl aus Alternativen verstanden, die unter bestimmten Bedingungen erfolgt. Diese sind theoretisch dem Modell zugrundeliegende Annahmen, dass sich ein Individuum immer in einer Situation von Knappheit befindet und sich deswegen zwischen mehreren Möglichkeiten entscheiden muss, um seine Bedürfnisse zu befriedigen. Diese Entscheidung trifft das Individuum eigenständig auf Basis seiner Präferenzen (Eigennutzaxiom), die sich aus seinen Intentionen und Wertvorstellungen ergeben.

---

[1] Diese Analyse könnte auch durch die Übernahme eines vorherrschenden Verständnisses von Musik, wie sie in der Musikwissenschaft definiert wird, illustriert werden. Die Debatte über den Musikbegriff wurde jedoch in den letzten Jahrzehnten in den *Popular Music Studies* und in der Musikethnologie ausreichend geführt. Der Begriff von Wirtschaft scheint im Vergleich dazu weniger hinterfragt zu sein. Deswegen wird der Wirtschaftsbegriff näher betrachtet.

Diese Präferenzen sind das Ergebnis vom Sozialisationsprozess und unabhängig von der aktuellen Situation. Aufgrund dessen werden die Präferenzen innerhalb des Models meistens als konstant betrachtet, wobei selten hinterfragt wird, *„woher diese Präferenzen kommen, wie sie gebildet werden und wie sie beeinflusst werden"* (Kirchgässner, 2000, S. 27).

Entsprechend dieser Präferenzen wägt das Individuum die Vor- und Nachteile der ihm zur Verfügung stehenden Alternativen ab, indem es Erwartungen bildet und Prognosen erstellt. Das Individuum verfügt jedoch nicht über vollständige Informationen über alle Alternativen und handelt häufig unter Zeitdruck. Da die Beschaffung neuer Informationen Kosten erzeugt, überlegt das Individuum, ob diese mehr Nutzen bringen werden, denn sein Ziel ist die Nutzenmaximierung. Die ganze Abwägung in einer Entscheidungsfindung ist demnach als rational zu verstehen, da das Individuum *„in der Lage ist, gemäß seinem relativen Vorteil zu handeln, d. h. seinen Handlungsraum abzuschätzen und zu bewerten, um dann entsprechend zu handeln"* (ibid., S. 17). Aus dieser Perspektive ist das Verhalten eines rationalen Individuums systematisch und daher vorhersehbar.

Der Spielraum eines Individuums ist aber zugleich durch von außen kommende Restriktionen begrenzt. Als Restriktionen gelten rechtliche Rahmenbedingungen, soziale Normen, das Einkommen eines Individuums, Preise, und auch Reaktionen anderer Individuen. Diese Faktoren bilden die Verhältnisse, unter denen das Individuum handelt. Jede Veränderung in diesen Verhältnissen wirkt auf das individuelle Handeln auf einer vorhersehbaren Weise, sodass die Steuerung der Ökonomie das individuelle Verhalten beeinflussen kann. Die Überlegenheit dieses Modells würde demnach in dessen Fähigkeit liegen, Prognosen zu formulieren und Veränderungen kontrolliert beeinflussen zu können.

Basierend auf dem typischen individuellen Verhalten beansprucht die neoklassische Theorie für sich, die soziale Ordnung erklären zu können. Dabei werden menschliche Interaktionen als Tauschvorgänge interpretiert, die voraussetzen, dass beide Parteien ihren Nutzen maximieren. Als Aggregat betrachtet, erzeugen alle individuellen Handlungen und Tauschvorgänge eine spontane soziale Ordnung, die auch die nicht intendierten Folgen ihrer Handlungen einschließt. Um ihre Bedürfnisse zu befriedigen, suchen die Individuen nach den bestmöglichen Alternativen und treiben auf diese Weise die Produktion bestimmter Produkte. Auf Makroebene entsteht somit die soziale Ordnung als allgemeines Marktgleichgewicht, das sich einstellt, *„wenn alle Tauschvorgänge abgeschlossen sind, d. h. wenn kein Individuum mehr einen Tauschpartner findet, bzw. wenn zwischen den gleichen Tauschpartnern die gleichen Tauschvorgänge immer und immer wieder wiederholt werden"* (ibid., S. 68). In diesem Zusammenhang kann ein Gleichgewicht Pareto-effizient sein, wenn *„niemand mehr durch irgendeine zusätzliche Aktivität* *bessergestellt werden kann, ohne dass jemand anderes dadurch schlechter gestellt wird"* (ibid.). Die Mainstream-Ökonomik untersucht diese Gleichgewichtszustände anhand mathematischer Methoden, worauf die Objektivität des produzierten Wissens sichergestellt werden würde.

Die Prämissen der neoklassischen Theorie werden nicht von allen Disziplinen, die wirtschaftliche Phänomene analysieren, geteilt. Einige Aspekte der kapitalistischen Musikproduktion können aus dieser Perspektive erklärt werden, andere bleiben dadurch außen vor. Es ist daher wichtig, diese theoretischen Grundannahmen nicht zu verallgemeinern und ihre Grenzen genau zu bestimmen. Auf diese Weise wird erkennbar, was der Beitrag der Mainstream-Ökonomik zur Musikwirtschaftsforschung sein kann. Dafür werden folgend einige Annahmen einzeln betrachtet und diskutiert, ohne das Thema dabei ausschöpfen zu können.

Die Auseinandersetzung mit dem Musikbegriff zeigt, dass es schwierig ist, Musik an sich als eine knappe Ressource zu definieren. Der Klang in sich ist im Übermaß vorhanden. Die notwendige Menge von Musik (wie auch immer sie definiert wird), die menschliche Bedürfnisse sättigt, ist unbestimmbar. Das Bedürfnis nach Musik lässt sich nicht genauso einschätzen, wie z. B. das menschliche Bedürfnis nach Nahrung kalkuliert wird. Es lässt sich sogar in Frage stellen, ob es überhaupt möglich ist, über Bedürfnisse nach Musik zu sprechen. Als Folge kann die ForscherIn nicht davon ausgehen, dass sich ein Individuum in der Musikwirtschaft in einer Situation befindet, in der Musik knapp ist. Vielmehr Sinn ergibt sich, wenn beispielsweise die Objekte der Klangerzeugung (Instrumente, Stereoanlagen, Tonträger usw.), der Zugang zu Realisierungsorten (Konzerttickets, kulturell bestimmte Erlaubnis usw.) oder die Anzahl von SpezialistInnen (die bestimmte Instrumente spielen, ein bestimmtes Repertoire kennen usw.) als knappe Ressource betrachtet werden können. Die Anwendung des Verhaltensmodells der Mainstream-Ökonomik würde somit auf diese Fälle begrenzen.

Trifft die Situation von Knappheit nicht auf alle Situationen zu, muss man fragen, wie sich das Individuum in der Musikwirtschaft entscheidet. Studien zum Musikkonsum zeigen unter dem Begriff *omnivorousness*, dass eine bestimmte Gruppe von MusikkonsumentInnen ein eklektisches Konsumverhalten hat, das sich mit der Zeit und dem Ort verändert (vgl. Peterson & Kern, 1996; Peterson & Simkus, 1992; Robette & Roueff, 2014). Die Entstehung und Veränderung von Musikgeschmack sind dabei als soziale Prozesse zu verstehen, die sich auf Bildung, Identität, Geschicklichkeit im Umgang mit Symbolen, spezialisiertes Wissen u. a. beziehen (vgl. Bourdieu, 1987; DiMaggio, 1987). Auf diese Weise bilden sich Subkulturen, Musikgenres, Szenen, mit denen sich bestimmte ökonomische Verhaltensweisen verbinden. Die Präferenzen für Musik (wie auch immer der Begriff bestimmt wird) kann daher weder als konstant noch als Externalität betrachtet werden. Die sozialen

Komponenten sollten hiernach in der Analyse der Präferenzen, die als Basis für die Entscheidungen dienen, berücksichtigt werden. In diesem Zusammenhang wird das Eigennutzaxiom zur Arbeitshypothese, die empirisch zu überprüfen ist.

Die Existenz von Restriktionen in der Musikwirtschaft scheint in engem Zusammenhang mit dem Verständnis von Musik zu stehen. Hier spielen nicht nur die rechtlichen Rahmenbedingungen, die sozialen Normen oder das Verhältnis von Einkommen und Preis eine Rolle. Auch die Grenzziehung zwischen Klangpraktiken, die entweder eine ökonomische Bewertung gestatten oder nicht, ist wichtig. Gemeint sind hier religiöse Kontexte oder Kulturen, in denen Musik aus der Natur kommt, keine AutorIn hat und kein Urheberrechtssystem schützen kann. Diese Grenzfälle ergeben sich aus der Transformation von traditionellen Musiken im globalen Kontext und treten heutzutage immer häufiger auf. Das bedeutet für die Analyse aus neoklassischer Perspektive, dass die Restriktionen so schwierig zu bestimmen sind wie die Präferenzen. Veränderungen in den Restriktionen können außerdem nicht immer vorhersehbare Wirkung auf individuelles Verhalten haben.

Als Folge ist das typische individuelle Verhalten in der Musikwirtschaft sehr schwer zu bestimmen. Es kann je nach Ethnizität, Subkultur, Musikgenre, Situation, Land usw. stark variieren. Die Analyse von kollektivem Handeln allein als Aggregat typischer individueller Entscheidungen scheint in diesem Kontext nicht möglich zu sein. Phänomene wie die Bildung von Fangemeinden und die Entstehung von Verkaufsschlagern weltweit verlangen eine Analyse, die komplexe Zusammenhänge und Rückkopplungsprozesse betrachten kann. Bisher konnten die Studien der Mainstream-Ökonomik solche sozialen Phänomene nicht erklären.

Diese Art von Defizit, die am Beispiel der neoklassischen Theorie diskutiert wird, lässt sich jedoch nicht ausschließlich in dieser Strömung innerhalb der Wirtschaftswissenschaft feststellen. In allen wissenschaftlichen Disziplinen werden Themen und Ansätze vorgezogen, die immer nur einen Teil der Wahrheit aufzeigen. Erst die Zusammenarbeit zwischen den Disziplinen gestattet, ein weniger lückenhaftes Bild der untersuchten Phänomene anzubieten. Bei der Musikwirtschaftsforschung ist dies ebenso der Fall.

5.4 Die Herausforderungen der Musikwirtschaftsforschung als interdisziplinäres Feld

Die zunehmende Anzahl von interdisziplinären Feldern in der Wissenschaft erweckt den Eindruck, dass gerade eine neue Sorte von Wissensproduktion entsteht. Im neuen Szenario würden die disziplinären Grenzen allmählich an Bedeutung verlieren, um die Basis für die neue Wissensgesellschaft zu bilden. Die Vielzahl von *Think Tanks* und kommerziell organisierten Forschungsinstituten scheint als Beweis für diese neue Realität zu gelten. Trotzdem konnte diese These bisher nicht bestätigt werden. Es fehlen dafür hinreichende theoretische Überlegungen und systematische empirische Belege. Wissenschaftliche Disziplinen organisieren nach wie vor die Wissensproduktion und -diffusion. Sie dienen jedoch als gemeinsamer Rahmen für verschiedene Spezialisierungen und Subdisziplinen und setzen die nun weicheren Grenzen des Netzwerks für sinnvolle Kommunikation über wissenschaftliche Inhalte. In den interdisziplinären Feldern wird die Entwicklung wissenschaftlichen Wissens noch durch Interessen getrieben, die innerhalb einer Spezialisierung erfolgen. Hinzu kommt aber, dass politische und gesellschaftliche Interessen stärker zu dieser Entwicklung beitragen (vgl. Weingart, 2012, S. 11f.).

Weingarts Auffassung zur Interdisziplinarität bietet eine angemessene Rahmung, um die Musikwirtschaftsforschung als interdisziplinäres Feld zu denken. Um das Phänomen der Musikwirtschaft zu erfassen, ist es demnach nicht notwendig, die Grenzen aller Disziplinen, die sich mit Musik und Wirtschaft befassen, verschwimmen zu lassen. Es wird auch nicht erwartet, dass aus diesen Studien eine neue Disziplin mit allgemeingültigen Prämissen gegründet wird. Vielmehr ist die Aufforderung in diesem Feld, Forschungen zu realisieren, die die disziplinären Grenzen überschreiten und sich so gegenseitig anregen, wie bei den Cultural Studies und der Gender-Forschung. Die wissenschaftlichen Debatten über Musik und Wirtschaft weisen auf diese Möglichkeit hin.

Die Beschäftigung mit Musik erweckt das Interesse von zahlreichen Fachbereichen. Wie Sorce Keller (2011, S. 15f.) erklärt, ist Musik als Klang Thema der Musikwissenschaft und der Geschichte. Rückt eher die Untersuchung von Schall und Klang in Vordergrund, werden die Werkzeuge der Mathematik und der Physik angewandt, wie auch in der Architektur und der Informatik. Die Wahrnehmung des Klangs wird in der Psychologie und den Neurowissenschaften untersucht. Versteht man Musik aber als mehr als nur Klang, kommen die Sozialwissenschaften in Frage. Hierunter fallen nicht nur die Soziologie und die Ethnologie, sondern auch die Medien- und die Politikwissenschaft. In ihren symbolischen und ästhetischen Aspekten wird Musik als Gegenstand der Semiotik und der Philosophie. Musik wird auch von JuristInnen diskutiert. In ihrem sozioökonomischen Charakter ist Musik interessant für die Wirtschaftswissenschaft.

Eine ähnlich vielfältige Konstellation lässt sich im wissenschaftlichen Interesse für Wirtschaft feststellen. Im Laufe des 20. Jahrhunderts etabliert sich eine Art von Arbeitsteilung zwischen den Disziplinen, die sich mit wirtschaftlichen und nicht-wirtschaftlichen Aspekten ökonomischen Lebens befassen. Die Wirtschaftswissenschaft und Geschichte spezialisieren sich dabei auf das wirtschaftliche Handeln, während die „*nicht-wirtschaftlichen Voraussetzungen, Rahmenbedingungen und Folgen*" (Mikl-Horke, 2016, S. 25) wirtschaftlichen Handelns Themen von anderen Disziplinen werden. Die Wirtschaftssoziologie nimmt zunächst diese Unterscheidung an, um sich als Disziplin zu etablieren. In den letzten Jahrzehnten stellt sie aber diese disziplinäre Ausdifferenzierung zunehmend in Frage und befasst sich mit zentralen ökonomischen Zusammenhängen. Die Wirtschaftsanthropologie konzentriert sich darauf, die Wirtschaft „*als Teilgestaltung des menschlichen Zusammenlebens*" (Mikl-Horke, 2016, S. 32) zu untersuchen. Die Wirtschaftsstatistik interessiert sich für die Erfassung wirtschaftlicher Informationen durch statistische Methoden. Die Betriebswirtschaftslehre fokussiert die wirtschaftlichen Praktiken in den Betrieben. Rückt ein starkes Interesse an Kultur in Vordergrund, spielen die Kulturökonomik und das Kulturmanagement eine wichtige Rolle.

Die Herausforderung für die Musikwirtschaftsforschung liegt hierin in der Überschreitung von disziplinären Grenzen. Mehr als nur eine Nebeneinanderstellung von Disziplinen kann die Zusammenarbeit zwischen den unterschiedlichen Fachbereichen in theoretischen und methodologischen Fragen gewinnbringend sein. Die Art von Kollaboration (vgl. Klein, 2012), die sich in diesem Feld etablieren wird, steht noch offen. In diesen Bemühungen zur Zusammenarbeit scheint jedoch wichtig zu sein, den Kontext der Analyse deutlich zu machen. Auf diese Weise werden deutlich sowohl die disziplinäre Zuordnung der Studien als auch die Punkte, in denen die disziplinären Grenzen überschritten werden. Universelle Behauptungen verlieren somit ihre Kraft.

5.5 Fazit

In diesem Beitrag sollte über die Musikwirtschaft und ihre wissenschaftliche Erfassung reflektiert werden. Die Auseinandersetzung mit den Begriffen von Musik und Wirtschaft zeigt eine so große Vielfalt von Definitionen auf, dass sich eine allgemeingültige Begriffsbestimmung für Musikwirtschaft als schwer erweist. Auf Grundlage der differenzierten Betrachtung, die jede Disziplin anbietet, lässt sich jedoch erkennen, dass die Musikwirtschaftsforschung ein interdisziplinäres Feld sein kann. Obwohl der Begriff häufig in engem Zusammenhang mit vorherrschenden Annahmen der Wirtschaftswissenschaft verwendet wird, zeigt sich diese Perspektive als begrenzt, um die Musikwirtschaft als Ganzes zu betrachten. Zudem gibt es zahlreiche Studien zum Thema Musikwirtschaft in anderen Disziplinen. Der erweiterte Blick darauf weist auf die Komplexität dieser ökonomischen Tätigkeit in lokalen, regionalen, nationalen und globalen Zusammenhängen hin. Ein interdisziplinärer Ansatz zur Musikwirtschaft ist daher angemessener.

In Anbetracht der Herausforderungen, die eine interdisziplinäre Unternehmung darstellt, scheint es sinnvoll, die Studien zu Musikwirtschaft in Bezug auf ihre Interdisziplinarität näher zu betrachten. Eine ähnliche Analyse macht Georgina Born (2010), wenn sie die Grenzen zwischen der Auffassung von Musik als Natur oder als soziales Phänomen untersucht. Das Ziel ist es, die Spannungen zu identifizieren, die zur Veränderungen in der Debatte führen, sowie die Themen, die noch in den unterschiedlichen Disziplinen diskutiert werden, ohne dass dabei die Debatte in den Nachbardisziplinen mitberücksichtigt wird. Solche Reflexionen können einen Beitrag zur besseren Verständnis von musikalischen und ökonomischen Praktiken leisten, die in ihrem Zusammenhang noch wenig verstanden sind.

Literatur

Adorno, T. W. (1997). Résumé über Kulturindustrie. In T. Adorno & R. Tiedemann (Hrsg.). *Gesammelte Schriften* (S. 337–345). Frankfurt am Main: Suhrkamp.
Altendorfer, O. (2004). Musikwirtschaft. In O. Altendorfer (Hrsg.). *Das Mediensystem der Bundesrepublik Deutschland* (S. 135–141). Wiesbaden: VS Verlag für Sozialwissenschaften.
Anand, N., & Peterson, R. A. (2000). When Market Information Constitutes Fields. Sensemaking of Markets in the Commercial Music Industry. *Organization Science* 11 (3), 270–284.
Anderson, T. J. (2014). *Popular music in a digital music economy. Problems and practices for an emerging service industry*. New York: Routledge.
Aspers, P. (2015). *Märkte*. Wiesbaden: Springer Fachmedien Wiesbaden.
Bachmayer, T., Wilterdink, N. & van Venrooij, A. (2014). Taste differentiation and hierarchization within popular culture. The case of salsa music. *Poetics* 47, 60–82. doi:10.1016/j.poetic.2014.10.004.
Blume, F., & Finscher, L. (Hrsg.) (1994). *Die Musik in Geschichte und Gegenwart. Allgemeine Enzyklopädie der Musik; 20 Bände in zwei Teilen, Sachteil in acht Bänden, Personenteil in zwölf Bänden*. Kassel, Stuttgart: Bärenreiter; Metzler.
Bohlman, P. V. (Hrsg.) (2013). *The Cambridge History of World Music*. Cambridge: Cambridge University Press.
Bohlman, P. V. (2002). *World music. A very short introduction*. Oxford: Oxford University Press.
Born, G. (2010). For a Relational Musicology. Music and Interdisciplinarity, Beyond the Practice Turn. *Journal of the Royal Musical Association* 135 (2), 205–243. doi:10.1080/02690403.2010.506265.
Bourdieu, P. (1987). *Die feinen Unterschiede. Kritik der gesellschaftlichen Urteilskraft*. Frankfurt am Main: Suhrkamp.
Bürkner, H.-J., Lange, B., & Schüßler, E. (Hrsg.) (2014). *Akustisches Kapital. Wertschöpfung in der Musikwirtschaft*. Bielefeld: transcript.

Burnett, R. (1992). The Implications of Ownership Changes on Concentration and Diversity in the Phonogram Industry. *Communication Research* 19 (6), 749–769. doi:10.1177/009365092019006005.

Cadenbach, R., Jaschinski, A., & von Loesch, H. (1994). Musikwissenschaft. In F. Blume & L. Finscher (Hrsg.). *Die Musik in Geschichte und Gegenwart. Allgemeine Enzyklopädie der Musik; 20 Bände in zwei Teilen, Sachteil in acht Bänden, Personenteil in zwölf Bänden*, (Sp.1789–1834). Kassel, Stuttgart: Bärenreiter; Metzler.

Christensen, D, Simon, S., Béhague, G. & Geldenhuys, D. G. (1994). Musikethnologie. In F. Blume & L. Finscher (Hrsg.). *Die Musik in Geschichte und Gegenwart. Allgemeine Enzyklopädie der Musik; 20 Bände in zwei Teilen, Sachteil in acht Bänden, Personenteil in zwölf Bänden* (Sp. 1259–1291). Kassel, Stuttgart: Bärenreiter; Metzler.

Christianen, M. (1995). Cycles in symbol production? A new model to explain concentration, diverstiy and innovation in the music industry. *Popular Music* 14 (1), 55–93.

DiMaggio, P. (1977). Market Structure, the Creative Process, and Popular Culture. Toward an Organizational Reinterpretation of Mass-Culture Theory. *The Journal of Popular Culture* 11 (2), 436–452.

DiMaggio, P. (1987). Classification in Art. *American Sociological Review* 52, 440–455.

Feld, S. (1994). From Schizophonia to Schismogenesis. On the Discourses and Commodification Practices of „World Music" and „World Beat". In C. Keil & S. Feld (Hrsg.). *Music grooves. Essays and dialogues* (S. 257–289). Chicago: University of Chicago Press.

Feld, S. (2000). A Sweet Lullaby for World Music. *Public Culture* 12 (1), 145–171.

Frey, B. S. (1994). The Economics of Music Festivals. *Journal of Cultural Economics* 18, 29–39.

Frith, S. (Hrsg.) (1989). *World music, politics and social change. Papers from the International Association for the Study of Popular Music*. Manchester u. a.: Manchester Univ. Press.

Frith, S. (2001). The Popular Music Industry. In S. Frith, W. Straw & J. Street (Hrsg.). *The Cambridge Companion to Pop and Rock* (S. 26–52). Cambridge: Cambridge University Press.

Frith, S. (2007). Live Music Matters. *Scottish Music Review* 1 (1), 1–17.

Frith, S. (2013). The Value of Live Music. *Beiträge zur Popularmusikforschung* 39, 9–22.

Granovetter, M. (1985). Economic Action and Social Structure. The Problem of Embeddedness. *American Journal of Sociology* 91 (3), 481–510.

Guilbault, J. (1993). *Zouk. World music in the West Indies*. Chicago u.a.: University of Chicago Press.

Hirsch, P. M. (2000). Cultural Industries Revisited. *Organization Science* 11 (3), 356–361.

Holt, F. (2010). The economy of live music in the digital age. *European Journal of Cultural Studies* 13 (2), 243–261. doi:10.1177/1367549409352277.

Horkheimer, M. & Adorno, T. W. (1944). *Dialektik der Aufklärung. Philosophische Fragmente*. Amsterdam: Querido Verlag.

Kirchgässner, G. (2000). *Homo oeconomicus. Das ökonomische Modell individuellen Verhaltens und seine Anwendung in den Wirtschafts- und Sozialwissenschaften*. Tübingen: Mohr.

Klein, J. T. (2012). A Taxonomy of Interdisciplinarity. In R. Drodeman, J. T. Klein, C. Mitcham & J. B. Holbrook (Hrsg.) *The Oxford handbook of interdisciplinarity* (S. 15-30). Oxford: Oxford University Press.

Kraemer, K., & Nessel, S. (2011). Abwanderung von Märkten. *Leviathan* 39 (4): 541-565. doi: 10.1007/s11578-011-0136-8.

Krugman, P. R., & Wells, R. (2013). *Economics*. New York, NY: Worth Publishers.

Limper, J., & Lücke, M. (2013). *Management in der Musikwirtschaft*. Stuttgart: Kohlhammer.

Lopes, P. D. (1992). Innovation and Diversity in the Popular Music Industry, 1969 to 1990. *American Sociological Review* 57 (1), 56–71.

Manuel, P. L. (1990). *Popular musics of the non-Western world. An introductory survey.* New York u. a.: Oxford Univ. Press.

Mendívil, J. (2017). Musikethnologie. In C. Leggewie & E. Meyer (Hrsg.). *Global Pop. Das Buch zur Weltmusik* (S. 35–42). Stuttgart: Metzler.

Merriam, A. P. 1977. Definitions of „Comparative Musicology" and „Ethnomusicology". An Historical-Theoretical Perspective. *Ethnomusicology* 21, 189–204.

Mikl-Horke, G. (2016). Klassische Positionen der Ökonomie und Soziologie und ihre Bedeutung für die Wirtschaftssoziologie. In A. Maurer (Hrsg.). *Handbuch der Wirtschaftssoziologie* (S. 19–44). Wiesbaden: VS Verlag.

Moser, R. & Scheuermann, S. (Hrsg.) (2003). *Handbuch der Musikwirtschaft.* Starnberg: J. Keller.

Negus, K. (1992). *Producing Pop. Culture and Conflict in the Popular Music Industry.* London: Edward Arnold.

Nettl, B. (1978). Some Aspects of the History of World Music in the Twentieth Century. Questions, Problem, and Concepts. *Ethnomusicology* 22 (1), 123–136.

Peres da Silva, G. (2016). *Wie klingt die globale Ordnung.* Wiesbaden: Springer Fachmedien Wiesbaden.

Peterson, R. A. & Berger, D. G. (1975). Cycles in Symbol Production. The Case of Popular Music. *American Sociological Review* 40 (2), 158–173.

Peterson, R. A. & Kern, R. M. (1996). Changing Highbrow Taste. From Snob to Omnivore. *American Sociological Review* 61 (5), 900–907.

Peterson, R. A. & Simkus, A. (1992). How Musical Taste Groups Mark Occupatinal Status Groups. In M. Lamont & M. Fournier (Hrsg.). *Cultivating differences. Symbolic boundaries and the making of inequality* (S. 152–168). Chicago, London: University of Chicago Press.

Riethmüller, A. & Simon, A. (1994). Musiké – musica – Musik. In F. Blume & L. Finscher (Hrsg.). *Die Musik in Geschichte und Gegenwart. Allgemeine Enzyklopädie der Musik ; 20 Bände in zwei Teilen, Sachteil in acht Bänden, Personenteil in zwölf Bänden* (Sp. 1195–1213). Kassel, Stuttgart: Bärenreiter; Metzler.

Robette, N. & Roueff, O. (2014). An eclectic eclecticism. Methodological and theoretical issues about the quantification of cultural omnivorism. *Poetics* 47, 23–40. doi:10.1016/j.poetic.2014.10.002.

Rothenbuhler, E. W. & Dimmick, J. W. (1982). Popular Music. Concentration and Diverstiy in the Industry, 1974-1980. *Journal of Communication* 32 (1), 143–149.

Sorce Keller, M. (2011). Was ist Musik? Einige Gründe dafür, warum wir die „Musik" nicht mehr als „Musik2 bezeichnen sollten. *Schweizer Jahrbuch für Musikwissenschaft* 30, 11–26.

Sorce Keller, M. (2012). *What makes music European. Looking beyond sound.* Lanham: Scarecrow Press.

Swedberg, R., Himmelstrand, U., & Brulin, G. (1987). The Paradigm of Economic Sociology. Premises and Promises. *Theory and Society* 16 (2), 169–213.

Tschmuck, P. (2010). *Creativity and innovation in the music industry.* Dordrecht: Springer.

Varriale, S. (2015). Cultural production and the morality of markets. Popular music critics and the conversion of economic power into symbolic capital. *Poetics* 51, 1–16. doi:10.1016/j.poetic.2015.03.002.

Wallis, R. & Malm, K. (1984). *Big sounds from small peoples. The music industry in small countries.* New York: Pendragon Press.

Weingart, P. (2012). A Short History of Knowledge Formations. In R. Frodeman, J. Thompson Klein, C, Mitcham & J. B. Holbrook (Hrsg.). *The Oxford handbook of interdisciplinarity* (S. 3–14). Oxford: Oxford University Press.

Wicke, P. (1992). „Populäre Musik" als theoretisches Konzept. *PopScriptum* 1, 6–42.

Wicke, P. (2004). Über die diskursive Formation musikalischer Praxis. Diskurs-Strategien auf dem Feld der populären Musik. In S. Aderhold (Hrsg.). *Festschrift Dr. Reinäcker zum 65. Geburtstag* (S. 163–174). Berlin.

Williamson, J. & Cloonan, M. (2007). Rethinking the music industry. *Popular Music* 26 (02), 305. doi:10.1017/S0261143007001262.

Zelizer, V. A. (2007). Pasts and Futures of Economic Sociology. *American Behavioral Scientist* 50 (8): 1056–1069. doi:10.1177/0002764207299353.

Teil 2
Methodische Zugänge zur Musikwirtschaftsforschung

Der Beitrag der Informatik zur Musikwirtschaftsforschung

6

Christine Bauer

Zusammenfassung/Abstract

Zusammenfassung: Dieser Artikel widmet sich der Perspektive der Informatik in der Musikwirtschaftsforschung. Zunächst wird der Erkenntnisgegenstand der Musikwirtschaftsforschung aus dieser Perspektive dargelegt und das zur Verfügung stehende Methodeninstrumentarium aufgezeigt. Dabei untermauert diese Arbeit, dass die Perspektive der Informatik in der Musikwirtschaftsforschung neben einem deskriptiven auch einen normativen Charakter hat; somit beschäftigt sich dieser Bereich auch mit der Konstruktion und Evaluierung von Artefakten in der realen Welt der Musikwirtschaft. Anhand von konkreten Beispielen werden Problemstellungen und Forschungsfragen, die sich der Informatik in der Musikwirtschaftsforschung stellen, erläutert; dies sind im Speziellen die Forschungsbereiche (i) Musikempfehlungssysteme, (ii) Kompetenzaufbau im Einsatz von Technologie sowie (iii) Monitoring und Reporting der digitalen Musiknutzung.

Abstract: This article takes the computer science perspective on music business research. It outlines the object of knowledge at the core of this perspective and discusses the set of available methodological instruments. Thereby, this work substantiates that the computer science perspective on music business research has both a descriptive as well as a normative objective, including also the design and evaluation of artefacts in the real world setting of music business. In a deep discussion, this work exemplifies problems and research questions that the computer science perspective on music business research is confronted with. Concrete examples for research fields are (i) music recommender systems, (ii) improvement in skills to use technology, and (iii) monitoring and reporting of digital music consumption.

> **Schlüsselbegriffe/Keywords**
>
> Schlüsselwörter: Musikwirtschaft, Angewandte Informatik, Musikempfehlungssysteme, Digitalisierung, Marktmachtverhältnisse, Informationsbedarf, Strukturen der Musikwirtschaft, Markttransparenz, Design und Evaluierung von Artefakten
>
> Keywords: Music business, music economy, applied computer science, music information retrieval, music recommender systems, digitalization, market power relations, information demand, music market structure, market transparency, construction and evaluation of artefacts

6.1 Einleitung

Die Ära der Digitalisierung hat die Musikwirtschaft[1] entscheidend geprägt und radikal verändert (Bernardo & Marins, 2014; Baym, 2010). Mit relativ kostengünstig erwerbbarer Software und Hardware ist es einfacher als je zuvor, Musik zu kreieren. Diesbezügliches Fachwissen und Expertentum verlieren nach und nach an Bedeutung; auch ohne kostspieliges Studioequipment lassen sich markttaugliche Aufnahmen produzieren. Über Online-Plattformen ist es nun möglich, mit nur wenigen Klicks ein Werk zu verbreiten und ein großes, mitunter internationales Publikum zu erreichen. Plattformen mit Social Network-Elementen (z. B. YouTube) haben für die Verbreitung besondere Bedeutung. Die traditionelle Wertschöpfungskette für den Vertrieb ist dabei nicht notwendig und auch nicht anwendbar. Die großen Streaming-Plattformen, wie z. B. Spotify oder Pandora, wählen das Geschäftsmodell des Zugangs anstelle des traditionellen Modells des Besitzes: Für eine monatliche Abo-Gebühr erhält man als Nutzer bzw. Nutzerin Zugang zum Gesamtrepertoire der jeweiligen Plattform; man besitzt jedoch keines dieser Werke.

Während eine Vielzahl an Einflüssen Innovationen und Veränderungen am Musikmarkt hervorrufen (vgl. Tschmuck, 2012), so kommt den technologischen

---

1 In diesem Artikel wird der Begriff „Musikwirtschaft" als umfassender Bereich der „Musikwirtschaft im weiteren Sinne" inklusive Kernbereich sowie vorgelagerter und nachgelagerter Bereiche verwendet (Söndermann, 2010; Kulle, 1998). Für eine detaillierte Diskussion über Begriffsabgrenzungen im Bereich der Musikwirtschaft sei hier auf Limper und Lücke (2013) verwiesen.

Errungenschaften in der Ära der Digitalisierung doch besondere Bedeutung zu. Daher ist die Informatik (unter anderem aufgrund ihrer engen Verknüpfung zur Kommunikations- und Informationstechnologie) eine prägende Komponente in der Musikwirtschaft: So ist sie Wegbereiter (z. B. durch Zugangsmöglichkeiten einer enormen Anzahl und enormen Vielfalt an Musikaufnahmen über Online-Plattformen (Schedl, 2016)), Problemstifter (z. B. durch einfache Ermöglichung von Urheberrechtsverletzungen durch illegales Filesharing (Michel 2006)), Herausforderer (z. B. auf Grund der Notwendigkeit von Kompetenzaufbau im Umgang mit Musikkreations- und Verbreitungs-Tools vor allem für Non-Superstar-Kunstschaffende (Bauer & Strauss, 2015, 2017; Bauer, Viola & Strauss, 2011; Bauer, 2012)), aber auch Lösungsanbieter (z. B. in Form von Musikempfehlungssystemen, die NutzerInnen dabei unterstützen, sich im Dickicht des schier unüberschaubaren Musikangebots zurechtzufinden (Song, Dixon & Pearce, 2012; Schedl, Gómez & Urbano, 2014)). Eng verwoben mit den Kernelementen der Musikwirtschaft ist die Disziplin der Informatik daher auch wesentlicher Bestandteil der durch Interdisziplinarität gekennzeichneten Musikwirtschaftsforschung.

Für die Musikwirtschaftsforschung sind jene Teilbereiche der Informatik relevant, die sich mit Anwendung informatischer Methoden in der Musikwirtschaftsforschung (d. h. in einem informatikfremden bzw. interdisziplinären Wissenschaftsgebiet) bzw. mit informatikeigenen Problemstellungen zur Lösung konkreter Probleme in der realen Welt der Musikwirtschaft (z. B. die Entwicklung von Algorithmen) beschäftigen.[2]

Dieser Artikel ist nach diesen einleitenden Worten wie folgt strukturiert: Zunächst werden im Abschnitt 6.2 die Erkenntnisziele der Musikwirtschafsforschung aus der Perspektive der Informatik dargelegt und konkretisiert. Darauf aufbauend wird in Abschnitt 6.3 eine Definition zur Ausgestaltung der Musikwirtschaftsforschung erarbeitet. Abschnitt 6.4 befasst sich mit dem Beitrag der Informatik zur Musikwirtschafsforschung und diskutiert beispielhaft Problemstellungen und Forschungsfragen, die sich in diesem Teilgebiet der Informatik stellen. Im Abschnitt 6.5 wird in aller Kürze das Methodenspektrum zur Erforschung der Musikwirtschaft aus der Perspektive der Informatik aufgezeigt. Die zentralen Punkte dieses Artikels werden abschießend in Abschnitt 6.6 zusammengefasst.

---

2   Für eine Abgrenzung der Teilbereiche der Informatik siehe beispielsweise Rechenberg (2000).

6.2 Erkenntnisgegenstand der Musikwirtschaftsforschung aus der Sicht der Informatik

Aus der Perspektive der Informatik ist die Musikwirtschaftsforschung sowohl deskriptiv als auch normativ ausgerichtet. Bei der deskriptiven Ausrichtung geht es darum, die Musikwirtschaft mit ihren AkteurInnen (als Entitäten wie auch in ihren Beziehungen zueinander) und ihren Strukturen zu beschreiben und zu analysieren, sowie die Mechanismen der Interaktion zu verstehen. Normativ zielt die Musikwirtschaftsforschung darauf ab, Strukturen, Mechanismen und Wirkungsketten nicht nur zu erklären, sondern Handlungsformen und Gestaltungsorientierungen zu entwickeln, die vorgeben, wie diese Strukturen und die Interaktionen der AkteurInnen in sozio-technischen Systemen gestaltet werden sollen.

Der Diskurs des wissenschaftstheoretischen Selbstverständnisses der Informatik ist weitläufig, und es herrscht keine Einigkeit, welchen Teilgebieten der Informatik oder ihr verwandten Disziplinen die deskriptive bzw. die normative Ausrichtung zugeordnet werden soll. Im Diskurs lassen sich im historischen Verlauf auch Veränderungen der Sichtweisen erkennen. Exemplarisch sei hierzu auf folgende Quellen verwiesen: Coy et al. (1992), Langenheder, Müller & Schinzel (1992), Österle et al. (2010), Baskerville, Lyytinen, Sambamurthy & Straub (2011).

Im Folgenden werden die Erkenntnisziele der Musikwirtschaftsforschung – untergliedert in vier Teilaspekte – erörtert.

6.2.1 Erkenntnisgegenstand: Die Musikwirtschaft charakterisieren

Die Kreativwirtschaft (Creative Industries) kann von anderen Wirtschaftszweigen bzw. Branchen auf unterschiedliche Weise abgegrenzt werden; ein wesentliches Merkmal der Kreativwirtschaft ist die Verbindung zwischen Kunst, kulturellen Gütern und wirtschaftlichen Aspekten. Damit verbunden zeigt die Kreativwirtschaft auch Unterschiede in strukturellen Eigenschaften zu Branchen mit anderen Wirtschaftsgütern (Caves, 2000).

Die Musikwirtschaft hat viele Gemeinsamkeiten mit anderen Teilmärkten der Kreativwirtschaft (dies sind andere Märkte kultureller Güter). Beispiele sind unter anderem der Handel mit Gütern, die dem Urheberrecht unterliegen, die hohe Marktunsicherheit (Caves, 2000), eine geringe Kapitalintensität (Schelepa, Wetzel & Wohlfahrt, 2008), ein allgemein hohes Qualifikationsniveau (Schelepa, Wetzel & Wohlfahrt, 2008; Menger, 1999; Mietzner & Kamprath, 2013) und die wenig ausgeprägte Vergleichbarkeit von Gütern aufgrund der Bedeutung des persönlichen

Geschmacks bzw. persönlicher Präferenzen im Gegensatz zu objektiv messbaren und vergleichbaren Größen (z. B. Vergleich von Motorleistung von Fahrzeugen versus Farbzusammenstellung zweier Fotografien) (Stigler & Becker, 1977).

Unterschiede zu anderen Bereichen der Kreativwirtschaft zeigen sich beispielsweise durch die Möglichkeit der Vervielfältigung ohne Qualitätsverlust (z. B. im Fall von Streaming-Diensten oder Downloads). Die Musikwirtschaft ist ein „Winner-takes-all"-Markt, der durch das sogenannte „Superstar-Phänomen" charakterisiert ist (Adler, 2006; Schulze, 2003). Das Phänomen des „Long Tail"-Marktes – ein Konzept, das erstmals von Anderson (2006) vorgestellt wurde – trifft damit insbesondere auf die Musikwirtschaft zu: Während sich der Markt auf wenige Superstars konzentriert, gibt es eine Vielzahl an nicht-etablierten Kunstschaffenden.

Ein Ziel der Musikwirtschaftsforschung ist es, die Besonderheiten der Musikwirtschaft zu charakterisieren. Methoden der Informatik (siehe dazu auch Abschnitt 6.5) können ihren Beitrag leisten, Daten über die Musikwirtschaft zu gewinnen, zu kombinieren und Zusammenhänge bzw. Strukturen (Patterns) zu entdecken sowie Erkenntnisse und Einsichten zu erlangen. Gleichzeitig tragen auch Entwicklungen aus der Informatik zur Ausgestaltung der Musikwirtschaft bei (Stichworte dazu sind beispielsweise verlustfreie Kopien digitaler Musikartefakte, Distribution über Online-Musikplattformen, Empfehlungssysteme etc.). Neben der Bereitstellung und Anwendung informatischer Methoden ist die Informatik bezüglich ihrer Auswirkungen in der Musikwirtschaft daher auch selbst Forschungsobjekt im Rahmen der Musikwirtschaftsforschung.

6.2.2 Erkenntnisgegenstand: Den Wandel verstehen

Die Musikwirtschaft ist ferner durch den stetigen Wandel ihrer Strukturen charakterisiert, die oftmals – aber nicht ausschließlich – durch technologische Errungenschaften ausgelöst werden (Tschmuck, 2012). Vor allem die Digitalisierung bewirkte einen rasanten und radikalen Wandel in der Musikwirtschaft gekennzeichnet durch kurzlebige Zyklen und Trends. Beispielsweise waren die ersten, umsatzsteigernden Produkte am digitalen Musikmarkt, nämlich die Klingeltöne, schnell vom Trend zu Einzel-Downloads auf Online-Plattformen abgelöst; dicht gefolgt vom Trend hinsichtlich Downloads kompletter Alben; mit den ersten Streaming-Portalen am Markt ging der Trend der Musiknutzung rasch in Richtung dieses Marktsegments.

Ziel der Musikwirtschaftsforschung ist es, den Wandel der Strukturen der Musikwirtschaft zu verstehen und Zusammenhänge bzw. Wechselwirkungen zu erklären.

Aus der Perspektive der Informatik sind daher die Möglichkeiten der Informations- und Kommunikationstechnologien bzw. deren Weiterentwicklung sowie ihre

Auswirkungen für die Musikwirtschaft Forschungsgegenstände der Musikwirtschaftsforschung, welche sich dabei insbesondere auf folgende Bereiche beziehen:

- technologische Entwicklungen, welche Strukturen (z. B. neue Zusammenstellung der Marktstrukturen durch Verdrängungswettbewerb bzw. Marktzugänge, damit zusammenhängende Machtverschiebungen, neuartige komplementäre oder aber substituierende Güter etc.) verändern (z. B. neuartige Produkte durch Entwicklungen von Übertragungsverfahren oder durch den Trend zur Miniaturisierung von Hardware),
- die Wechselwirkungen zwischen Technologien und deren NutzerInnen im Rahmen der Musikwirtschaft (z. B. durch die Personalisierung von Musikangeboten wie beispielsweise individuelle Musikempfehlungen oder durch automatische Komposition anhand entsprechender Algorithmen, die unter anderem auch in Echtzeit mit Sensoren auf die Umwelt reagieren können (Bauer & Waldner, 2013; Bauer & Kratschmar, 2015),
- die sich durch den Wandel verändernden Anforderungen an Systeme seitens der unterschiedlichen MarktakteurInnen (z. B. Selbstpräsentationstools für Musikschaffende).

6.2.3 Erkenntnisgegenstand: Transparenz schaffen

Die Musikwirtschaft ist – wie die meisten Märkte – von ungleichen Machtverhältnissen geprägt; diese Machtverhältnisse sind zum Teil aus der historischen Entwicklung erklärbar, zum Teil sind sie ein Resultat technologischer Entwicklungen. Beispielsweise steht eine starke Konzentration der Major-Labels einer großen Zahl kleiner Independent-Labels (sogenannte „Indies") mit vergleichsweise kleinem Marktanteil gegenüber. Zugang zu Information bzw. Ausschluss vom Zugang zu Information verstärkt dieses Ungleichgewicht an Machtverhältnissen am Markt. Kurzum, die Musikwirtschaft ist also von unvollständiger Information geprägt: niemand verfügt über vollständige Information; jenen mit Zugang zu reichhaltiger bzw. umfassender Information kommt zumeist eine stark dominante Marktposition zu (z. B. den Major-Labels).

Durch die ungleich verteilte Teilinformation entsteht Unsicherheit für jene MarktteilnehmerInnen, die kaum Zugang zu Information haben (z. B. nicht-etablierte Musikschaffende), sowie Abhängigkeit von dominant positionierten Marktteilhabenden (z. B. große Online-Plattformen). Auswirkungen sind auch auf Aggregator-Ebene zu beobachten: Je weniger Detailinformation auf einer Ebene für Marktteilnehmende vorhanden ist, umso mehr muss mit Annahmen und subjektiven Einschätzungen ein Ausgleich geschaffen werden. Gibt es beispielsweise keine Detailinformation darüber, welches Werk wann wo genutzt wurde, müssen beispielsweise mithilfe anders gearteter Methoden und Strategien Anreize zur Musikkreation geschaffen werden (z. B. umgesetzt durch Kulturbeiträge, Urheberrechtsabgaben etc.).

Obwohl in der digitalen Musikwirtschaft große Mengen und eine Vielzahl an detaillierten Daten mitprotokolliert und gespeichert werden und somit verfügbar sind, ist der Zugang zu diesen Daten unter den am Markt Teilnehmenden ungleich verteilt. Das primäre Problem liegt daher nicht im Mangel an Daten und Information, sondern in der mangelnden Transparenz und vertikalen, horizontalen und zeitlichen Informationsasymmetrien.

In ihrer normativen Ausprägung ist es daher Ziel der Musikwirtschaftsforschung, Transparenz in der Musikwirtschaft zu schaffen.

Methoden der Informatik (siehe dazu auch Abschnitt 6.5) können an dieser Stelle einen wichtigen Beitrag leisten, Daten aus verschiedenen Quellen zusammenzuführen, zu Informationen aufzubereiten, anzureichern und weiterzuverarbeiten (Stichworte: Information Retrieval, Linked Data, Big Data Analytics etc.) sowie in geeigneter Weise (d. h. auf entsprechendem Aggregationsniveau und in verständlicher Darstellungsform) den jeweiligen am Markt agierenden Gruppen zur Verfügung zu stellen, wobei Datenschutzaspekte zu berücksichtigen sind.

6.2.4 Erkenntnisgegenstand: Machtverhältnisse in der Musikwirtschaft

In der Musikwirtschaft trifft eine Vielzahl unterschiedlicher Organisationen und Individuen aufeinander. Die UrheberInnen, das sind KomponistInnen und MusiktexterInnen, kreieren die Grundlage der Musikwirtschaft – nämlich die Musik; sie ist Grund des Zusammentreffens von Angebot und Nachfrage von und nach dem Gut „Musik". InterpretInnen bringen die Musik zum Klingen (Bauer & Strauss, 2015). Plattenfirmen und Labels kümmern sich um die Produktion bzw. den Vertrieb. Konzerthäuser, Booking-Agenturen, Musik-Streaming-Dienste, Herstellungsbetriebe für Instrumente, MusikjournalistInnen, NutzerInnen und noch viele andere mehr zählen zu den facettenreichen Mitwirkenden in der Musikwirtschaft (vgl. Seufert, Schlegel & Sattelberger, 2015).

Während einerseits eine starke Konzentration am Markt beobachtet werden kann (z. B. bei den Major-Labels, die als Großkonzerne weltweit eine dominante Marktstellung einnehmen können), sind andererseits andere Marktbereiche von einer Vielzahl kleiner Unternehmen, oftmals Ein-Person-Unternehmen, geprägt, die zumeist auf Projektbasis miteinander interagieren. Beispielsweise funktionieren sogenannte „Telefon"-Bands nach dem Prinzip der virtuellen Organisation: Sie treten als am Markt als eine Band (d. h. ein Unternehmen) in Erscheinung, wobei jedoch jeder und jede der beteiligten MusikerInnen als Ein-Person-Unternehmen in seiner bzw. ihrer spezifischen Rolle (z. B. als BassistIn, als SaxophonistIn etc.) dazu beiträgt, dass die Band als Einheit am Markt auftreten kann (Bauer 2012).

Wie bereits in Abschnitt 6.2.3 diskutiert, ergeben sich durch unterschiedliche Ausprägungen der Marktkonzentration, des Wettbewerbsgrads, der Anzahl der Marktteilnehmenden im Segment, der Organisationsgröße und struktur, des Zugangs zu Information sowie weiterer Einflussgrößen ungleiche Marktmachtverhältnisse. Durch technologische Entwicklungen kam und kommt es zu Machtumverteilungen: Beispielsweise lassen sich digitale Musikdateien zu marginalen Kosten ohne Qualitätsverlust kopieren. Piraterie und Filesharing führen – neben anderen Einflussfaktoren – zu einer zuspitzenden Prekarisierung von Non-Superstar-Musikschaffenden (Bauer & Strauss, 2017; Mulligan, 2013; Schelepa, Wetzel & Wohlfahrt, 2008; Michel, 2006). Sinkende Produktionskosten machen Home-Recording für ProsumerInnen (das sind KonsumentInnen, die selbst Inhalte produzieren) möglich. Über Aggregatoren und simpel gehaltene Schnittstellen, lassen sich selbst produzierte Werke über den Online-Kanal einfach und kostengünstig veröffentlichen und distribuieren. NutzerInnen haben über Online-Plattformen Zugang zu Millionen von Musikaufnahmen, wobei die Mechanismen der Vorselektion (und Präferenzbildung) durch Labels und/oder Musikempfehlungssysteme anders greift als in Dekaden vor der digitalen Verfügbarkeit des Weltrepertoires (Fleder & Hosanagar, 2007).

Wie bereits in der Einleitung dieses Artikels erwähnt, haben Weiterentwicklungen in der Informatik oftmals die Grundlage für Möglichkeiten bzw. Veränderungen in der Historie der Musikwirtschaft dargestellt, was sich beispielsweise in der Ära der Digitalisierung deutlich zeigt. Die Informatik ist daher herausgefordert, in ihrer Konstruktionsorientierung auch zur Ausgestaltung der Machtverhältnisse beizutragen. Nachhaltigkeit, Resilienz sowie soziale und ethische Aspekte stehen dabei im Vordergrund.

6.3 Ansatzpunkte für die Informatik zur Problemlösung in der Musikwirtschaftsforschung

Die Problemfelder der Musikwirtschaftsforschung sind vielschichtig, wobei die Informatik mit ihren Teilgebieten auf verschieden Ebenen gefragt ist, um zur Problemlösung beizutragen (Bauer & Strauss, 2015).

6.3.1 Musikempfehlungssysteme

Durch das breite Angebot an digital verfügbaren musikalischen Stücken stehen NutzerInnen heutzutage vor einer Auswahl mehrerer Millionen Tracks. Neue Empfehlungs- und Interaktionstechniken sind daher gefragt, um sich in diesem Informationsdickicht zurechtzufinden (Schedl, 2016). Musikempfehlungssysteme wurden eigens dazu geschaffen, um den NutzerInnen die Qual der Wahl zu erleichtern. Die Aufgabe solcher Systeme besteht darin, aus dem breiten Angebot der verfügbaren Tracks die Aufmerksamkeit eines Nutzers bzw. einer Nutzerin auf den für ihn bzw. sie relevanten Track zu richten (Schedl, Gómez & Urbano, 2014). Die Funktionalität der Musikempfehlungssysteme reicht dabei von einer Auswahl von Empfehlungen, die dem jeweiligen Nutzer bzw. der Nutzerin unterbreitet werden, bis hin zu automatisch generierten Zusammenstellungen von Playlists. Dabei ist ausschlaggebend, den geeigneten Track dem passenden Nutzer bzw. der passenden Nutzerin im geeigneten Moment zu empfehlen (Laplante, 2014). Diese Aufgabe erweist sich jedoch als äußerst komplex, da zahlreiche Faktoren auf die Musikpräferenzen und das Hörverhalten von NutzerInnen Einfluss nehmen. Zum einen sind dies personenspezifische Einflussgrößen wie beispielsweise demographische Charakteristika (Bonneville-Roussy, Rentfrow, Xu & Potter, 2013), Persönlichkeitsmerkmale (Brown, 2012), soziale Einflüsse (Boer, Fischer, Strack, Bond, Lo & Lam, 2011) und kulturelle Aspekte Ferwerda, Vall, Tkalcic & Schedl, 2016), zum anderen situationsspezifische Einflussgrößen wie beispielsweise zeitliche Aspekte (Cebrián, Planagumà, Villegas & Amatriain, 2010), Aktivität (Wang, Rosenblum & Wang, 2012) oder Ort (Cheng & Shen, 2015, 2014). Im Vergleich zu vielen anderen Anwendungsdomänen für Empfehlungssysteme, ist die Treffgenauigkeit als alleiniges Qualitätskriterium bei der Evaluierung von Musikempfehlungen zu kurz gegriffen; insbesondere bei seriellen Empfehlungen (z. B. bei einer Playlist-Zusammenstellung) sind andere Qualitäten wie beispielsweise Neuheit (Celma & Herrera, 2008), Vielfältigkeit (Zhang & Hurley, 2008), Überraschung (Knees, Andersen, Said & Tkalcic, 2016) und/oder Gegensatz (Knees, Andersen, Said & Tkalcic, 2016) zu integrieren (Bauer & Schedl, 2017), damit eine Serie an Empfehlungen in ihrer Gesamtheit als gelungen wahrgenommen wird.

Die zentralen Fragen im Bereich der Musikempfehlungssysteme beinhalten unter anderen die folgenden: Welche Aufnahme(n) soll ein Nutzer bzw. eine Nutzerin aus der enormen Vielfalt an Musikaufnahmen auswählen? Auf welche Weise sollen bzw. müssen Musikempfehlungssysteme auf Musikpräferenzen und Hörverhalten einflussnehmende Faktoren berücksichtigen, um NutzerInnen geeignete Empfehlungen unterbreiten zu können? Auf welche Weise sollte ein „ideal-typisches" Musikempfehlungssystem konzipiert werden, um auf die Vielfalt seiner NutzerInnen besser einzugehen und diese NutzerInnen-Vielfalt widerzuspiegeln? Neben Fragen, welche Quellen sich zur Gewinnung der personenspezifischen Daten betreffend der einflussnehmenden Faktoren eignen und zur nutzerInnen- und dadurch auch datenschutzfreundlichen Analyse heranziehbar sind (z. B. durch aktive Befragung der NutzerInnen oder aber auch durch die Analyse von NutzerInnen-spezifischen Twitter-Feeds etc.) (Calandrino, Kilzer, Narayanan, Felten & Shmatikov, 2011), steht die Informatik auch vor anderen Herausforderungen; beispielsweise Herausforderungen bezüglich:

- der spezifischen Usermodellierung (User Modeling),
- der automatisierten Gewinnung von musikbezogenen Informationen beispielsweise über Audioanalyse oder durch die Auswertung der von NutzerInnen genierten Daten (user-generated data) aus dem Web (z. B. Tags),
- der Ausgestaltung und Zusammensetzung von Empfehlungsalgorithmen und
- der entsprechenden Darbietung an der Schnittstelle zum jeweiligen Nutzer bzw. der jeweiligen Nutzerin.

6.3.2 Kompetenzaufbau im Einsatz von Technologie

Das Ausbildungsniveau von Kunstschaffenden ist im Vergleich zur restlichen Bevölkerung sehr hoch angesiedelt (Schelepa, Wetzel & Wohlfahrt, 2008; Menger, 1999; Mietzner & Kamprath, 2013). Gleichzeitig ist der Arbeitsmarkt jedoch von geringem Einkommen, minimal-regulierten Karrierewegen, hoher Konkurrenz, starker Marktselektion und hohem Risiko geprägt (Schelepa, Wetzel & Wohlfahrt, 2008; Menger 1999; Montag Stiftung Bildende Kunst Bonn, Akademie der bildenen Künste Wien & Verlag für moderne Kunst 2008); ein Phänomen, das sich insbesondere auch in der Musikwirtschaft zeigt (Bauer & Strauss, 2015; Bauer, Viola & Strauss, 2011; Schelepa, Wetzel & Wohlfahrt, 2008). Aufgrund der sozioökonomischen Lebenssituation von Kunstschaffenden in der Musikwirtschaft wird hierbei von der Forschung vielfach auf einen Mangel an wirtschaftlichen bzw. Management-Kenntnissen hingewiesen (Bauer & Strauss, 2015, Bauer, Viola & Strauss, 2011, Hennekam & Bennett, 2016; Mietzner & Kamprath, 2013), was es vielen nicht-etablierten Musikschaffenden unter anderen Herausforderungen zusätzlich erschwert, am Musikmarkt Fuß zu fassen und ihre musikalischen Kenntnisse und Fähigkeiten in wirtschaftlichen Erfolg umzuwandeln (Bauer & Strauss, 2017; Daniel & Daniel, 2014).

Die Vermarktung auf elektronischen Märkten bietet für Kunstschaffende neue Kommunikations- und Distributionskanäle für Musikmarketing. Diese Entwicklung ist auch geprägt durch sinkende Werbe- und Transaktionskosten für unabhängige Kunstschaffende, was durch eine effiziente Verwendung eines beschränkten Budgets durch entsprechende Zielgruppensegmentierung sowie die Nutzung von Netzwerkeffekten und die Vermeidung fixer Distributionskosten besonders für nicht-etablierte Kunstschaffende Potential liefert; gleichzeitig aber auch mehr Konkurrenz am Musikmarkt bedeutet.

Die fortschreitende Digitalisierung der Musikwirtschaft bietet allerdings nicht nur diese zusätzlichen Möglichkeiten; vielmehr ist die Kenntnis über und ein gekonnter Umgang mit den diversen Services und Tools – insbesondere den Services im Social Media-Bereich – eine Grundvoraussetzung geworden, um in der Musikwirtschaft mitspielen zu können. Kurzum, neben den musikalischen Kompetenzen und den bereits angesprochenen Fertigkeiten im Management sind Anwendungs-Know-how der diversen Services und Tools eine unabdingbare Anforderung an Musikschaffende geworden (Bauer, Viola & Strauss, 2011; Bauer & Strauss, 2017).

Dadurch ergeben sich zentrale Fragen, wie die Folgenden: Welche Qualifikationsmaßnahmen können geschaffen werden, um Musikschaffende im Umgang mit Selbstpräsentations-Tools zu unterstützen? Wie können Analyse-Tools Musikschaffende unterstützen, ihre Position am Musikmarkt zu analysieren und Strategien (z. B. für das Marketing) davon abzuleiten? Was sind die Anforderungen an zukünftige Tools für diese spezifische Gruppe an AnwenderInnen, um einen einfachen Einsatz zu gewährleisten? Welche zukünftigen Services und Tools könnten Marktnischen füllen; welche Bedürfnisse hat die Zielgruppe der Musikschaffenden?

Die Informatik steht dabei beispielsweise vor Herausforderungen bezüglich:

- der domänen-spezifische Anforderungsanalyse (Requirements Engineering),
- der entsprechenden Gestaltung von Qualifikationsmaßnahmen,
- der zielgruppenspezifischen, didaktischen Aufbereitung entsprechender Qualifikationsmaßnahmen (Informatikdidaktik),
- der entsprechenden Gestaltung der Schnittstelle der Services und Tools zu den NutzerInnen.

6.3.3 Monitoring und Reporting der digitalen Musiknutzung

Weltweit bringen über 400 Musikdienste[3] – oftmals von Neulingen in der Musikbranche betrieben – Musikaufnahmen zu den EndkonsumentInnen. Bei einem Weltrepertoire[4] von mehr als 70 Millionen Musikwerken und einem jährlichen Zuwachs in Millionenhöhe mit jeweils zumeist einer Vielzahl an beteiligten UrheberInnen und oftmals einer Vielzahl unterschiedlicher Aufnahmen pro Werk ist es durchaus komplex für den Einzelnen, den Überblick über alle Werknutzungen zu bewahren. So ist es nicht verwunderlich, dass sich in der Musikwirtschaft schon früh Intermediäre und Aggregatoren am Markt etablieren konnten (Bauer & Strauss, 2015). Beispiele sind:

- der Zusammenschluss der UrheberInnen zur kollektiven Rechtewahrnehmung durch Verwertungsgesellschaften,
- der Aufbau von Vertriebsnetzwerken durch Plattenfirmen und Labels oder
- die Etablierung von Content-Aggregatoren, zwischen den unterschiedlichen Rechteinhabenden und der Musikdiensteanbieter, um zu Zugang zu aller Art von Plattformen zu erhalten.

Doch auch trotz der Bündelung von Kapazitäten und Expertisen innerhalb der jeweiligen Marktteilnehmergruppen stellen der Zugang zu Daten, die Extraktion von relevanter Information aus den Unmengen von Daten und damit die Informationstransparenz am Markt mitunter zu den größten Herausforderungen am digitalen Musikmarkt. Die zugrundeliegenden Fragen beinhalten: Welches Musikstück wird in welcher Aufnahme wie oft angeboten/gehört/gestreamt/heruntergeladen/verkauft? Wer macht damit wieviel Umsatz? Und wieviel Umsatz hätte man eigentlich damit machen können bzw. sollen – ist der Geldwert daher verhältnismäßig?

Die zentralen Aspekte sind dabei sowohl das Monitoring als auch das Reporting. Das Monitoring bezieht sich auf die Musiknutzungen (z. B. Angebot sowie Konsumation) inklusive aller damit verbundenen Informationen wie beispielsweise der direkt generierte Umsatz (z. B. bei Verkauf eines Downloads) und der indirekt generierte Umsatz (z. B. bei werbefinanzierten Plattformen), jeweils mit genauer Zuordnung zum jeweiligen Werk bzw. der Aufnahmen[5] und damit verbunden zu den Rechteinhabenden; zumeist ist auch der Ort der Nutzung (sowohl Sitz des

---

3 Laufend aktualisierte Liste lizenzierter Musikdienste weltweit: www.pro-music.org.
4 Weltrepertoire bezieht sich hier auf die aktuell von Verwertungsgesellschaften verwalteten Musikwerke.
5 Anmerkung: Zu jedem Werk kann es mehrere unterschiedliche Aufnahmen geben.

Anbieters als auch der Sitz des Nutzers bzw. der Nutzerin) relevant. Das Reporting bezieht sich darauf, dass die durch das Monitoring gewonnen Informationen jeweils an die entsprechenden Rechteinhabenden bzw. assoziierten Organisationen kommuniziert wird, beispielsweise um Abrechnung zwischen den einzelnen MarktteilnehmerInnen oder aber auch weiterführende Analysen für zukünftiges Angebot oder Marketingmaßnahmen zu ermöglichen.

Weder seitens der UrheberInnen oder der InterpretInnen, noch seitens der dahinterstehenden Unternehmen (z. B. Verlage, Labels, Agenturen) und manchmal auch nicht seitens der Diensteanbieter selbst herrscht in der gegenwärtigen Musikwirtschaft Transparenz. Die Musikwirtschaft und ihr Verwertungssystem sind nicht nur komplex, sondern auch dicht besiedelt mit verschiedenen Marktbeteiligten mit unterschiedlichsten Interessen; dieses bereits komplexe Marktkonstrukt wird durch die Unmenge an Daten zu Musiknutzungen noch komplexer. Gepaart mit den ungleichen Machtverhältnissen (z. B. Großkonzerne versus einzelne nicht-etablierte InterpretInnen) sowie der ungleichen Verteilung der Informationsfragmente ist die Musikwirtschaft daher gegenwärtig von Intransparenz geprägt.

Weiterführende Fragen sind daher: Wie kann das Monitoring der Nutzung von Musikwerken bzw. -aufnahmen umgesetzt werden? Was sind die Anforderungen an zukünftige Services und Tools, die Zugriff auf die Daten zu den (eigenen) Musikwerken bzw. aufnahmen gewähren? Wie kann Ideendiebstahl identifiziert werden?

Die Informatik steht bezüglich dieser Phänomene und Fragestellungen beispielsweise vor Herausforderungen:

- der Informationserfassung (z. B. Music Information Retrieval),
- der Datenextraktion (z. B. Audio Fingerprinting),
- des Datenmangements (z. B. Big Data Analytics) und
- der Aggregation sowie zielgruppengerechten Präsentation (z. B. grafische Darstellung der relevanten Daten für die jeweiligen Rechteinhabenden) von Musiknutzungsdaten.

6.4 Methodenspektrum

Da die Musikwirtschaftsforschung ein interdisziplinäres Forschungsfeld darstellt, ist auch das Portfolio an zur Verfügung stehenden Forschungsmethoden vielfältig. Für die Ansatzpunkte der Informatik in der Musikwirtschaftsforschung ist das Methodenspektrum ebenfalls reichhaltig und kann in Analogie zur Methodenreichhaltigkeit in anderen Gebieten der angewandten bzw. praktischen Informatik gesehen werden. In Tabelle 6.1 sei hier stellvertretend auf das Methodenspektrum im Bereich der Wirtschaftsinformatik verwiesen (vgl. Wilde & Hess, 2007). Je nach konkreter Ausformulierung der jeweiligen Forschungsfrage aus einer gewählten Perspektive (z. B. in Bezug auf unterschiedliche Marktagierende) und Weltbild (z. B. positivistisches versus interpretatives Paradigma) ist eine passende Methode aus dem methodischen Pluralismus zu wählen bzw. ein geeigneter Methodenmix zusammenzustellen (Venkatesh, Brown & Bala, 2013; Creswell, 2014). Der Erkenntnisgegenstand der Musikwirtschaftsforschung ist so vielfältig, dass zwangsläufig ein breites Spektrum an Methoden zum Einsatz kommen muss, um all die Facetten der möglichen Forschungsfragen beleuchten zu können.

Tab. 6.1 *Methodenspektrum (in Anlehnung an Wilde & Hess, 2007)*

Konstruktionsorientierte Methoden	Behavioristische Methoden
• Aktionsforschung • Argumentativ-deduktive Analyse • Formal-deduktive Analyse • Konzeptionell-deduktive Analyse • Prototyping • Referenzmodellierung • Simulation	• Fallstudien • Feldexperiment • Laborexperiment • Qualitativ-empirische Querschnittsanalyse • Quantitativ-empirische Querschnittsanalyse

Aufgrund seiner Problemlösungs- und Konstruktionsorientierung soll in diesem Artikel dem Forschungsansatz „Design Science" besonderer Raum gegeben werden. Seine Wurzeln hat dieser Ansatz in den Ingenieurdisziplinen. Im Gegensatz zu Disziplinen, welche ausschließlich natürlich vorkommende Phänomene untersuchen (z. B. in den Naturwissenschaften), werden bei diesem Forschungsansatz Artefakte, die dazu beitragen, definierte Problemstellungen zu lösen, konstruiert und evaluiert. Artefakte sind hierbei Konstrukte, Modelle, Methoden oder Instanziierungen (March & Smith, 1995):

- Konstrukte bilden die Sprache, die verwendet wird, um Probleme und Lösungen zu definieren.
- Modelle stellen eine (zielgerichtete) Abstraktion der realen Welt dar. Modelle bedient sich dabei Konstrukten, um sowohl Problemstellung als auch Lösungsraum zu spezifizieren.
- Methoden definieren den Prozess, wie Probleme gelöst werden. In anderen Worten, Methoden definieren, wie der Lösungsraum beispielsweise durch Algorithmen entwickelt bzw. durchsucht wird.

- Instanziierungen zeigen, wie Konstrukte, Modelle und Methoden in der realen Welt umgesetzt werden können.

In einem iterativen Prozess (vgl. Hevner, March, Park & Ram, 2004) gilt es, die konstruierten Artefakte mittels fundierter Verfahren zu evaluieren (vgl. Pries-Heje, Baskerville & Venable, 2008; Peffers, Rothenberger, Tuunanen & Vaezi, 2012; Venable, Pries-Heje & Baskerville, 2012; Prat, Comyn-Wattiau & Akoka, 2014). Hierbei werden insbesondere Evaluationskriterien wie der praktische Nutzen, die Qualität und die Effizienz des Artefakts herangezogen. Ein Artefakt kann beispielsweise hinsichtlich definierter Anforderungen (z. B. Verständlichkeit für eine definierte Zielgruppe) kritisch bewertet werden. Mehrere konkurrierende Artefakte können hinsichtlich unterschiedlicher Qualitätskriterien (z. B. Akzeptanz, Datenschutzsensibilität, Treffgenauigkeit) miteinander verglichen werden. Mathematische Analysen können herangezogen werden, um Eigenschaften von Artefakten (z. B. die Zeitkomplexität von Empfehlungs-Algorithmen) zu bestimmen. Ökonomische Analysen können Auswirkungen auf den Musikmarkt oder die Gesellschaft bemessen.

Ein konstruktionsorientierter Forschungsansatz wie „Design Science" bietet dabei beispielsweise spezifische Chancen, innovative Artefakte und korrespondierende Handlungssysteme zu entwerfen und zu erproben. Dieser Ansatz kann allerdings nur auf Basis von methodischer Fundierung sinnvoll genutzt werden.

6.5 Schlussbetrachtung

Aufbauend auf die vorangegangenen Abschnitte soll nun abschließend ein Definitionsversuch der Musikwirtschaftsforschung gewagt werden.

Die Musikwirtschaftsforschung ist die Wissenschaft vom Kulturgut „Musik" hinsichtlich ihrer Entstehung, Verbreitung und Wahrnehmung. Sie beschäftigt sich unter anderem mit den Strukturen, den Machtverhältnissen, den Informationsbedarfen der Marktbeteiligten, den Verwertungsketten und -rechten sowie Wertvorstellungen in der Musikwirtschaft. Dabei ist es ebenfalls ein zentraler Aspekt, zu erforschen, wie das Kulturgut „Musik" an sich entsteht, wie es sich verbreitet und (als kulturelles Gut) rezipiert/wahrgenommen/etabliert wird.

Erkenntnisgegenstand der Musikwirtschaftsforschung ist es insbesondere, die Musikwirtschaft mit ihren Besonderheiten zu charakterisieren, den Wandel zu verstehen, Transparenz zu schaffen und zur Ausgestaltung der Machtverhältnisse beizutragen. Zentrale Themenfelder, mit denen sich die Musikwirtschaftsforschung beschäftigt, inkludieren die Strukturen, Machtverhältnisse, Informationsbedarfe der Marktbeteiligten, Verwertungsketten, Urheber- und Verwertungsrechte sowie Wertvorstellungen etc. in der Musikwirtschaft.

Es ist festzuhalten, dass das Kulturgut Musik in sozialer Interaktion entsteht und einerseits in Live-Darbietungen (z. B. vokal oder mit Hilfenahme von Instrumenten oder Computern) oder andererseits durch das Abspielen von Aufnahmen weitergetragen wird. Die Rahmenbedingungen/Settings, in denen die Entstehung, Weiterverbreitung und Wahrnehmung von Musik stattfindet, bezeichnen wir als Musikwirtschaft; dabei ist das Vorhandensein eines kommerziellen Charakters – bzw. der „Austausch" von Musik oder damit verbundenen Leistungen gegen monetäre Einheiten – unerheblich.

Die Musikwirtschaftsforschung beschäftigt sich mitunter auch mit der Charakterisierung/Beschreibung dieser Settings und der stattfindenden Prozessabläufe zur Entstehung, Verbreitung und Wahrnehmung von Musik, wobei das Schaffen von Transparenz als Kernaufgabe gesehen wird. Diese Transparenz bezieht sich nicht nur auf die generische Beschreibung der Prozessabläufe, sondern die Musikwirtschaftsforschung möchte insbesondere Sorge tragen, dass alle, die am Markt beteiligt sind, für ihren Aktionsbereich Transparenz erlangen.

Unter anderem aufgrund ihrer engen Verknüpfung zur Kommunikations- und Informationstechnologie kommt der Informatik eine große Bedeutung in der durch Interdisziplinarität gekennzeichneten Musikwirtschaftsforschung zu. Dabei sind jene Teilbereiche der Informatik relevant, die sich mit Anwendung informatischer Methoden in der Musikwirtschaftsforschung beschäftigen bzw. auch jene Teilbereiche, die sich mit informatikeigenen Problemstellungen zur Lösung konkreter Probleme in der realen Welt der Musikwirtschaft auseinandersetzen. Im Gegensatz zu vielen anderen Disziplinen hat die Perspektive der Informatik in der Musikwirtschaftsforschung neben einem deskriptiven auch einen normativen Charakter; sie beschäftigt sich daher auch mit der Konstruktion und Evaluierung von Artefakten in der der realen Welt der Musikwirtschaft.

Literatur

Adler, M. (2006). Stardom and Talent. In V. A. Ginsburgh & D. Throsby (Hrsg) *Handbook of the economics of art and culture* (S. 896-906), Amsterdam: North Holland.

Anderson, C. (2006). *The Long Tail: Why the Future of Business is Selling Less of More*. New York: Hyperion.

Baskerville, R., Lyytinen, K., Sambamurthy, V., & Straub, D. (2011). A response to the design-oriented information systems research memorandum. *European Journal of Information Systems 20 (1)*, 11-15. doi: 10.1057/ejis.2010.56.

Bauer, C. (2012). *Bands as Virtual Organisations: Improving the Processes of Band and Event Management with Information and Communication Technologies*. Frankfurt am Main, Berlin, Bern, Bruxelles, New York, Oxford, Wien: Peter Lang.

Bauer, C., Kholodylo, M., & Strauss, C. (2017). *Music Recommender Systems: Challenges and Opportunities for Non-Superstar Artists*. 30th Bled eConference, Bled, Slovania, 18.-21. Juni.

Bauer, C., & Kratschmar, A. (2015). Designing a Music-controlled Running Application: a Sports Science and Psychological Perspective. *ACM SIGCHI Extended Abstracts of Conference on Human Factors in Computing Systems (CHI 2015)*, Seoul, South Korea, 18.-23. April.

Bauer, C., & Schedl, M. (2017). Introducing Surprise and Opposition by Design in Recommender Systems. *25th International Conference on User Modeling, Adaptation and Personalization (UMAP 2017)*: 2nd Workshop on Surprise, Opposition, and Obstruction in Adaptive and Personalized Systems (SOAP 2017), Bratislava, Slovakia, 9. Juli.

Bauer, C., & Strauss, C. (2015). *Educating artists in management: an analysis of art education programmes in DACH region. Cogent Education 2 (1)*. doi: 10.1080/2331186x.2015.1045217.

Bauer, C., & Strauss, C. (2017). The dark side of Web 2.0: From self-marketing to self-destruction of music artists. GRES-IT Workshop Proceedings. *Working Papers on Information Systems, Information Business and Operations, 02/2016*, Vienna, Austria, 22. September 2016.

Bauer, C., Viola, K., & Strauss, C. (2011). Management skills for artists: 'learning by doing'? *International Journal of Cultural Policy 17 (5)*, 626-644. doi: 10.1080/10286632.2010.531716.

Bauer, C., & Waldner, F. (2013). Reactive Music: When User Behavior affects Sounds in Real-Time. *CHI 2013 Extended Abstracts on Human Factors in Computing Systems*, Paris, France, 27. April – 2. Mai.

Baym, N. K. (2010). Rethinking the Music Industry. *Popular Communication 8 (3)*,177-180. doi: 10.1080/15405702.2010.493419.

Bernardo, F., & Marins, L. G. (2014). Disintermediation Effects on Independent Approaches to Music Business. *International Journal of Music Business Research 3 (2)*, 7-27.

Boer, D., Fischer, R., Strack, M., Bond, M. H., Lo, E., & Lam, J. (2011). How shared preferences in music create bonds between people: values as the missing link. *Personality and Social Psychology Bulletin 37 (9)*, 1159-1171.

Bonneville-Roussy, A., Rentfrow, P. J., Xu, M. K., & Potter, J. (2013). Music through the ages: trends in musical engagement and preferences from adolescence through middle adulthood. *Journal of Personality and Social Psychology 105 (4)*, 703-717.

Brown, R. A. (2012). Music preferences and personality among Japanese university students. *International Journal of Psychology 47 (4)*, 259-268.

Calandrino, J. A., Kilzer, A., Narayanan, A., Felten, E. W., & Shmatikov, V. (2011). „You Might Also Like:" Privacy Risks of Collaborative Filtering. *32nd IEEE Symposium on Security and Privacy* (SP 2011), Oakland, CA, 22.-25. Mai.

Caves, R. E. (2000). *Creative Industries: Contracts Between Art and Commerce*. Cambridge, MaA: Harvard University Press.

Cebrián, T., Planagumà, M., Villegas, P., & Amatriain, X. (2010). Music recommendations with temporal context awareness. *4th ACM Conference on Recommender Systems (RecSys 2010)*, Barcelona, Spain, 26.-30. September.

Celma, Ò., & Herrera. P. (2008). A New Approach to Evaluating Novel Recommendations. *2nd ACM Conference on Recommender Systems (RecSys 2008)*, Lausanne, Switzerland, 23.-25. Oktober.

Cheng, Z., & Shen, J. (2014). Just-for-Me: An Adaptive Personalization System for Location-Aware Social Music Recommendation. *International Conference on Multimedia Retrieval (ICMR 2014)*, Glasgow, UK.

Cheng, Z., & Shen, J. (2015). VenueMusic: A Venue-Aware Music Recommender System. *38th International ACM SIGIR Conference on Research and Development in Information Retrieval (SIGIR 2015)*, Santiago, Chile, 9.-13. August.

Coy, W., Nake, F., Pflüger, J.-M., Rolf, A., Seetzen, J., Siefkes, D., & Stransfeld, R. (Hrsg.) (1992). *Sichtweisen der Informatik, Theorie der Informatik*. Wiesbaden: Vieweg+Teubner Verlag.

Creswell, J. W. (2014). *Research Design: Qualitative, Quantitative, and Mixed Methods Approaches*. 4. Aufl., Los Angeles, London, New Delhi, Singapore, Washington, DC: Sage.

Daniel, R., & Daniel, L. (2014). Breaking down barriers: the implementation of work integrated learning strategies to transition creative and performing artists to industry. *Australian Collaborative Education Network Conference (ACEN 2014)*, Gold Coast Queensland, Australia, 1.-3. Oktober.

Ferwerda, B. Vall, A., Tkalcic, M., & Schedl, M. (2016). Exploring Music Diversity Needs Across Countries. *24th Conference on User Modeling, Adaptation and Personalization (UMAP 2016)*, Halifax, Canada, 13.-17. Juli.

Fleder, D., & Hosanagar, K. (2007). Recommender systems and their impact on sales diversity. *8th ACM Conference on Electronic Commerce (EC 2007)*, San Diego, CA, 11-15 June.

Hennekam, S., & Bennett, D. (2016). Self-management of work in the creative industries in the Netherlands. *International Journal of Arts Management 19 (1)*, 31-41, 97.

Hevner, A. R., March, S. T., Park, J., & Ram, S. (2004). Design science in information systems research. *Management Information Systems Quarterly 28 (1)*, 75-105.

Knees, P., Andersen, K., Said, A., & Tkalcic, M. (2016). Workshop on Surprise, Opposition, and Obstruction in Adaptive and Personalized Systems (SOAP). *UMAP 2016 Extended Proceedings: Workshop on Surprise, Opposition, and Obstruction in Adaptive and Personalized Systems (SOAP)*, Halifax, NS, CA, 16. Juli.

Kulle, J., (1998). *Ökonomie der Musikindustrie: Eine Analyse der körperlichen und unkörperlichen Musikverwertung mit Hilfe von Tonträgern und Netzen*. Frankfurt am Main: Peter Lang.

Langenheder, W., Müller, G., & Schinzel, B. (Hrsg.) (1992). Informatik cui bono?: *GI-FB 8 Fachtagung*, Freiburg, 23.-26. September 1992, Informatik aktuell. Berlin: Springer.

Laplante, A.. (2014). Improving music recommender systems: what can we learn from research on music tags? *15th International Society for Music Information Retrieval Conference (ISMIR 2014)*, Taipei, Taiwan, 27.-31. Oktober.

Limper, J., & Lücke, M. (Hrsg.). (2013). *Management in der Musikwirtschaft*. Edition Kreativwirtschaft. Stuttgart: Kohlammer.

March, S. T., & Smith, G. F. (1995). Design and natural science research on information technology. *Decision Support Systems 15 (4)*, 251-266.

Menger, P.-M. (1999). Artistic Labor Markets and Careers. *Annual Review of Sociology 25 (1)*, 541-574. doi: 10.1146/annurev.soc.25.1.541.

Michel, N. J. (2006). The impact of digital file sharing on the music industry: An empirical analysis. *Topics in Economic Analysis & Policy 6 (1)*, 1-22.

Mietzner, D., & Kamprath, M. (2013). A Competence Portfolio for Professionals in the Creative Industries. *Creativity and Innovation Management 22 (3)*, 280-294. doi: 10.1111/caim.12026.

Montag Stiftung Bildende Kunst Bonn, Akademie der bildenen Künste Wien & Verlag für moderne Kunst. (2008). *Job Descriptions: KünstlerInnen in einer veränderten Berufswelt. 3. Symposium der Reihe „Heraus aus dem Elfenbeinturm!"*, Nürnberg, 17.-18. Oktober.

Mulligan, M. (2013). The Death of the Long Tail: The Superstar Music Economy. *Media Insights & Decisions in Action*.

Österle, H. Becker, J., Frank, U., Hess, Th., Karagiannis, D., Krcmar, H., Loos, P., Mertens, P., Oberweis, A., & Sinz, E. J. (2010). Memorandum on design-oriented information systems research. *European Journal of Information Systems 20 (1)*, 7-10.

Peffers, K., Rothenberger, M., Tuunanen, T., & Vaezi, R. (2012). Design Science Research Evaluation. *7th International Conference on Design Science Research in Information Systems (DESRIST 2012)*, Las Vegas, NV, 14.-15. Mai.

Prat, N., Comyn-Wattiau, I., & Akoka, J. (2014). Artifact evaluation in information systems design-science research: a holistic view. *18th Pacific Asia Conference on Information Systems (PACIS 2014)*, Chengdu, China, 24.-28. Juni.

Pries-Heje, J., Baskerville, R., & Venable, J. R. (2008). Strategies for Design Science Research Evaluation. *European Conference on Information Systems (ECIS 2008)*, Galway, Ireland, 9.-11. Juni.

Rechenberg, P. (2000). *Was ist Informatik?* München: Hanser Fachbuch.

Schedl, M. (2016). The LFM-1b Dataset for Music Retrieval and Recommendation. *ACM International Conference on Multimedia Retrieval (ICMR 2016)*, New York, NY, 6.-9. Juni.

Schedl, M,, Gómez, E., & Urbano, J. (2014). Music Information Retrieval: Recent Developments and Applications. *Foundations and Trends in Information Retrieval 8 (2-3)*, 127-261.

Schelepa, S., Wetzel, P., & Wohlfahrt. G. (2008). *Zur sozialen Lage der Künstler und Künstlerinnen in Österreich: Endbericht*. Wien: L & R Social Research.

Schulze, G. (2003). Superstars. In R. Towse (Hrsg.), *A Handbook of Cultural Economics* (S. 431-436). Cheltenham, UK: Edward Elgar Publishing.

Seufert, W., Schlegel, R., & Sattelberger, F. (2015). *Musikwirtschaft in Deutschland: Studie zur volkswirtschaftlichen Bedeutung von Musikunternehmen unter Berücksichtigung aller Teilsektoren und Ausstrahlungseffekte*. Bundesverband Musikindustrie e. V.; Bundesverband der Veranstaltungswirtschaft e. V.; deutscher musikverleger-Verband e. V.; Europäischer Verband der Veranstaltungszentren e. V.; Gesellschaft zur Verwertung von Leistungsschutzrechten mbH LivemusikKommission e. V.; Society of Music Merchants e. V.; Verband der deutschen Konzertdirektionen e. V.; Verband unabhängiger musikunternehmen e. V.

Söndermann, M. (2010). *Monitoring zu ausgewählten wirtschaftlichen Eckdaten der Kultur- und Kreativwirtschaft 2010: Langfassung*. Köln: Büro für Kulturwirtschaftsforschung.

Song, Y., Dixon, S., & Pearce, M. (2012). A Survey of Music Recommendation Systems and Future Perspectives. *9th International Symposium on Computer Music Modelling and Retrieval (CMMR 2012)*, London, United Kingdom, 19-22 June.

Stigler, George J., & Becker, Gary S. (1977). De Gustibus Non Est Disputandum. *The American Economic Review 67 (2)*, 76-90.

Tschmuck, P. (2012). *Creativity and Innovation in the Music Industry*. 2. Aufl. Berlin, Heidelberg: Springer.

Venable, J. R., Pries-Heje, J., & Baskerville, R. (2012). A Comprehensive Framework for Evaluation in Design Science Research. *7th International Conference on Design Science Research in Information Systems (DESRIST 2012)*, Las Vegas, NV, 14.-15. Mai.

Venkatesh, V., Brown, S. A., & Bala, H. (2013). Bridging the qualitative-quantitative divide: Guidelines for conducting mixed methods research in information systems. *Management Information Systems Quarterly 37 (1)*, 21-54.

Wang, X., Rosenblum, D., & Wang, Y. (2012). Context-aware mobile music recommendation for daily activities. *20th ACM International Conference on Multimedia (MM 2012)*, Nara, Japan, 29. Oktober – 2. November.

Wilde, T., & Hess, Th. (2007). Forschungsmethoden der Wirtschaftsinformatik: Eine empirische Untersuchung. *Wirtschaftsinformatik 49 (4)*, 280-287.

Zhang, M., & Hurley, N. (2008). Avoiding Monotony: Improving the Diversity of Recommendation Lists. *2nd ACM Conference on Recommender Systems (RecSys 2008)*, Lausanne, Switzerland, 23.-25. Oktober.

Musikwirtschaftsforschung und das Internet

7

Wie sich nicht nur die Musikindustrie, sondern auch die Forschung verändert

Christian Handke

Zusammenfassung/Abstract

Zusammenfassung: Aus der Digitalisierung und Internetnutzung ergeben sich nicht nur weitreichende Veränderungen in der Musikwirtschaft. Auch für die Musikwirtschaftsforschung entstehen neue Möglichkeiten und Herausforderungen. Dieses Kapitel gibt einen aktuellen Überblick über Themen, Datenquellen und Methoden der Musikwirtschaftsforschung in diesem Zusammenhang, insbesondere aus sozialwissenschaftlicher Sicht. Das Kapitel zeigt auf, dass die akademische Literatur zur Musikwirtschaftsforschung in den letzten Jahren schnell gewachsen ist und heute auf vielfältigere Daten zurückgreift als in den vorherigen Jahrzehnten. Wichtige Themen sind: (1) der Urheberrechtsschutz und seine Alternativen, (2) die Folgen des digitalen Einzelhandels und der Rolle von Internetplattformen wie YouTube oder Spotify, (3) die Verfügbarkeit und Nutzung von digitalen Daten durch AkteurInnen in der Musikwirtschaft, sowie (4) die aktive Rolle von AmateurInnen und EndnutzerInnen in der Wertschöpfung durch sogenannte nutzergenerierte Inhalte oder nutzergetriebene Innovation in der Bewertung und Verbreitung von Musik.

Abstract: Digitalisation and the Internet are not only associated with swift and broad changes in the music business. They also constitute new challenges for music business research. This chapter surveys outstanding themes, data sources and methods for music business research in this context, in particular regarding applied social sciences. The chapter illustrates that the literature has grown rapidly over recent years and that it has come to draw on a much more diverse range of data sources than in previous decades. Important themes are: (1) copyright protection and its alternatives, (2) the implications of digital retailing and the rise of Internet-based platforms such as YouTube or Spotify,

(3) the use of rich digital data by stakeholders in the music business, as well as (4) the active role of amateurs and end-users in value creation, as evidenced by so-called user-generated content or user-driven innovation regarding the evaluation and dissemination of music.

Schlüsselbegriffe/Keywords

Schlüsselwörter: Musikindustrie, Musikwirtschaft, Digitalisierung, Internet, empirische Forschung, wissenschaftliche Methoden, technologischer Wandel, Bibliometrie

Keywords: Music industry, music business, digitalisation, Internet, empirical methods, technological change, bibliometrics

7.1 Einleitung

Die Musikwirtschaft verändert sich durch das Internet schnell und weitgehend. Die Verknüpfung immer leistungsfähigerer Informations- und Kommunikationstechnologie (IKT) über das Internet ermöglicht neue Formen der Herstellung, Verbreitung und Nutzung musikalischer Werke. Für die Musikwirtschaftsforschung ergeben sich aus dieser Entwicklung zwei grundlegende Herausforderungen. Einerseits ist die sogenannte Digitalisierung von großem praktischem und akademischem Interesse. Technologischer Wandel ist zu einem der wichtigsten Themen in der Forschung zur zeitgenössischen Musikwirtschaft geworden. Andererseits ergeben sich durch das Internet neue Möglichkeiten für die Forschung selbst. Mittlerweile wird zunehmend klar, dass Forschende zur Musikwirtschaft selbst vor einer ähnlichen Herausforderung stehen wie die ProtagonistInnen der Musikwirtschaft: Über Jahrzehnte entwickeltes Wissen und Routinen werden obsolet und zusehends durch neue Methoden ersetzt. Auch für uns als WissenschaftlerInnen tut sich der Vortex des digitalen Zeitalters auf, mit noch vor kurzem ungeahnten Möglichkeiten aber auch der Gefahr, dass weite Teile unserer älteren Kenntnisse und Erfahrungen entwertet werden.

Dieses Kapitel gibt einen aktuellen Überblick über Themen, Datenquellen und Methoden der Musikwirtschaftsforschung in diesem Zusammenhang, insbesondere aus sozialwissenschaftlicher Sicht. Abschnitt 2 stellt anhand bibliometrischer Daten dar, dass die akademische Literatur zur Musikwirtschaftsforschung in den letzten Jahren nicht nur schnell gewachsen ist. Die erfolgreichsten Veröffentlichungen nutzen heute auch vielfältigere Daten als in den vorherigen Jahrzehnten. Abschnitt 3 stellt neue Themen, Möglichkeiten und Herausforderungen für eine Internet-basierte Musikwirtschaftsforschung zusammen. Wichtige Themen sind: (1) nach wie vor der Urheberrechtsschutz und seine Alternativen, (2) die Folgen des digitalen Einzelhandels und der Rolle von Internetplattformen wie YouTube oder Spotify, (3) die Verfügbarkeit und Nutzung von digitalen Daten durch AkteurInnen in der Musikwirtschaft, sowie (4) die aktive Rolle von AmateurInnen und EndnutzerInnen in der Wertschöpfung durch sogenannte nutzergenerierte Inhalte oder nutzergetriebene Innovation in der Bewertung und Verbreitung von Musik. Das zentrale Motiv bezüglich wissenschaftlicher Methoden und dem Internet ist es, möglichst zielgerichtet mit der größeren Quantität und Qualität an Daten umzugehen, die derzeit mit relativ geringem Aufwand verfügbar gemacht werden können.

7.2 Trends in der Musikwirtschaftsforschung: Digitalisierung und Tauschbörsen als Initialzündung?

Mithilfe über das Internet abrufbarer, bibliometrischer Datenbanken lassen sich heute Daten zur Entwicklung von Forschungsgebieten ohne großen Aufwand zusammenstellen. Im Folgenden werden mit Thomson Reuters Web of Science (WoS) und Google Scholar zwei Datenbanken zu akademischen Veröffentlichungen genutzt, um wichtige Entwicklungen in der Musikwirtschaftsforschung darzustellen. Anhand dieser rudimentären Erhebung werden in Abschnitt 3 auch Herausforderungen erläutert, die in der Handhabung von digitalen Datenbanken bestehen. Zunächst soll aber dargestellt werden, auf welche grundlegenden Entwicklungen in der Musikwirtschaftsforschung die bibliometrischen Daten hinweisen.

7.2.1 Wie viel und von wem wird zur Musikwirtschaft geforscht?

Abbildung 7.1 und Tabelle 7.1 stellen die Anzahl an Fachartikeln in WoS dar, die den Begriff „music industry" im Titel oder Abstract enthalten. Die Ergebnisse sollten stark mit dem tatsächlichen akademischen Interesse an der Musikwirtschaft korrelieren. WoS nimmt nur relativ prestigeträchtige Publikationen auf, die vor allem in den besten Fachzeitschriften erschienen sind. Aufgrund unterschiedlicher

Veröffentlichungstraditionen in verschiedenen akademischen Disziplinen werden einige sozialwissenschaftliche Gebiete und vor allem geisteswissenschaftliche akademische Arbeiten weniger gut von WoS abgedeckt (Mongeon & Paul-Hus, 2015).

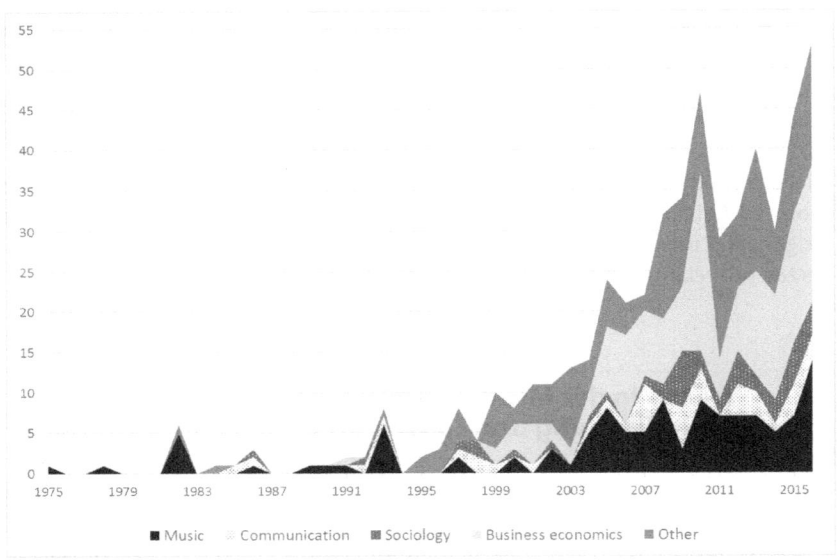

Abb. 7.1 Anzahl an Fachartikeln in WoS mit „music industry" im Titel oder Abstract und per Forschungsgebiet, 1975 bis 2016 (Daten gesammelt am 26. März 2017); eigene Darstellung

Als erstes fällt auf, dass die Anzahl der Artikel seit Mitte der 1990er Jahre stark gewachsen ist. In den 22 Jahren zwischen 1975 und 1996 ergibt die Suche im Schnitt 1,4 Fachartikel pro Jahr. Zwischen 1997 und 2016 finden sich dagegen 24 Artikel pro Jahr mit einer steigenden Tendenz. Allein für 2016 gab es mit 53 Artikeln genauso viele Ergebnisse wie für den gesamten Zeitraum zwischen 1975 und 1999. Es ist zwar zu beachten, dass WoS frühere Jahre schlechter abdeckt. Der in Abbildung 7.1 veranschaulichte Anstieg an prestigeträchtigen akademischen Publikationen zur Musikindustrie geht aber über diesen Effekt und den allgemeinen Trend zu mehr akademischen Fachveröffentlichungen hinaus. Dieser Anstieg der Veröffentlichungen zur Musikwirtschaftsforschung fällt zeitlich mit den Umwälzungen zusammen, die sich in der Musikwirtschaft seit den späten 1990er Jahren mit der Digitalisierung

7 Musikwirtschaftsforschung und das Internet

Tab. 7.1 Anzahl an Fachartikeln in WoS mit „music industry" im Titel oder Abstract und per Forschungsgebiet, 1975 to 2016 (Daten gesammelt am 26. März 2017)

Jahr	Alle Einträge auf WoS	Nur Fach- artikel	Fachartikel per Forschungsgebiet (geordnet nach der Summe)						
			Business economics	Music	Commu- nication	Socio- logy	Computer Science	Geo- graphy	Other
1975	1	1	1						
1976									
1977									
1978	2	1	1						
1979	2								
1980	1								
1981	2								
1982	6	6	5						1
1983									
1984	1	1							1
1985	8	1		1					
1986	10	2	1	1	1				
1987	4								
1988									
1989	2	1	1						
1990	1	1	1						
1991	3	2	1	1					
1992	4	2			1	1			
1993	9	8		6	1				1
1994	7								
1995	5	2						1	1
1996	6	3							3
1997	12	8	2	1	1			1	3
1998	4	4			2	2			
1999	13	10	2		1			1	6
2000	10	8	3	2		1		1	1
2001	16	11	5		1		2	1	2
2002	21	11	2	3		1	3		2
2003	21	13	2	1			3	3	4
2004	25	14	3	5	1	1	2		2
2005	29	24	8	8	1	1	3	1	2
2006	26	21	11	5	1		5		
2007	34	22	8	5	6	1		1	1
2008	45	32	8	9		2	3	4	6
2009	43	34	8	3	5	7	4	1	6
2010	60	47	22	9	4	2	1	3	6
2011	38	29	5	7		2	2	2	11
2012	48	32	8	7	4	4	3	1	5
2013	51	40	13	7	3	2	3	2	10
2014	57	30	13	5	1	3	2	2	4
2015	80	44	16	7	4	5	1	1	10
2016	68	53	17	14	3	4		1	14
2017	3	3	1		1				1
Summe	775	518	155	116	42	41	37	27	100

ergeben haben, wie zum Beispiel neuer Methoden zur Musikverbreitung über das Internet, zunächst auf sogenannten Tauschbörsen und später auch über den autorisierten digitalen Einzelhandel.

WoS teilt Artikel in Forschungsgebiete („research areas") ein. Im Zeitraum 1975 bis 1995 machte das Forschungsgebiet „music" die Mehrheit der Suchergebnisse aus. Dazu sind kommunikationswisschenschaftliche und soziologische Artikel gekommen und später Artikel aus den Bereichen Geographie, Wirtschaftswissenschaften und Computerwissenschaften (Informatik). In den letzten Jahren finden sich relevante Artikel in einer Vielzahl von Forschungsgebieten. Wirtschaftswissenschaftliche Arbeiten machen seit 1999 einen besonders großen Anteil aus, was aber auch an der vollständigeren Abdeckung quantitativer sozialwissenschaftlicher Arbeiten auf WoS liegen kann.

AutorInnen aus Deutschland (26), Österreich (5) und der Schweiz (5) sind an 34 Artikeln beteiligt, ohne Doppelzählungen durch mehrere AutorInnen, was 6,5 % aller Suchergebnisse entspricht, inklusive dreier Arbeiten auf Deutsch. (Nur ein Eintrag auf WoS enthält den Begriff „Musikwirtschaft" und keiner enthält „Musikindustrie".) Das Thema Musikwirtschaft scheint in den USA (166 Artikel), dem Vereinigten Königreich (89) aber auch in Australien (48) stärker ausgeprägt, zumal in vielen anderen Forschungsgebieten mehr akademische Fachartikel aus den drei überwiegend deutschsprachigen Ländern veröffentlicht werden als aus dem Vereinigten Königreich oder Australien. Allerdings ist auch hier zu berücksichtigen, dass WoS englischsprachige Veröffentlichungen und angelsächsische akademische Veröffentlichungstraditionen vollständiger abdeckt (van Raan, Van Leeuwen & Visser, 2011).

In jedem Fall weisen diese Daten darauf hin, dass die Musikwirtschaft seit den späten 1990er Jahren zu einem zunehmend populären und multidisziplinären Forschungsgebiet geworden ist.

7.2.2 Neue Datenquellen: Die Entwicklung in der quantitativen Forschung zur Diversität

Google Scholar (www.scholar.google.com) ist eine weitere Datenbank zu akademischen Veröffentlichungen. Google Scholar deckt sehr viel mehr Veröffentlichungen ab als WoS und beinhaltet zum Beispiel auch Bücher, Arbeitspapiere und von Wissenschaftlern verfasste Berichte. Zudem bezieht es im Gegensatz zu WoS den gesamten Text von Veröffentlichungen mit ein und nicht nur Titel und Abstracts. Der Google Scholar Algorithmus bildet eine Rangfolge nach der Relevanz von Veröffentlichungen zu von der NutzerIn eingegebenen Suchbegriffen. Mit dem

Suchbegriff „music industry" und ohne weitere Einschränkungen ergibt sich zum Beispiel eine Rangfolge von 147.000 Veröffentlichungen, einem Vielfachen der Einträge auf WoS.

Aus praktischen Erwägungen werden in der folgenden Erhebung auf Google Scholar nur originäre, quantitativ-empirische Artikel berücksichtigt, die in akademischen Fachzeitschriften veröffentlicht worden sind. Bücher, Buchkapitel, Arbeitspapiere und Berichte werden außen vor gelassen. Auch qualitative Empirie und konzeptionelle oder theoretische Veröffentlichungen sind ausgeschlossen. Die Beschränkung auf quantitativ-empirische Artikel hat den Vorteil, dass sich in solchen kurzen und eng fokussierten Veröffentlichungen die wesentlichen Datenquellen ohne großen Aufwand bestimmen lassen. Bei Buchveröffentlichungen ist dies zum Beispiel selten der Fall. Tschmuck (2012, deutsche Ausgabe 2003) ist beispielsweise ein von Google Scholar hoch gerankter Buch unter den seit 2010 aufgeführten Veröffentlichungen zur „music industry". Die Arbeit enthält vielfache (quantitative) Datenquellen, die sich nicht ohne weiteres tabellarisch zusammenfassen lassen.

Cookies wurden direkt vor den Suchen in der Datenbank gelöscht und der Suchvorgang wurde auf zwei unterschiedlichen Computern wiederholt. Die Ergebnisse waren konsistent. Siehe Abschnitt 3 zu Problemen mit der Validität der Daten.

Um zumindest halbwegs vergleichbare Veröffentlichungen zu betrachten, konzentriert sich die Erhebung in diesem Abschnitt zudem auf eines der wichtigsten Themen zumindest in der sozial- und wirtschaftswissenschaftlichen Literatur zur Musikindustrie: der Diversität im Markt für Tonaufnahmen. Die Bedeutung dieses Forschungsgebiets lässt sich gut belegen. Die drei von Google Scholar als am relevantesten gelisteten quantitativ-empirischen Studien zur „music industry" beschäftigen sich alle mit Diversität. Dies sind Peterson & Berger (1971) mit 390 Zitationen, und Lopes (1992) mit 335 Zitationen und Anand & Peterson (2000) mit 318 Zitationen auf den Rängen 4, 6 und 7 aller Suchergebnisse zu „music industry" (ohne zeitliche Beschränkung). Auf den restlichen Plätzen in den Top 10 finden sich Buchveröffentlichungen und/oder konzeptionelle Arbeiten. Das Themengebiet Diversität und entsprechende Suchbegriff ist daher gut geeignet, um einige weitere Entwicklungen in der Musikwirtschaftsforschung zu illustrieren.

Tabelle 7.2 stellt besonders relevante Suchergebnisse auf Google Scholar mit den kombinierten Suchbegriffen „diversity" und „music industry" zusammen und führt auch die zentralen Datenquellen auf. Erstens fällt auf, dass die Billboard Charts in den letzten Jahren als wichtigste Datenquelle ersetzt worden sind. Sowohl in der Dekade zwischen 1990 und 1999 und 2000 bis 2009 nutzten vier von fünf der relevantesten Artikel unterschiedliche Aspekte der Billboard Charts. Dagegen nutzt von den seit 2010 veröffentlichten Artikeln kein einziger die Billboard Charts oder sonstige Hitlisten. Stattdessen enthalten drei Artikel quantitative,

Tab. 7.2 Die relevantesten Suchergebnisse auf Google Scholar mit den kombinierten Suchbegriffen „diversity" und „music industry" über unterschiedliche Zeiträume (Daten gesammelt am 26. März 2017)

AutorInnen und Publikationsjahr[(2)]	Rangfolge im jeweiligen Zeitraum	Anzahl an Zitationen	Zitationen pro Jahr	Datenquelle zum Musikangebot/zu Muskanbietern
1990 to 1999				
Lopes 1992	1	335	13,4	Billboard charts
Christianen 1995	3	103	4,7	Database of a Dutch music library
Scott 1999	6	173	9,6	Billboard charts
Burnett 1993	10	36	1,5	Billboard charts
McCourt und Rothernbuhler 1997	12	34	1,7	Billboard charts
2000 to 2009				
Anand und Peterson 2000	4	318	18,7	Billboard charts
Huygens et al. 2001	8	213	13,3	Recording Industry Association of America; National Music Publishers' Association; International Federation of the Music Industry
Crain und Tollison 2002	12	53	3,5	Billboard charts
Lee 2004	22	33	2,5	Billboard airplay charts; Duncan Radio Market Guide
Lena 2006	46	75	6,8	Billboard charts on R ‚n' B
2010 to 2017				
Florida und Jackson 2010	3	74	10,6	National Endowment for the Arts database; NAICS codes
Gourvish und Tennent 2010	8	15	2,1	British Phonographic Industry Veröffentlichungen
Blanc und Huault 2014	13	24	8	Quantitative Inhaltsanalyse soziologischer und ökonomischer Literatur zur Musikindustrie mithilfe Computer-Software
Foster et al. 2011	16	63	10,5	Auszählung von „Entertainment listings" in The Boston Phoenix (unter anderem)
Dobusch und Schüßler 2014	18	22	7,3	Quantitative Inhaltsanalyse verschiedener Quellen, z. B. Nachrichten, mithilfe von Computer-Software

computergestützte Inhaltsanalysen sehr unterschiedlicher Quellen: der soziologischen und wirtschaftswissenschaftlichen Fachliteratur in Blanc & Huault (2014), in der Zeitung The Boston Phoenix aufgeführte Konzerte und Veranstaltungen in Foster et al. (2011) und verschiedene Medieninhalte zur Diskussion technologischer Veränderungen auf Musikmessen in Dobusch & Schüßler (2014). Zweitens ermöglichen reichhaltige Daten auf wöchentlicher oder sogar täglicher Basis und zu einer Vielzahl von Veröffentlichungen – von denen die große Mehrheit nie in den Charts auftauchen – auch quantitativ-empirische Untersuchungen zu kürzeren Zeiträumen, wie zum Beispiel in Gourvish & Tennent (2010), Foster, Borgatti & Jones, (2011) und Teilen von Dobusch & Schüßler (2014).

Tab. 7.3 Die relevantesten Suchergebnisse auf Google Scholar (.com) mit den kombinierten Suchbegriffen „long tail" und „music industry" (Daten gesammelt am 26. März 2017)

AutorInnen und Publikationsjahr[1]	Rangfolge im jeweiligen Zeitraum	Anzahl an Zitationen	Zitationen pro Jahr	Datenquelle zum Musikangebot/zu Muskanbietern
Dewan und Ramaprasad 2012	2	67	13.4	HypeMachine (music blog aggregator); Amazon.com; Nielsen Soundscan
Florida und Jackson 2010	3	74	10.6	National Endowment for the Arts database; NAICS Unternehmensklassifizierungen
Zhang 2016	4	16	16	Nielsen SoundScan
Hammond 2014	15	46	15.3	„Anonymous private tracker" zu file-sharing einzelner Musikalben; Nielsen Soundscan Daten zu Albumverkäufen
Aguiar und Martens 2016	18	70	70	Clickstream Daten von Nielsen NetView

Ein weiterer interessanter Vergleich ergibt sich aus Ergebnissen zu einem alternativen Suchbegriff auf Google Scholar: „long tail" kombiniert mit „music industry" (siehe Tabelle 7.3). Forschung zu Angebotsvielfalt in der Musikwirtschaftsforschung (sowie in vielen anderen von der Digitalisierung betroffenen Märkten) dreht sich heute auch vielfach um die Überprüfung und Bemessung der Long-tail-Hypothese (Brynjolfsson & Smith, 2000; Anderson, 2004). Es wird vermutet, dass insbesondere mit der Verbreitung des digitalen Einzelhandels der Marktanteil der größten Hits in Märkten für reproduzierbare Kulturgüter zurückgeht, und stattdessen mehr Umsätze durch Verkäufe einer Vielzahl von Nischenprodukten erzielt werden, als es im traditionellen Einzelhandel möglich war. Auf der Angebotsseite könnte eine solche Entwicklung durch geringere Lager- und Bereitstellungskosten getrieben werden. Auf der Nachfrageseite sinken online die Suchkosten für EndnutzerInnen, so dass es ihnen leichter fallen könnte, sich auch Angebote jenseits der großen Hits in Betracht zu ziehen.

Tabelle 7.3 listet die Top-5 Ergebnisse zu „long-tail" und „music industry" auf Google Scholar. Diese Literatur nutzt den Begriff „diversity" kaum und wird kaum unter den Top-Ergebnissen zu diesem Begriff aufgeführt (vgl. Tabelle 7.2). Die Ausnahme ist Florida & Jackson (2010). Anhand der Zitationen pro Jahr lässt sich aber nicht schlussfolgern, dass die Forschung zum Long Tail eine untergeordnete Rolle spielt. Zwar ist die absolute Zahl der Zitationen geringer als bei den mittlerweile ‚klassischen' Arbeiten zur Diversität aus den 1990er Jahren. Die durchschnittlichen Zitationen pro Jahr ergeben aber wahrscheinlich einen besseren Vergleich, und hier liegt der Wert für die fünf relevantesten Artikel zum Long Tail und Musikindustrie sogar höher, selbst wenn man den Extremwert von Aguair & Martens (2016) außer Acht lässt.

In den führenden Arbeiten der empirischen Literatur zur Long Tail-Hypothese werden Charts/Hitlisten nicht genutzt (siehe Tabelle 7.3). Zwei der relevantesten Artikel haben Daten von Webseiten erhoben (Dewan & Ramaprasad, 2012; Hammond, 2012). Vier nutzen Nielsen SoundScan Daten, wobei Aguiar & Martens (2016) keine Verkaufsdaten sondern sogenannte Clickstream-Daten desselben Marktforschungsunternehmens zur Verweildauer von NutzerInnen auf Musikeinzelhandelsplattformen im Internet betrachten. Florida & Jackson (2010), die wie gesagt auch mit dem Suchbegriff „diversity" hoch gelistet sind, nutzen als einzige weder Nielsen-Daten noch originär im Internet erhobene Daten.

Diese Suchergebnisse auf Google Scholar weisen auf zwei Entwicklungen in der Musikwirtschaftsforschung mit Bezug auf die Angebotsvielfalt hin. Zum einen hat sich die Datengrundlage der erfolgreichsten Artikel verändert. Hitlisten wie die von Billboard in den USA sind weitgehend ersetzt worden, und es werden vielfältigere Datenquellen erfolgreich genutzt. Zum anderen konzentrieren sich besonders erfolgreiche Arbeiten zur Vielfalt des Musikangebots heute nicht überwiegend auf die Industriestruktur und den Wettbewerb als Einflussfaktor sondern betrachten zunehmend vor allem, wie sich technologischer Wandel im Rahmen der Digitalisierung – und besonders die Verbreitung von Musik über das Internet – auf die Angebotsvielfalt auswirkt. Dabei beeinflussen sich Industriestruktur, Wettbewerb und technologischer Wandel allerdings wahrscheinlich gegenseitig, so dass es übertrieben wäre, von einem fundamentalen Perspektivwechsel zu sprechen.

7.3 Neue Möglichkeiten und Herausforderungen in der Musikwirtschaftsforschung

Abschnitt 2 hat anhand einiger beispielhafter bibliometrischer Daten Hinweise darauf gegeben, dass sich die Musikwirtschaft über die letzten Jahrzehnte verändert hat, und dass diese Veränderungen zumindest zeitlich mit der massenhaften Verbreitung von Musikaufnahmen über das Internet zusammenfallen. Dieser Abschnitt versucht einen Ausblick und führt eine Reihe aktueller und wahrscheinlich in der nahen Zukunft wichtigen Themen, Möglichkeiten und Herausforderungen in der Musikwirtschaftsforschung auf.

7.3.1 Forschungsthemen

Die Digitalisierung wirft für die Musikwirtschaftsforschung eine Vielzahl neuer Fragen auf. Seit den späten 1990er Jahren verändert sich die Musikwirtschaft schneller und weitreichender als in den Jahrzehnten zuvor (z. B. Tschmuck, 2003, 2012). Die zunehmende Nutzung und Weiterentwicklung digitaler IKT verändert, wie Musik erzeugt, verbreitet und genutzt wird. Die Musikindustrie, die Tonaufnahmen herstellt und vermarktet, ist direkt und fundamental betroffen, aber die technologische Entwicklung beeinflusst auch sämtliche anderen Aspekte der Musikwirtschaft.

In diesem Zusammenhang lassen sich viele wichtige Themen für die Musikwirtschaftsforschung identifizieren. Dieser Abschnitt schlägt besonders vier Themenbündel vor:

Ein erstes Bündel von Themen ergibt sich zum Beispiel aus dem unautorisierten digitalen Kopieren, aus Veränderungen von Urheberrechtsgesetzen und privaten oder hoheitlichen Maßnahmen zur Rechtsdurchsetzung oder anderen Ansätzen, eine Vergütung von Kreativen trotz unautorisierten Kopierens sicher zu stellen (Handke, 2012; Handke, Balazs & Vallbé, 2016).

Ein zweites Bündel von Themen betrifft die Entwicklung und Folgen des digitalen Einzelhandels und sonstiger, autorisierter Verbreitungsmethoden von Musik über das Internet. In letzter Zeit haben sich zum Beispiel insbesondere Musikabonnements wie von Spotify oder Deezer schnell verbreitet. Dadurch entfallen finanzielle Gründe für NutzerInnen, ihren Musikkonsum auf relativ wenige Werke zu beschränken (Brynjolfsson, Hu & Simester, 2011). Zudem können Empfehlungssysteme auf Musikabonnements die Auswahl von musikalischen Werken verändern (Ricci, Rokach, Shapira & Kantor, 2011). Die Folgen für die Angebotsvielfalt und den Wettbewerb zwischen Musikschaffenden sind von großem Interesse. Ein wichtiges Thema in diesem Bereich ist auch die mögliche Marktmacht und zentralisierte Kontrolle durch Internetplattformen (Handke, 2015).

Ein drittes Bündel von Themen betrifft die Verfügbarkeit und Nutzung von Daten. Online werden große Mengen an Daten erzeugt, die zur Marktforschung, zur Unterstützung von Promotionsmaßnahmen und als Grundlage für sonstige Entscheidungen von Musikanbietern dienen können (Mayer-Schönberger & Cukier, 2013). Darüber hinaus wird IKT dazu genutzt, die Eigenschaften musikalischer Werke zu analysieren, etwa um Erfolgsfaktoren zu identifizieren oder sogar neue musikalische Werke maschinell zu erzeugen (Miranda, 2013).

Tab. 7.4 Anzahl an Fachartikeln in WoS zu Suchbegriffen/Themengebieten in der Musikwirtschaftsforschung, 1975 bis 2016 (Daten gesammelt am 26. März 2017)

Themengebiet	Suchbegriffe	Anzahl an Treffern in Kombination mit „music industry"	Average year of publication
Copyright und unautorisiertes Kopieren	Copyright	64	2008,3
	Copying	16	2008,7
	Summe	90	*2008,4*
E-Commerce und Online-Plattformen	Retailing	9	2005,2
	E-commerce	8	2007,5
	Subscription	7	2008,7
	Summe	24	*2007,0*
	„e-Retailing", „digital retailing", „online retailing" und „Internet retailing" ergaben keine Treffer in Kombination mit „music industry".		
Big Data, Data Mining und Musik-Empfehlungssysteme	Big data	4	2015,0
	Data mining	1	2013
	Summe	5	*2014,6*
	„recommendation system" ergab keine Treffer in Kombination mit „music industry" und „recommendation" ergab überwiegend irrelevante Treffer; siehe die Erläuterung im Text zu einer großen Zahl an Veröffentlichung zu „music recommendation (systems)".		
Nutzergenerierte Inhalte, nutzergetriebene Innovation und Crowdfunding	User-generated content	2	2012,5
	Crowdfunding	1	2017
	Summe	3	*2014,0*
	„user-created content", „lead user", „user-producer interaction", „prosumption" und „produsage" ergaben keine Treffer in Kombination mit „music industry".		

Schließlich ist ein viertes Themenbündel die aktivere Rolle von AmateurInnen und EndnutzerInnen in der Wertschöpfung. Stichworte sind hier nicht nur nutzergenerierte Inhalte (User-generated Content; siehe z. B. Dhar & Chang, 2009; Van Dijck, 2009) sondern auch nutzergetriebene Innovation im Bereich der Verbreitung und Verwertung von Musik (Von Hippel, 2001; Banks & Deuz, 2009) oder Crowdfunding (Mollick, 2014).

Eine weitere rudimentäre Erhebung auf WoS deutet darauf hin, dass das Themenbündel Copyright (Urheberrecht und verwandte Leistungsschutzrechte) und unautorisiertes Kopieren in der Forschung zur Musikwirtschaft bisher bei Weitem am häufigsten betrachtet worden ist (siehe Tabelle 7.4). Insgesamt finden sich zu den vier ausgewählten Themenbündeln und jeweiligen Suchbegriffen in Kombination mit „music industry" 122 Fachartikel, was 23,6 % der gesamten Einträge auf WoS zu „music industry" ausmacht. Bemerkenswert ist zusätzlich eine große Anzahl an WoS-Einträgen zu „music recommendation" (82 „papers" und 167 „proceedings papers", durchschnittliches Veröffentlichungsjahr 2012,0) und „music recommendation system" (16 „papers" und 64 „proceedings papers", durchschnittliches Veröffentlichungsjahr 2010, 8) und ohne den weiteren Suchbegriff „music industry". Diese Veröffentlichungen kommen vor allem aus den Kategorien „computer science" und „electronic engineering" und beziehen sich nicht ausdrücklich auf die Musikindustrie oder Musikwirtschaft. In dieser akademischen Disziplin gelten Konferenzbeiträge bereits als prestigeträchtige Veröffentlichungen und Fachzeitschriften sind von geringerer Bedeutung, was die relativ große Zahl an „proceedings papers" erklären sollte.

Zu jedem einzelnen der hier ausgewählten vier Themen allein stellen sich bereits grundlegende Fragen für alle direkt an der Musikwirtschaft Beteiligten und die Musikwirtschaftsforschung. Zudem sind diese unterschiedlichen Entwicklungen aber auch vielfach miteinander verknüpft. Ein Ergebnis von gleichzeitigem Wandel in vielen Bereichen der Musikwirtschaft ist weitgehende Unsicherheit.

Auch für WissenschaftlerInnen wird es so besonders schwierig, kausale Zusammenhänge zu ermitteln, etwa um eine empirische Grundlage für Entscheidungen von Unternehmen oder Regulatoren zu entwickeln oder um evidenzbasierte, normative Bewertungen zu erzeugen (Handke, 2006). Die bessere Verfügbarkeit von Daten könnte diese Schwierigkeit zumindest teilweise aufwegen. Für die Musikwirtschaftsforschung besteht hier ein Paradox. Einerseits stehen Forschenden durch die Digitalisierung neue Mittel zur Verfügung, und die Nachfrage von EntscheidungsträgerInnen nach fundierten Informationen erhöht sich. Andererseits wird es in einem vielfach veränderlichen Umfeld schwieriger, Wirkungszusammenhänge zu ermitteln. Im Folgenden werden einige neue Möglichkeiten für die Musikwirtschaftsforschung in der Datenerhebung und Datenauswertung aufgelistet.

7.3.2 Datenerhebung

Internetbasierte Datenerhebung ergänzt das Repertoire der Musikwirtschaftsforschung. Traditionelle Mittel zur primären Datenerhebung in den empirischen Sozialwissenschaften sind Umfragen, alle Arten von Interviews oder ethnographische Methoden. Das Internet erleichtert nicht nur die Durchführung komplexer Befragungsmethoden. Vor allem werden detaillierte Informationen zu nahezu allen Online-Aktivitäten von NutzerInnen, AnbieterInnen oder sonstigen an der Musikwirtschaft Beteiligten gesammelt. Einige dieser Daten stehen für die akademische Forschung zur Verfügung. Zum Beispiel lassen sich je nach bevorzugter Methodologie viele im Internet veröffentlichte Texte als eine Art spontane, fortlaufende Umfrage oder als Interview behandeln und auswerten.

Soziale Medien bieten reichhaltige, qualitative Daten. Auf Einzelhandelsplattformen lassen sich nicht nur Kaufentscheidungen, sondern auch sonstiges Nutzerverhalten ständig und in Echtzeit beobachten. Zudem bieten digitale Datenbanken online – wie Musicbrainz, Discogs oder allmusic.com – detaillierte und preiswerte Informationen zum Musikangebot, die fortlaufend aktualisiert werden. So ist es zum Beispiel möglich, nicht mehr nur die Spitze des Eisbergs aus Hits zu betrachten, sondern den weitaus größeren Teil des Musikangebots, der nie in den Charts auftaucht. Besonders nützlich könnten auch online verfügbare Informationen zu Bewertungen durch EndnutzerInnen oder professionelle KritikerInnen werden, da diese Daten Indikatoren für den Wert musikalischer Werke sind, die über den Marktwert hinausgehen (Waldfogel, 2012). Selbst relativ gute Indikatoren für die Aufmerksamkeit, die MusikerInnen oder Werken zuteil wird, stehen zur Verfügung, etwa durch Google Trends. Schließlich bieten AnbieterInnen wie musicmetric.com zahlenden KundInnen an, viele Indikatoren aus Verkäufen und sozialen Medien zusammenzustellen.

In der wissenschaftlichen Praxis ergibt sich bei Internet-basierter Datenerhebung häufig eine Mischform aus primärer und sekundärer Datenerhebung. Die Forschenden haben zwar oft viele Optionen, spezifische Informationen abzufragen und haben sehr viel mehr Auswahlmöglichkeiten als zum Beispiel bei der Nutzung amtlicher Statistiken. Gleichzeitig findet die Datenerhebung aber innerhalb einer Infrastruktur statt, die von Unternehmen angeboten wird und deren Funktionsweise für Außenstehende selten vollständig dokumentiert und nachvollziehbar ist. Dies ist eines der fundamentalsten Probleme für die internetbasierte Forschung.

Anhand der rudimentären empirischen Evidenz in Abschnitt 2 lassen sich einige Problem gut erläutern. Bei WoS sind zum Beispiel die Grundzüge der Aufnahmekriterien für Fachzeitschriften zwar bekannt, aber ihre exakte Anwendung lässt sich von NutzerInnen nicht nachvollziehen. Die Auswahlkriterien von WoS haben sicher Auswirkungen auf das Ausmaß, in dem Forschungsergebnisse verschiedener akademischer Disziplinen oder aus verschiedenen Ländern erfasst werden. Zudem kann die Zuordnung von Veröffentlichungen in akademische Disziplinen fragwürdig sein. Zwar ist gut belegt, dass keine sonstige Datenbank besser als WoS geeignet ist, um Entwicklungen in akademischen Veröffentlichungen zusammenzufassen (e. g. Falagas, Pitsouni, Malietzis & Pappas, 2008; Archambault, Campbell, Gingras & Larivière, 2009). Es bleibt aber letztendlich umstritten, inwieweit auf WoS erhobene Daten valide Vergleiche zwischen Ländern, Disziplinen oder im Zeitverlauf zulassen. Noch akuter sind die Probleme bei der Nutzung von Google Scholar in Abschnitt 2. Hier haben wir uns auf die von einem Algorithmus entwickelte Rangfolge von Veröffentlichungen verlassen, um deren Relevanz zu ermitteln. Bei WoS ließe sich diese Rangfolge auf zwei klare, aber unvollständige Kriterien aufbauen: Erstens, kommen die Suchwörter im Titel oder Abstract vor? Zweitens, wie häufig ist der Artikel zitiert worden? Die Rangfolge in Google Scholar basiert dagegen auf den gesamten Text von Veröffentlichungen und Nutzungsdaten, und weicht deutlich von reinen Zitationszahlen ab. Zudem können Google Suchergebnisse personalisiert sein, und es bleibt unklar, ob und wie sich dies effektiv unterbinden lässt. Es besteht also die Wahl zwischen einem relativ kruden, aber etwas besser nachvollziehbareren Ranking auf WoS oder dem Vertrauen auf eine vermutlich raffiniertere, aber weitgehend intransparente Methode auf Google Scholar. Letztlich bleibt es eine Frage der persönlichen Beurteilung, inwieweit sich mit so erhobenen Daten glaubwürdige Ergebnisse erzielen lassen. Allerdings treten solche Probleme fast immer auf, wo Forschende sekundäre Daten nutzen. Praktisch keine NutzerIn sekundärer Daten kann absolut sicher sein, dass Daten unverfälscht und relevant sind. Das trifft auch auf Billboard Charts, Daten von Marktforschungsunternehmen wie Nielsen oder sogar amtliche Statistiken zur Musikwirtschaft zu. Es ist aber wichtig, diese Probleme bei der internetbasierten Forschung nicht zu ignorieren: Trotz aller Einflussmöglichkeiten bei der Datensammlung über das Internet sind Forschende regelmäßig in der Position sekundärer Nutzer, die nicht davon ausgehen können, dass ihnen alle relevanten Hintergrundinformationen zur Verfügung stehen.

Darüber hinaus waren die Suchanfragen, die in Abschnitt 2 genutzt wurden, primitiv. In ambitionierteren Datensammlungen mit semantischen Suchen wird oft viel Aufwand betrieben, um die tatsächliche Relevanz von Suchergebnissen zu kontrollieren und zu maximieren. Dabei entstehen leicht hohe Kosten, so dass hochwertige Datenerhebungen im Internet nicht preiswerter sein müssen als traditionelle Methoden. Zudem kann das Urheberrecht nach wie vor die Nutzung geschützter Werke zu Forschungszwecken einschränken (Handke, Guibault & Vallbé, 2015).

Schließlich nutzen Forschende häufig auch Webcrawler oder ähnliche Software, um Daten online zu sammeln. Allerdings versuchen viele Webseitenbetreiber solche ‚wilden' Datensammlungen zu verhindern oder zumindest zu begrenzen. Ein zentraler Teil der Geschäftsmodelle vieler großer Internetunternehmen besteht in der exklusiven Sammlung, Nutzung und Vermarktung von Daten. Das heißt zwar nicht, dass unabhängige, akademische ForscherInnen vollständig ausgeschlossen werden. Es gibt auch von kommerziellen Unternehmen wie Twitter oder Google hilfreiche Angebote zur Datensammlung. Letztendlich bleiben die Kontrolle und der Großteil der nützlichen Daten aber in den Händen der Plattformen. Unabhängige WissenschaftlerInnen werden auf absehbare Zeit nicht annähernd die Daten haben, die für manche MitarbeiterInnen großer Internetunternehmen zur Verfügung stehen.

7.3.3 Datenauswertung

Mit Hilfe des Internets lassen sich oft große Datenmengen zu relativ geringen Kosten zusammentragen. Das hat nicht nur Vorteile. Um sich in der Fülle der Informationen und Möglichkeiten nicht zu verlieren, ist es ist wichtiger denn je, klare Ziele zu entwickeln und zu bestimmen, welche Daten zum Erreichen dieser Ziele nötig sind.

Ein Reihe von Problemen können bei sogenanntem Data Mining auftreten, das heißt bei datengetriebener Forschung, die zumeist mit Hilfe von Software Strukturen in Datensätzen identifiziert, um erst anschließend Sinnzusammenhänge zu diskutieren. Ein offensichtliches Problem ist, dass bei einem solchen empirischen Vorgehen kaum Kriterien bestehen, welche Daten notwendig und wie viele Daten ausreichend sind. Für manche Unternehmen ist es heute möglich, kontinuierlich große Datenbanken aufzubauen und manchmal auch einfach nur ‚auf Vorrat' zu sammeln. Sozial- und GeisteswissenschaftlerInnen sollten mit ihren limitierteren Ressourcen zielgerichteter umgehen. Darüber hinaus fallen bei statistischen Analysen ausreichend großer Datensätze zwangsläufig signifikante Ergebnisse an, die nichtsdestotrotz rein zufällig sein können. Nach der Ermittlung von 1000 Regressionskoeffizienten werden allein aufgrund zufälliger Variabilität und ohne jeden validen Kausalzusammenhang im Schnitt 50 Koeffizienten signifikant auf dem 5 %-Niveau sein. Werden vorab keine spezifischen Zusammenhänge zur Untersuchung festgelegt, können also andere Konventionen in der statistischen Datenanalyse irreführend sein. Der Erkenntnisgewinn solcher Data Mining-Übungen für sich allein ist dann gering. Data Mining kann aber eine vorbereitende Rolle spielen, und zum Beispiel durch ausgefeiltere Forschungsdesigns oder Triangulation mit anderen Daten ergänzt werden.

In der Regel werden mit einer besseren Datenverfügbarkeit auch ambitioniertere empirische Arbeiten möglich. Kausale Zusammenhänge mit größtmöglicher Sicherheit zu bestimmen, kann von großer sozialer Relevanz sein. Durch solide Ergebnisse, die oft erst durch eine Vielzahl von empirischen Arbeiten zu verwandten Fragen entstehen, können die wahrscheinlichen Folgen von Handlungsoptionen besser abgeschätzt werden. Experimentelle Forschungsdesigns gelten bei ausreichender Datenlage als das effektivste Mittel, Wirkungszusammenhänge zu bestimmen. Insbesondere quasi-experimentelle Forschungsdesigns sind in den letzten Jahren in Studien zu Urheberrecht und Musikwirtschaft erfolgreich genutzt worden (z. B. Handke, 2012; Adermon & Liang, 2014; Danaher & Smith, 2014). Um einen möglichst großen gesellschaftlichen Nutzen bei der Auswertung internetbasierter Daten zu erzielen, scheint es ratsam, quasi-experimentelle Forschung in Betracht zu ziehen (Shadish, Cook & Campbell, 2002).[1] Dies gilt meines Erachtens nach auch für qualitative Forschung und Inhaltsanalysen qualitativer Daten, wie topic modelling oder Netzwerkanalysen (siehe Handke & Herzog, im Erscheinen).

7.4 Fazit

In der Debatte um technologischen Wandel in der Musikwirtschaft ist vielfach beklagt worden, wie schwer sich führende Unternehmen getan haben, neue Möglichkeiten zu erkennen und im eigenen Interesse und dem Interesse von MusikerInnen und NutzerInnen zu gestalten (z. B. Dolata, 2008). Mittlerweile wird zusehends klar, dass auch die akademischen ForscherInnen zur Musikwirtschaft geradezu dazu verdammt sind, neue Möglichkeiten zu nutzen und weiterzuentwickeln. Es ist nicht immer bequem, noch mal von vorne anzufangen.

Dieses Kapitel zeigt auf, wie schnell die akademische Literatur zur Musikwirtschaft seit den späten 1990er Jahren gewachsen ist, und dass sich die bevorzugten Datenquellen in den Top-Veröffentlichungen verändert haben.

Die Digitalisierung wirft grundlegende Fragen für die Musikwirtschaft auf, zum Beispiel zur Rolle von Eigentumsrechten, bei der Entwicklung zentraler Plattformen zur Verbreitung kreativer Werke online, zur Bedeutung vielfältigerer Informati-

---

1 Kritische LeserInnen werden bemerkt haben, dass die deskriptive Datenanalyse im Abschnitt 2 dieses Kapitels kein quasi-experimentelles Design annähert, da nicht einmal ein Treatment präzise bestimmt wird. Vorrangiges Ziel in diesem Abschnitt ist es, zu zeigen, dass sich die Musikwirtschaftsforschung verändert, nicht warum sie sich verändert, auch wenn wir auf das zeitliche Zusammenfallen der Internet-Verbreitung von Musik und auf einen Boom in der Musikwirtschaftsforschung hinweisen.

onen über das Verhalten von Akteuren in der Musikwirtschaft oder zum Beitrag von AmateurInnen und EndnutzerInnen für Wertschöpfung und Innovation. Es ist alles andere als leicht, sich in der heutigen Musikwirtschaft oder in der Musikwirtschaftsforschung so etwas wie einen Überblick zu erarbeiten. Hoffentlich gibt dieses Kapitel eine nützliche Grundlage.

Vor allem sollte dieses Kapitel an der Musikwirtschaftsforschung Interessierte dazu anregen, reichhaltigere Daten mit cleveren Forschungsdesigns zu kombinieren, um überzeugende Forschung zu betreiben. Insbesondere mithilfe quasi-experimenteller Ansätzen sollte es zum Beispiel möglich sein, eine bessere empirische Entscheidungshilfe für Akteure und Regulatoren der Musikwirtschaft zu erzeugen.

Literatur

Adermon, A., & Liang, C. Y. (2014). Piracy and music sales: The effects of an anti-piracy law. *Journal of Economic Behavior und Organization* 105 (September 2014), 90-106.

Aguiar, L., & Martens, B. (2016). Digital music consumption on the internet: evidence from clickstream data. *Information Economics and Policy* 34 (März 2016), 27-43.

Anand, N., & Peterson, R. A. (2000). When market information constitutes fields: Sensemaking of markets in the commercial music industry. *Organization Science* 11(3), 270-284.

Anderson, C. (2004). The Long Tail. *Wired Magazine* 12(10). Verfügbar unter http://www.wired.com/wired/archive/12.10/tail.html [16. Mai.2017].

Archambault, É., Campbell, D., Gingras, Y., & Larivière, V. (2009). Comparing bibliometric statistics obtained from the Web of Science and Scopus. *Journal of the Association for Information Science and Technology* 60(7), 1320-1326.

Banks, J., & Deuze, M. (2009). Co-creative labour. *International Journal of Cultural Studies* 12(5), 419-431.

Blanc, A., & Huault, I. (2014). Against the digital revolution? Institutional maintenance and artefacts within the French recorded music industry. *Technological Forecasting and Social Change* 83 (March 2014), 10-23.

Brynjolfsson, E., & Smith, M. (2000). Frictionless commerce? A comparison of Internet and conventional retailers. *Management Science* 46(4), 563-585.

Brynjolfsson, E., Hu, Y., & Simester, D. (2011). Goodbye Pareto principle, hello long tail: The effect of search costs on the concentration of product sales. *Management Science* 57(8), 1373-1386.

Burnett, R. (1993). The popular music industry in transition. *Popular Music and Society* 17(1), 87-114.

Christiansen, M. C. (1995). Cycles in symbol production? A new model to explain concentration, diversity and innovation in the music industry. *Popular Music* 14(1), 55-93.

Crain, W. M., & Tollison, R. D. (2002). Consumer choice and the popular music industry: A test of the superstar theory. *Empirica* 29(1), 1-9.

Danaher, B., & Smith, M. D. (2014). Gone in 60 seconds: the impact of the Megaupload shutdown on movie sales. *International Journal of Industrial Organization* 33 (March 2014), 1-8.

Dewan, S., & Ramaprasad, J. (2012). Research note – Music blogging, online sampling, and the long tail. *Information Systems Research* 23, 1056-1067.

Dhar, V., & Chang, E. A. (2009). Does chatter matter? The impact of user-generated content on music sales. *Journal of Interactive Marketing*, 23(4), 300-307.

Dobusch, L., & Schüßler, E. (2014). Copyright reform and business model innovation: Regulatory propaganda at German music industry conferences. *Technological Forecasting and Social Change* 83 (March 2014), 24-39.

Dolata, U., (2008). Das Internet und die Transformation der Musikindustrie. *Berliner Journal für Soziologie* 18(3), 344-369.

Falagas, M. E., Pitsouni, E. I., Malietzis, G. A., & Pappas, G. (2008). Comparison of PubMed, Scopus, Web of Science, and Google Scholar: Strengths and weaknesses. *The FASEB Journal* 22(2), 338-342.

Florida, R., & Jackson, S. (2010). Sonic city: The evolving economic geography of the music industry. *Journal of Planning Education and Research* 29(3), 310-321.

Foster, P., Borgatti, S. P., & Jones, C. (2011). Gatekeeper search and selection strategies: Relational and network governance in a cultural market. *Poetics* 39(4), 247-265.

Gourvish, T., & Tennent, K. (2010). Peterson and Berger revisited: Changing market dominance in the British popular music industry, c. 1950–80. *Business History* 52(2), 187-206.

Hammond, R. G. (2014). Profit Leak? Pre-Release File Sharing and the Music Industry. *Southern Economic Journal* 81(2), 387-408.

Handke, C. (2006). Plain Destruction or Creative Destruction? Copyright Erosion and the Evolution of the Record Industry. *Review of Economic Research on Copyright Issues* 3(2), 29-51.

Handke, C. (2012). A Taxonomy of Empirical Research on Copyright – How Do We Inform Policy? *Review of Economic Research on Copyright Issues* 9(1), 47-92.

Handke, C. (2012). Digital copying and the supply of sound recordings. *Information Economics and Policy* 24(1), 15-29.

Handke, C. (2015). Digitization and Competition in Copyright Industries: One Step Forward and Two Steps Back? *Homo Oeconomicus* 32(2), 209-236

Handke, C., & Herzog, C. (2017). Experimental methods in media policy research. In L. van Audenhove, H. von den Bulck, K. Donders, & M. Puppis (Hrsg.) *Palgrave Handbook of Media Policy Research Methods* (im Erscheinen). Basingstoke: Palgrave.

Handke, C., Bodó, B., & Vallbé, J.-J. (2016). Going means trouble and staying makes it double: the value of licensing recorded music online. *Journal of Cultural Economics* 40(3), 227-259.

Handke, C., Guibault, L., & Vallbé, J.-J. (2015). Is Europe Falling Behind in Data Mining? Copyright's Impact on Data Mining in Academic Research. Verfügbar unter https://ssrn.com/abstract=2608513 [16. Mai 2017].

Huygens, M., Van Den Bosch, F. A., Volberda, H. W., & Baden-Fuller, C. (2001). Co-evolution of firm capabilities and industry competition: Investigating the music industry, 1877-1997. *Organization Studies* 22(6), 971-1011.

Lee, S. S. (2004). Predicting cultural output diversity in the radio industry, 1989-2002. *Poetics* 32(3), 325-342.

Lena, J. C. (2006). Social context and musical content of rap music, 1979-1995. *Social Forces* 85(1), 479.

Lopes, P. D. (1992). Innovation and diversity in the popular music industry, 1969 to 1990. *American Sociological Review* 57(1), 56-71.

Mayer-Schönberger, V., & Cukier, K. (2013). *Big data: A revolution that will transform how we live, work, and think*. Boston: Houghton Mifflin Harcourt.

McCourt, T., & Rothenbuhler, E. (1997). SoundScan and the consolidation of control in the popular music industry. *Media, Culture and Society* 19(2), 201-218.

Miranda, E. R. (2013). *Readings in music and artificial intelligence*. New York: Routledge.

Mollick, E. (2014). The dynamics of crowdfunding: An exploratory study. *Journal of Business Venturing* 29(1), 1-16.

Mongeon, P., & Paul-Hus, A. (2016). The journal coverage of Web of Science and Scopus: a comparative analysis. *Scientometrics* 106(1), 213-228.

Peterson, R. A., & Berger, D. G. (1971). Entrepreneurship in organizations: Evidence from the popular music industry. *Administrative Science Quarterly* 16(1), 97-106.

Ricci, F., Rokach, L., Shapira, B., & Kantor, P. B. (2011). *Recommendation systems handbook*. Heidelberg: Springer.

Shadish, W. R., Cook, T. D., & Campbell, D. T. (2002). *Experimental and quasi-experimental designs for generalized causal inference*. Boston: Wadsworth Cengage learning.

Tschmuck, P. (2003). *Kreativität und Innovation in der Musikindustrie*. Innsbruck: Studien-Verlag.

Tschmuck, P. (2012). *Creativity and Innovation in the Music Industry*, 2. Auflage, Berlin, Heidelberg: Springer.

Van Dijck, J. (2009). Users like you? Theorizing agency in user-generated content. *Media, Culture and Society* 31(1), 41-58.

Von Hippel, E. (2001). Innovation by user communities: Learning from open-source software. *MIT Sloan Management Review* 42(4), 82.

Waldfogel, J. (2012). Copyright protection, technological change, and the quality of new products: Evidence from recorded music since Napster. *The Journal of Law and Economics* 55(4), 715-740.

Zhang, L. (2016). Intellectual property strategy and the long tail: Evidence from the recorded music industry. *Management Science*. http://dx.doi.org/10.1287/mnsc.2016.2562

Die Ökonomie der musikalischen Praxis
Musikwirtschaft als Forschungsgegenstand der (Musik-)Soziologie

8

Michael Huber

Zusammenfassung/Abstract

Zusammenfassung: Die musiksoziologische Forschungsperspektive der Musikwirtschaft interessiert sich für die gesellschaftlichen Voraussetzungen und Rahmenbedingungen musikwirtschaftlicher Strukturen, Prozesse und Praktiken. Musiksoziologie beschreibt und analysiert musikwirtschaftliche Phänomene über die Beobachtung und Interpretation von sozialem Handeln, das zu Wertschöpfung führt. Sie fragt nach der Wirkung von formalen und informellen Regeln und Ressourcen auf die Entstehung, Entfaltung und Veränderung von musikwirtschaftlichen Praktiken, Institutionen und Wertungen. Ein besonderes Interesse dieser Forschung gilt zumeist sozialen Ungleichheiten oder Veränderungen bzw. Trägheitserscheinungen gesellschaftlicher Tatbestände und den daraus sich ergebenden Auswirkungen auf die musikalische Praxis. Dabei ist eine Reihe von analytischen Trennungen zu beachten, wie etwa jene nach Umgangsmusik, Darbietungsmusik und Übertragungsmusik. Aus der jeweils interessierenden Fragestellung ergibt sich dann die individuelle Schwerpunktsetzung unter Anwendung der entsprechenden Methoden.

Abstract: The music sociology research aspect of the music economy looks at the societal conditions for structures, processes and practices within that economy. The sociology of music describes and analyses economic phenomena within the music economy, by observing and interpreting social behaviour that leads to the creation of value. It examines the effect of formal and informal rules and resources on the origin, development and transformation of practices, institutions and evaluations within the music economy. This research focuses in particular on social inequalities or shifts – or indeed apparent inertia within society – and their effect on the way music is produced and consumed. Researchers must take account of a range of analytical divisions, such as those relating to sociability music, performance music, and transmission music. Applying the appropriate methods to the corresponding questions yields the individual strategic focus.

> **Schlüsselbegriffe/Keywords**
>
> Schlüsselwörter: Soziologie, Forschung, Gesellschaft, Strukturen, Prozesse, Praktiken, soziales Handeln, soziale Ungleichheit, sozialer Wandel, musikalische Praxis
>
> Keywords: Sociology, research, society, structures, processes, practices, social behaviour, social inequality, social change, music practice.

8.1 Was macht die (Musik-)Soziologie? Eine Einleitung

Die (musik-)soziologische Perspektive auf Musikwirtschaft gilt vor allem den darin vollzogenen und beobachtbaren Praktiken und Prozessen im Spannungsfeld von Musikangebot und Musiknachfrage. Konzeptionell formuliert wird dies durch Kurt Blaukopfs Festlegung: *„Musiksoziologie ist Sammlung der für die Veränderungen der musikalischen Praxis relevanten gesellschaftlichen Tatbestände und Ordnung dieser Tatbestände nach ihrem Bedeutungsgrad für die zu untersuchenden Veränderungen"* (Blaukopf, 2010 [1969], S. 90). Es geht also um dynamische Prozesse, um Handlungen, um Praxis, um jegliches Agieren im Zusammenhang mit Musik. Und es geht um die Rahmenbedingungen des Agierens, die unterschiedlich gestaltet sein können, je nachdem was im Vordergrund der Betrachtung steht: das Musikschaffen, die Musikvermittlung oder die Musikrezeption. Musikwirtschaft lässt sich somit musiksoziologisch als Summe alltäglicher, ökonomischer Handlungen und Interaktionen einzelner Menschen betrachten, als eines von vielen verschiedenen Handlungssystemen, die sich zu gesellschaftlichen Tatbeständen verdichten. Die Musiksoziologie der Wiener Schule, die auf das Werk Blaukopfs aufbaut, zeichnet sich durch besondere Qualitäten aus, in denen sie sich klar von der systematischen Musikwissenschaft abgrenzt. Zum einen ist aufgrund der Ergebnisoffenheit und der perspektivischen Breite ihrer Forschung das Prinzip der Interdisziplinarität ebenso unumgänglich wie es Grenzüberschreitungen zu Nachbardisziplinen sind, vor allem zur Sozialpsychologie und zur Organisationssoziologie. Methodologisch ergibt sich aus dem Kerninteresse an sozialem Handeln eine Fundierung in den Sozialwissenschaften mit ihren Werkzeugen der empirischen Sozialforschung. So kann etwa ein Tonträger nicht nur als Werk oder als Ware betrachtet werden, sondern die Soziologie fragt auch, welche AkteurInnen in welchen Funktionen etwas dazu beigetragen haben, damit am Ende einer Handlungskette dieses Produkt vorliegen konnte.

Der US-amerikanische Soziologe Paul Hirsch hat die Kernaufgabe der Tonträgerindustrie als Herausfiltern jener Inputs aus dem kreativen Sektor beschrieben, die dann höchstwahrscheinlich den Geschmack des Publikums treffen werden. Die dabei wirksamen Filter wirken wie „Gatekeeper", sie lassen nur durch, was mit der Veröffentlichungspolitik des Hauses konform geht. In der arbeitsteilig organisierten Tonträgerindustrie wird diese Aufgabe Schritt für Schritt mit immer feinerem Ergebnis von folgenden Instanzen erfüllt: *„Recording Artist, Record Producer, Record Company Policymakers, Regional Promoter, Inter-Industry Trade Papers, Top 40 Radio Station Programm Directors, the Public"* (Hirsch, 1973, S. 20f.). Mit Hilfe dieser einzelnen Instanzen, die in einem symbiotischen Verhältnis zusammen wirken, sollen Fehlinvestitionen weitgehend ausgeschlossen werden. Aus musiksoziologischer Sicht ist nun einerseits interessant, wie diese jeweiligen Funktionen durch konkrete Praktiken realisiert werden, wer die dort aktiven Menschen sind und wie diese agieren. Dabei zeigt sich sowohl in konkreten Fallbeispielen (Huber, 2001) als auch in der Zusammenschau (Negus, 1992), dass durch den nicht zu berechnenden Faktor des menschlichen Versagens bisweilen Erfolge in diesem System erzielt werden, die bei nichtabweichendem Verhalten unwahrscheinlich wären. Eines der größten Hit-Alben der österreichischen Popmusikgeschichte wäre beispielsweise nie entstanden, wenn der Autor und Komponist sich an bisherige Erfolgsregeln gehalten hätte, wenn er sich von seiner eigensinnigen Vision hätte abbringen lassen, wenn sich sein Manager durch reihenweise Absagen hätte entmutigen lassen, wenn ein unabhängiger Produzent nicht auf eigenes Risiko den Song aufgenommen hätte, wenn ein regionaler Plattenfirmenchef gewusst hätte, dass dessen Vorgesetzter das Projekt bereits abgelehnt hatte, wenn eben dieser Plattenfirmenchef nicht dem Produzenten zuliebe zugesagt hätte – es handelt sich um Hubert von Goiserns *Aufgeigen statt niederschiassn*. Der Mehrwert einer musiksoziologischen Betrachtungsweise ergibt sich also aus der genauen Dokumentation und Analyse der sozialen Praxis bzw. der tatsächlichen musikwirtschaftlichen Abläufe, jenseits aller Modelle und Pläne. Menschliches Handeln ist auch von Irrationalitäten geprägt, und diese Irrationalitäten lassen sich unter soziologischer Perspektive wissenschaftlich erfassen und analysieren. Daraus muss keineswegs eine Einengung auf Devianz-Forschung folgen. Abweichungen brauchen als Bezugsgröße ein idealtypisches Verhalten, und eben diese Verhaltensmuster lassen sich etwa mit quantitativen Methoden der empirischen Sozialforschung verlässlich beobachten und beschreiben.

8.2 Methodische Herausforderungen der (musik-)soziologischen Forschung

Die Bandbreite soziologischer Perspektiven auf musikalische Praxis ist groß, und so ist es unumgänglich, im Forschungsalltag Fokus- und Konkretisierungen vorzunehmen. Auf welche Weise dies geschehen kann, sei in der Folge dargestellt. Dabei ist zu betonen, dass Entscheidungen für oder gegen bestimmte Schwerpunktsetzungen einerseits aus Kapazitätsgründen unumgänglich sind, dass dabei jedoch Willkür vermieden werden sollte. So selbstverständlich dieses Prinzip anmutet, stellt es für den konkreten Fall keine Trivialität dar. Ausgangspunkt muss immer eine klare Forschungsfrage sein, aus der sich dann die Wahl von geeigneten Methoden zwangsläufig ergibt. Diese Forschungsfrage jedoch ist erstens immer daraufhin zu überprüfen, ob sie sich tatsächlich auf gesellschaftliche Tatbestände bezieht, die empirisch fassbar sind. Zweitens ist immer zu beachten, ob sich aus den zu erwartenden Forschungsergebnissen verlässlich ableiten lässt, welche Bedeutung diese (neuen) Tatbestände für welche Ausprägungen der musikalischen Praxis haben. Je konkreter einerseits diese Zusammenhänge dargestellt werden, und je besser sie sich andererseits verallgemeinern lassen, desto sinnvoller und ertragreicher ist die Forschung. Will man etwa darstellen, welche Veränderungen sich für das Musikleben durch die Digitalisierung ergeben haben, steht man vor einer ganzen Reihe von unumgänglichen Einschränkungsentscheidungen, um diese große Frage zu zerlegen und somit bearbeitbar zu machen. Dass Digitalisierung ein gesellschaftlicher Tatbestand ist, das steht ebenso außer Frage wie ihre Relevanz für Veränderungen der musikalischen Praxis. Nun gibt es jedoch viele Möglichkeiten, im Detail zu zeigen, welche Aspekte der Digitalisierung zu welchen konkreten Veränderungen musikalischer Praxis führen. Die erste Möglichkeit einer analytischen Gliederung der Forschungsfrage wäre hier jene nach Entstehungszusammenhang, Verbreitungszusammenhang und Aneignungszusammenhang. Auf jede dieser Sphären hat sich der gesellschaftliche Tatbestand Digitalisierung dramatisch ausgewirkt. Aber auf welche davon wie stark? Und auf welche zuerst? Und auf welche Weise hat sich diese fortgepflanzt und die anderen beeinflusst? Hier ist nach den speziellen Merkmalen von Digitalisierung zu fragen, nach den Bereichen, Funktionen, Abläufen, die durch sie am stärksten und nachhaltigsten verändert wurden.

8.2.1 Beispiel 1: Veränderungen durch die Digitalisierung

Für das Musikleben war es mit Sicherheit die Möglichkeit, Schallereignisse in einem binären Code abzubilden und als solchen über Datenleitungen zu transportieren. Es ist also der Verbreitungszusammenhang, über den hier der Wandel seine stärksten Ausprägungen erfahren hat. Aber auch im Bereich des Musikschaffens hat sich einiges geändert. Infolge der neuen technologischen Rahmenbedingungen haben sich auch die Produktionsmittel verändert, und so ist es nun möglich, Klänge mit Hilfe kostengünstiger Computerhard- und -software zu generieren, zu synthetisieren und zu verarbeiten, ohne ein herkömmliches Musikinstrument zu verwenden bzw. jemals erlernt zu haben und ohne auf ein (meist) teures Tonstudio angewiesen zu sein. Im Bereich der Komposition elektronischer (Kunst)Musik kann man nun weitgehend auf Notationen verzichten, da mit den generierten Musikfiles der Klang unmittelbar präsent ist und nicht mehr der (potentiell fehlerhaften) Repräsentation durch ein Symbol bedarf. Für Kooperationen im Musikschaffen wiederum ergibt sich nun die Möglichkeit, unfertige Musikstücke in Sekundenschnelle als Datenfile ans andere Ende der Welt zu versenden und von Partnern weiterentwickeln zu lassen. Doch hier berühren wir schon den Verbreitungszusammenhang, denn es geht darum, aufgenommene Musik jemandem zukommen zu lassen, ohne sie dafür auf Tonträger bannen zu müssen. Auch für die Musikrezeption wurden durch die Digitalisierung neue Geräte entwickelt, die vor allem hinsichtlich der Mobilität des Musikhörens dramatische Veränderungen des Musikalltags offensichtlich machen. Was die Kapazität der transportierbaren Information und damit der Wahlmöglichkeiten betrifft, sind hier die Industriegesellschaften im 21. Jahrhundert in neue Dimensionen vorgestoßen. Und trotzdem, die entscheidende Qualität liegt im neuen Verbreitungspotential. Was die alltägliche musikalische Praxis und somit die gesamtgesellschaftliche Bedeutung von Musik am stärksten verändert hat, ist die Möglichkeit, Musik direkt auf das Endgerät der HörerInnen zu schicken, ohne Zwischenschaltung einschränkender Gatekeeper. Musikwirtschaftlich betrachtet hat der damit einhergehende Kontrollverlust der phonographischen Industrie zu einem Musiküberangebot geführt, was wiederum die Rahmenbedingungen für Musikschaffende radikal verändert hat. Dieser Befund gilt in dieser Deutlichkeit allerdings nur, wenn wir unseren Blick auf den Bereich der aufgenommenen Musik richten, welche ja nur *ein* Aspekt musikalischer Praxis ist. Von Heinrich Besseler (1959) konzipiert und von Konrad Niemann (1974) erweitert, hat sich im Rahmen musiksoziologischer Betrachtung die Unterscheidung von Umgangsmusik, Darbietungsmusik und Übertragungsmusik etabliert.[1] Das berücksichtigend, ist der Befund einer Krise der Musikindustrie ungenau und partiell falsch, da im Bereich der Darbietungsmusik alles andere als Krisenstimmung herrscht. In den 1980er Jahren wurden Konzertveranstalter noch als „Wurmfortsatz der Schallplattenindustrie" betrachtet (Rösing, 1987, S. 23). Wie sehr nun der Livemusikbereich von der Internetrevolution profitiert hat, zeigt sich sowohl am Publikumsverhalten als auch an der neuen Stärke der Veranstalter. Madonna hat schon 2008 den multinationalen Tonträgerkonzern Warner verlassen und ihr Schicksal in die Hände von Live Nation gelegt. Und ein Teil der Geldausgaben, die sich MusikkonsumentInnen ersparen, weil aufgenommene Musik gratis[2] im Internet verfügbar ist, wird nun vermehrt in Livekonzerte investiert (Page, 2011). Trotz deutlich gestiegener Kartenpreise ist die Nachfrage nach Darbietungsmusik stärker denn je, auch wenn dieser Zugang noch immer ungleich seltener stattfindet als die Rezeption von Übertragungsmusik.[3]

8.2.2 Beispiel 2: Selbsttätiges Musizieren als (musik-)soziologischer Forschungsgegenstand

Die aufwändigste und von den drei genannten Zugängen am seltensten praktizierte Möglichkeit, Musik zu erleben und zu erfahren, ist das selbsttätige Musizieren. In der Regel hat es eine jahrelange regelmäßige Übepraxis zur Voraussetzung, und fast immer sind dafür spezielle räumliche, materielle sowie soziale Ressourcen und Gegebenheiten nötig. Mit dem damit einhergehenden hohen Investitionsaufwand steigt auch der Eindruck, den diese Art des Musikhörens bei den Musizierenden hinterlässt. Im direkten Gegensatz dazu steht die Übertragungsmusik, die vor allem im Internetzeitalter durch einen niederschwelligen Zugang und beiläufige Rezeption gekennzeichnet ist. Übertragungsmusik zu hören, ohne dies gewollt zu haben, ist bereits zu einem gesundheitspolitischen Problem geworden (Frith, 2003). Obwohl also die Musizierpraxis relativ selten ist, und obwohl sie üblicherweise im privaten Rahmen stattfindet, ist sie für die Musikwirtschaftsforschung interessant. Die

---

1 Kurt Blaukopf hat als englische Bezeichnungen dafür „sociability music", „performance music" und „transmission music" vorgeschlagen (Fußnote in Niemann, 1974, S. 49).

2 Gratismusik im Internet meint sowohl illegale Angebote als auch legale werbefinanzierte Angebote.

3 Bei einem (inflationsbereinigten) Vergleich der einkommensträchtigsten Konzerttourneen aller Zeiten zeigt sich, dass aus den Top 20 fast alle nach 2005 stattgefunden haben. Lediglich die Rolling Stones waren auch früher sehr erfolgreich, wurden es jedoch mit zunehmendem Alter noch mehr (www.billboard.com, www.pollstar.com).

Investitionen in Musikinstrumente, in Räume und in Unterricht sind beträchtlich und tragen in Ländern wie Österreich und Deutschland in relevantem Ausmaß zur Wertschöpfung bei (IHS, 2012; Bundesverband Musikindustrie, 2015). Eine mögliche musiksoziologische Fragestellung in diesem Bereich gilt dem Verhältnis von Angebot und Nachfrage verschiedener musikalischer Erfahrungsmöglichkeiten sowie den Konsequenzen, die das für den gesellschaftlich wahrgenommenen Wert des jeweiligen Praxisfeldes hat. Welche Organisationen bieten welche Möglichkeiten zu singen, zu musizieren? Inwiefern ist dies ein Wirtschaftsfaktor? Wie sieht die Konzertlandschaft aus, und wer sind die (fünfzig Prozent) ÖsterreicherInnen, die die entsprechenden Angebote tatsächlich wahrnehmen (Huber, 2018)? Welche Rolle spielen hier Ticketpreise und Haushaltseinkommen, und wie steht es um die Investitionsfreude in Zusammenhang mit dem Preisverfall von Übertragungsmusik? Inwiefern lässt sich daraus auf die gesellschaftliche Wertschätzung aufgenommener Musik rückschließen? Was bedeutet es für aufgenommene Musik, als Datenbündel über das Internet transportierbar zu sein? Inwiefern steigert das ihre Bedeutung für den alltäglichen Gebrauch, und schlägt sich dies auch in ihrem Geldwert nieder?

8.2.3 Beispiel 3: Musikalischer Wandel und soziologische Analyse

Eine besondere Herausforderung für die Musikwirtschaft ergibt sich in historischen Übergangsphasen, wie wir sie nun wieder mit der Digitalisierung seit den 1990er Jahren erleben. Hier ist die Musiksoziologie in einer ihrer Kernkompetenzen gefragt, stellt doch sozialer Wandel eine der zentralen Thematiken soziologischer Gesellschaftsanalyse dar. Kurt Blaukopf hat mit seiner Mediamorphosen-Theorie anschaulich dargelegt, wie die Entwicklung neuer Produktionsmittel oder neuer Medien des Musiktransports das Musikschaffen vor völlig neue Rahmenbedingungen stellt (Blaukopf, 1989). Vom Pianoforte über den Notendruck bis zur Übermittlung des Schalls via Rundfunkwellen und seine Speicherung auf Tonträgern hat der Versammlungszwang als Voraussetzungen für Musikerlebnisse schrittweise an Bedeutung verloren. Mit zunehmenden Freiheitsgraden auf Seite der RezipientInnen ist nun der Einfallsreichtum der Musikschaffenden und der MusikvermittlerInnen gefordert, das Konsuminteresse zu kontrollieren und in monetarisierbare Bahnen zu lenken. Alfred Smudits (2002) hat mit seinen Ausführungen zur digitalen Mediamorphose das beschrieben, was wir nun als jüngsten Entwicklungsschritt erleben. Das bringt für die musikalische Praxis und für die Musikwirtschaft so grundlegende Innovationen mit sich, dass wir getrost von einem Paradigmenwechsel sprechen können (Tschmuck, 2008). Die Möglichkeit, Musik in eine Abfolge von

Ja/Nein-Entscheidungen (binärer Code) zu verwandeln, als solche über Datenleitungen zu transportieren und bei der EmpfängerIn wieder in Klang umwandeln zu lassen, macht sie (wieder) zu einem potentiell öffentlichen Gut. Zwei Jahrzehnte Erfahrung mit dem Internet haben gezeigt, dass es mit diesem Schritt unmöglich wurde, die Verbreitung von Information – und damit auch von Musik – vollständig zu kontrollieren. Genau dies war jedoch ökonomische Grundlage der phonographischen Industrie, die Macht, eine – von ihr ausgewählte – Musik nur jenen zukommen zu lassen, die dafür etwas hergeben. Aus den von den Industrieverbänden regelmäßig veröffentlichten Absatzzahlen[4] lassen sich anschauliche Darstellungen musikwirtschaftlicher Konjunkturverläufe erstellen. Die Musiksoziologie versucht jedoch tiefer zu gehen, sie fragt nach den dahinter stehenden Machtverschiebungen, nach veränderten Regeln und Ressourcen, nach dem Können und Müssen an den zentralen Knotenpunkten des Interaktionsnetzwerks Musikwirtschaft.

Im Analogzeitalter hatte eine MusikliebhaberIn, z. B. ein Fan der Rolling Stones, eine überschaubare Palette an Möglichkeiten, Musik seiner Lieblinge zu erleben. Die aufwändigste Methode war wohl jene, ein Musikinstrument zu erlernen und – am besten mit Gleichgesinnten – die Musik nachzuspielen. Die erste Erscheinungsform einer österreichischen Pop/Rock-Szene war von diesem Bemühen geprägt, internationale Vorbilder bestmöglich zu imitieren (Larkey, 1993). In den frühen 1970er Jahren wurde dieser Zugang auf der Ebene des Laienmusizierens so beliebt, dass er makrosoziologische Relevanz bekam und eine Thematisierung als „New Patterns of Musical Behaviour of the Young Generation in Industrial Societies" erfuhr (Blaukopf, 1974). Die zweite Möglichkeit eines Rezeptionszugangs bestand darin zu warten und zu hoffen, dass die Gruppe an einem für den Fan erreichbaren Ort ein Konzert gibt. Durch die digitale Mediamorphose wurden die beiden Zugänge über Umgangsmusik und Darbietungsmusik etwas erleichtert, aber im Wesentlichen stellen sie sich auch heute noch so dar wie vor fünfzig Jahren. Der dritte Zugang bestand lange Zeit vor allem darin, die relevanten Tonträger zu erwerben. Dieser Akt brachte eine vergleichsweise große Unabhängigkeit in der Gestaltung der Rezeptionssituation, war jedoch davor mit einer Reihe von Einschränkungen und Zwängen verbunden, die eine Angehörige der Generation Web 2.0 kaum nachvollziehen kann. Es begann schon damit, dass überhaupt nur ein Bruchteil jener Musik, die den Plattenfirmen angeboten worden war, dann auch tatsächlich im Handel landete. Das Tonträgergeschäft war im Wesentlichen ein hoch riskantes Kreditgeschäft, und nur um die zehn Prozent der Produktionen waren letztendlich gewinnbringend (Frith, 1987) – und mussten die übrigen 90 Prozent mitfinanzieren. Daher bestand die Hauptaufgabe der unterschiedlichen

---

4 www.ifpi.org

Gatekeeper darin, nur ausgewählte Musik und nur so geformt durch die Produktionsfilter zu lassen, dass sie den gut erforschten Geschmack einer vordefinierten Zielgruppe treffen würde. Die Interessierten erfuhren aus den Massenmedien, aus Fachzeitschriften oder durch die begleitende Konzerttournee der MusikerInnen, dass eine bestimmte Musik angeboten wird. Ein großer Teil der veröffentlichten Musik blieb jedoch ungehört, einfach weil ein potentielles Publikum nie davon erfuhr.[5] Das Werbebudget der Plattenfirmen war begrenzt, und im Sinne einer Ökonomie der hohen Absatzzahlen war es am ertragreichsten, sich nur auf wenige besonders erfolgsträchtige Projekte zu konzentrieren. War auch diese Hürde auf dem Weg von der UrheberIn zu den HörerInnen überwunden, musste von Letzteren ein Schallplattengeschäft aufgesucht werden, in dem der Tonträger dann tatsächlich angeboten wurde. Beschränkte Lager- und Verkaufsflächen zwangen den Einzelhandel zur Selektion, und so fiel auch hier wieder ein Teil des Angebots unter den Tisch. Hatte man es als Musikschaffender trotz allem erreicht, sein Produkt verfügbar zu machen, konnte man sich in der Regel dieses Umstands nur für einige Wochen erfreuen. Die industrielle Produktion brachte laufend Konkurrenz auf den Markt, und Tonträger, die vor mehr als einem halben Jahr erschienen waren, gingen – auch aufgrund des begrenzten Regalplatzes in Musikgeschäften – zurück an den Großhandel oder an die Plattenfirmen. Nur ein sehr beschränktes Repertoire an Topsellern war längerfristig verfügbar. Alle anderen Bestände aus dem Backkatalog waren ebenso schwierig zu bekommen wie Sonderauflagen oder Repertoire, das nur für bestimmte Märkte bestimmt war. Welch ein Erfolg für den Fan war es, unter diesen Rahmenbedingungen einen Tonträger jenseits des Mainstreams erworben zu haben. Der Wert so einer Errungenschaft war ungleich höher, als er es in einer Zeit sein kann, wo ein rascher Griff zum Smartphone das Weltrepertoire von knapp 40 Millionen Titeln in Sekundenschnelle erklingen lässt. Die digitale Mediamorphose hat also zu einer gravierenden Machtverschiebung geführt, hat die bestehende Strukturen in ihren Grundfesten erschüttert. Nicht mehr die Tonträgerindustrie und die mit ihr verbundenen Vertriebs- und Werbefirmen legen fest, was gehört werden kann. Im Zeitalter Web 2.0 ist die übertragungsmusikalische Praxis der RezipientInnen vor allem eine Konsequenz ihres Geschmacks – ein Geschmack, der freilich sozialisationsbedingt ist (Bourdieu, 1979; Parzer, 2011). Und sie ist die Konsequenz der Kompetenz und der Zeitkapazität, die es braucht, um im Überangebot jene Musik zu entdecken, die individuelle Bedürfnisse am besten befriedigt.

---

5 So ein Fall ist z. B. im Spielfilm *Searching for Sugarman* dokumentiert. Auch der globale Erfolg des Son Cubano hat die Protagonisten des Buena Vista Social Club mit jahrzehntelanger Verzögerung ereilt.

8.3 Musik, soziale Strukturen und soziale Ungleichheiten

Die uneingeschränkte Verfügbarkeit von Musik über Internet und Smartphone hat alte soziale Ungleichheit durch neue ersetzt. Mit dem Internet als Transportweg kann niemand mehr gehindert werden, seine Musik einem Massenpublikum anzubieten.[6] Die Ungleichbehandlung der Kreativen durch VertreterInnen der phonographischen Industrie hat damit ihren existenziellen Schrecken verloren. An dessen Stelle ist eine weit verbreitete Ratlosigkeit getreten, wie in diesem unkontrollierten Überangebot die Aufmerksamkeit eines zahlungswilligen Publikums ausgerechnet auf die selbst angebotene Musik gelenkt werden kann. Fluch und Segen des Web 2.0 liegen darin, dass sich zwar über Facebook, Twitter etc. eine Fangemeinde direkt ansprechen lässt, dass jedoch bei Nichtnutzung dieser Kanäle ein relevantes Publikumssegment nicht mehr erreicht wird. Das Nutzungsverhalten im Web 2.0 weist darauf hin, dass ‚Digital Natives' sich weniger für Musik per se interessieren, sondern vor allem mit Geschichten über MusikerInnen zu gewinnen sind.[7] Das Erfolgsgeheimnis erfolgreicher Twitter-Stars wie Katy Perry, Beyoncé oder Justin Bieber liegt darin, den ihnen Folgenden in nie dagewesenem Ausmaß inszenierte Einblicke in ihr Privatleben zu gewähren. Musikschaffende, die diese neue Vermarktungslogik nicht befolgen, bleiben in ihrem Kommunikationsradius auf eine Kernzielgruppe beschränkt. Mit der digitalen Revolution hat sich nun ein Nebeneinander jener entwickelt, die die neuen Kommunikationsmöglichkeiten geschickt nutzen, und jener, die sich dem verweigern und einen Habitus wie in Vor-Internetzeiten kultivieren. Ähnliches gilt für die RezipientInnenseite. Als Pierre Bourdieu (1979) den nonchalanten Umgang mit Musikangeboten der Hochkultur als Ausweis einer gesellschaftlichen Höherstellung beschreiben konnte, war tatsächlich sehr stark durch das Herkunftsmilieu festgelegt, welche Musik jemand hörte. Nach extensiven empirischen Untersuchungen im Paris der 1970er Jahre beschrieb Bourdieu den Kulturkonsum der herrschenden Klasse als strategisches Handeln, über das Abgrenzung gegen die beherrschten Klassen erfolgte. Demnach war das Hören von Klassischer Musik oder der Besuch einer Opernvorstellung vor allem ein symbolischer Akt, mit dem den Angehörigen der Unterschicht (und auch sich selbst) signalisiert wurde, wer hier gesellschaftlich das Sagen habe. Als Währung dieses neuen Klassenkampfes beschrieb Bourdieu das kulturelle Kapital, das sich

---

6   Totalitäre Staaten sind hier auszunehmen.
7   In eine ähnliche Richtung verweist das Phänomen, dass es junge Leute gibt, die Vinylschallplatten kaufen, obwohl sie keinen Schallplattenspieler besitzen (Savage, 2016). Offenbar ist das Hörenwollen nur einer von mehreren möglichen Antrieben, Tonträger zu kaufen.

aus erworbener Schulbildung, erworbenen Kulturgütern und der Kompetenz zusammensetzt, ‚legitime' Kultur „adäquat" zu rezipieren. Angehäuft wird dieses kulturelle Kapital vor allem durch die primäre Sozialisation in der Familie und durch Verfeinerung und Verstärkung in entsprechenden Schulen. Diese Homologiethese erregte viel Aufsehen und führte zu vielen kritischen Auseinandersetzungen. Vor allem im Zuge der aus der Individualisierungsthese (Beck, 1983) sich entwickelnden Lebensstilforschung wurde das Gegenargument vorgebracht, dass in weitgehend egalitären Gesellschaften der Kulturkonsum vor allem der Erlebnisgenerierung diene (Schulze, 1992), und dass in einer modernen Mediengesellschaft die Jugend hin zur musikalischen Selbstsozialisation tendiere (Müller & Rhein, 2006). Zweifellos ist es unter den neuen Rahmenbedingungen der Informationsfreiheit nun auch Angehörigen der dominierten Klassen relativ problemlos möglich, legitime Kultur zu konsumieren und sich im Entschlüsseln ihrer Codes zu üben. Trotzdem zeigt sich deutlich, dass nach wie vor bestimmte Musikstile von bestimmten sozialen Schichten bevorzugt bzw. weitgehend abgelehnt werden (Huber, 2018).

Erwähnenswert ist auch Petersons (1992) These von der Herausbildung eines neuen Typus, des musikalischen Allesfressers. Diesen Typus, der durch breiten und toleranten Musikgeschmack seine moralische Überlegenheit signalisiert, findet Peterson vermehrt in der liberalen urbanen Oberschicht. Gleichsam unbeeindruckt davon liefert die Sozialstrukturanalyse als Methodenwerkzeug der Soziologie verlässlich Erkenntnisgewinne über eine ganze Reihe von Ungleichheitsfaktoren jenseits von sozialer Schicht. So ist etwa ethnische Zugehörigkeit in Einwanderungskulturen wie den USA besonders relevant, im deutschen Sprachraum ist dieser Aspekt unter den Schlagworten Migrationshintergrund bzw. Bi-Musikalität thematisiert worden. Geschlechtsspezifische Verhaltensweisen spielen aus der Makroperspektive vor allem bei der generellen Kulturaffinität eine Rolle. Relativ wenig Beachtung erfährt die Stadt-Land-Dichotomie des Musiklebens, die vor allem in Österreich eine bedeutende Rolle spielt. So sehr mit der Marktdurchdringung von Internet und Smartphone die Übertragungsmusik bis in abgelegene Regionen vordringt, für Umgangs- und Darbietungsmusik spielt die Bevölkerungsdichte der Wohnregion eine entscheidende Rolle. Nicht zuletzt die österreichische Bundespräsidentenwahl 2016 hat gezeigt, dass in urbanen und ruralen Regionen unterschiedliche Lebenswelten dominieren, was sich auch im Musikleben widerspiegelt (Huber, 2018). Im Bereich der Umgangsmusik ist hier das Laienmusizierwesen der ruralen Regionen zu nennen, das von Chören, Blasmusikkapellen und Instrumentalmusikschulen höchster Qualität getragen wird. Im Bereich der Darbietungsmusik wäre es geradezu fahrlässig, die Angebotsstrukturen nicht zu berücksichtigen, die in größeren Städten ungleich reichhaltiger ausgebildet sind als in dünn besiedelten Regionen.

Der Mangel an Alternativen dürfte auch ein wesentlicher Grund für den Erfolg des dichten Vereins- und Musikschulwesens in ruralen Gebieten sein.

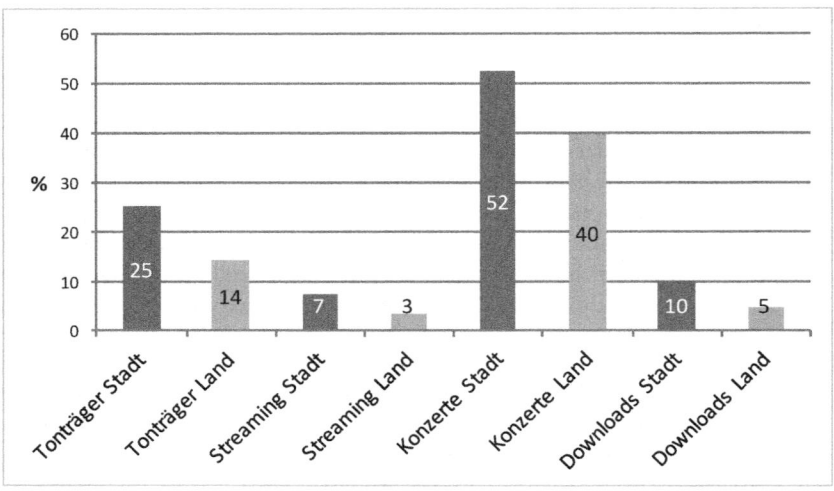

Abb. 8.1 Anteil jener, die mehr als 10 Euro pro Monat investieren (Huber, 2018)

An oberster Stelle hinsichtlich der Bedeutung der sozialstrukturellen Ungleichheitsmerkmale in Hinblick auf die musikalische Rezeptionspraxis sind jedoch das Alter und die Schulbildung zu nennen. Der Altersaspekt, von Bourdieu noch vernachlässigt, erscheint mit der Lebensstilforschung nach Schulze (1992) und seither in allen repräsentativen Erhebungen als zentrale Kategorie, wenn Unterschiede in der musikalischen Praxis thematisiert werden. Im Bereich Pop/Rock, dem umsatzstärksten Segment der phonographischen Industrie, spielt die Jugend als Kernzielgruppe eine besondere Rolle. Ab Mitte des 20. Jahrhunderts hat sich in Industriestaaten der Umgang mit populärer Musik als bevorzugter Weg etabliert, die entwicklungsbedingten Aufgaben Identitätsfindung und Ablösung vom Elternhaus zu bewältigen. Vor dem Teenageralter und danach sind andere Themen zentral, die eine zeitintensive und kostenaufwändige Beschäftigung mit Musik erschweren. So war es auch legitim und geradezu angebracht, dass sich die Musikindustrie in ihrer Kommunikation jahrzehntelang fast ausschließlich an die Jugend gewandt hat. Auch in der Musikwirtschaftsforschung besteht die Tendenz, sich in der Analyse auf besonders auffällige Phänomene, wie etwa die neuen musikalischen

Verhaltensmuster der Digital Natives, zu beschränken (Collopy & Bahanovich, 2012). Gleichzeitig bleibt oft unberücksichtigt, dass nach wie vor beträchtliches Potential bei jenen KonsumentInnen liegt, deren musikalische Sozialisation in der Ära der materiellen Tonträger erfolgt ist. Die Problemfelder Musikpiraterie, Facebook, YouTube oder Blockchain erhitzen bisweilen die Gemüter, und es ist verlockend, sich in der Erforschung musikalischer Praxis zuerst einmal an jene zu wenden, die mit Internetbefragungen einfach erreichbar sind. In Deutschland und Österreich generiert jedoch die phonographische Industrie mehr als die Hälfte ihrer Einkünfte nach wie vor über Tonträger, und diese werden gerade nicht von Jugendlichen bevorzugt.[8] Nicht wenige spektakulär erscheinende Entwicklungen erfahren also eine wesentliche Relativierung, sobald sie einer Prüfung hinsichtlich ihrer gesamtgesellschaftlichen Relevanz unterzogen werden. Musiksoziologische Forschung kann hier mit ergebnisoffenen Forschungsansätzen und einem makrosoziologischen Ansatz dafür sorgen, dass der Blick nicht zu eng wird.

8.4 Musik, soziale Arbeitsteilung und soziale Kooperation

So sehr Pierre Bourdieu den Einfluss des Alters auf musikalische Praxis vernachlässigt hat, so zentral war für ihn die Bedeutung von Bildung. Er hat dies unter den Aspekten „kulturelles Kapital" und „Habitus" eingehend behandelt und Erkenntnisse gewonnen, die bis heute Bestand haben. Für die Musikwirtschaft ist dieser Ansatz insofern interessant, als damit das ökonomische Kapital nur *ein* Faktor der Nachfragesteuerung ist. Welche Musik rezipiert wird, und vor allem wie sie rezipiert wird, kann nach Bourdieu als zwingende Konsequenz der primären Sozialisation gesehen werden, die sich im Habitus einschreibt. Erst aus dem Erleben einer Musikkultur, aus der Wahrnehmung als selbstverständliches Merkmal der eigenen Identität, aus einer unhinterfragten Rezeptionspraxis über Jahre hinweg ergibt sich jene Vertrautheit, jene Breite und Tiefe von Kompetenz und Wahrnehmungsfähigkeit, die als hohe Ausstattung mit kulturellem Kapital bezeichnet werden kann. Weder das Geld des Neureichen noch der Ehrgeiz der AufsteigerIn kann diesen Erfahrungsrückstand aufholen. Und nichts davon wird die Eingeweihten darüber hinwegtäuschen, dass eine Kennerschaft zu spät errun-

---

8 Auch der aktuelle Vinylboom ändert nichts daran. Laut GfK-Marktstudien sind 79,8 Prozent der Vinylkäufer über 30 Jahre alt, vor allem die 40- bis 60jährigen sind hier stark vertreten. (https://de.statista.com/statistik/daten/studie/315168/umfrage/alter-struktur-der-kaeufer-von-vinyl/).

gen wurde. Wenn man das zu Ende denkt, kommen die möglichen Interventionen institutioneller Musikerziehung zu spät, erfolgen sie doch nach den entscheidenden Weichenstellungen. Aus einem Schulsystem, das alle SchülerInnen mit gleichem Input versorgt, profitieren dann jene umso mehr, deren Grundkompetenz schon zuvor stärker ausgebildet wurde. Tatsächlich bestätigen regelmäßig wiederkehrende Erkenntnisse der Rezeptionsforschung einen starken Zusammenhang zwischen intensiver Teilnahme am Kulturleben (mit allen ökonomischen Nebenerscheinungen) und guter Ausstattung mit kulturellem Kapital. Aktuelle Bestrebungen, diesen Indikator nicht mehr (nur) über institutionelle Bildungsabschlüsse zu definieren, haben diesen Befund in seiner Stärke noch bestätigt (Huber, 2018).

So wie Bourdieus Befunde am Mythos rütteln, dass ein besonderes musikalisches Interesse oder eine Präferenz für Hochkultur zufällig oder bloß kognitiv bedingt seien, so wurden seit den 1970er Jahren auch für den Bereich des Entstehungszusammenhangs Erklärungsmodelle vorgelegt, die den Geniekult in seinen Grundfesten erschüttert haben. Howard S. Becker (1982) hat, basierend auf den symbolischen Interaktionismus, in seinem Buch *Art Worlds* die Kunst als Ergebnis kollektiven Handelns beschrieben, die nie das Werk eines genialen Individuums alleine sein kann. Öffentlich wertgeschätzte Kunst ist demnach immer ein Resultat vieler Einflussfaktoren, wie etwa auch der (antizipierten) Rezeption. Der Erfolg oder Misserfolg der Kunstschaffenden – und hier kommt die Musikwirtschaft ins Spiel – ergibt sich, Becker zufolge, aus ihrem Umgang mit den Konventionen, die dieses arbeitsteilige Handeln in der Kunstwelt regulieren. Wer sich an die Konventionen hält, wird innerhalb des Systems belohnt. Wer dagegen verstößt, wird mit ästhetischer Entwertung bestraft und zieht sich gelegentlich auch den Ärger derjenigen zu, die aus drohenden Veränderungen für sich Nachteile befürchten. Trotzdem ist ein bewährtes Erfolgsrezept der kreative Regelverstoß, mit dem man die Aufmerksamkeit des Publikums gewinnt. Eine Kunstwelt ist also instabil, permanent in Gefahr und muss immer wieder bestätigt werden, was den RezipientInnen und den Förderinstitutionen eine große Bedeutung verleiht. Mit einer ähnlichen Stoßrichtung wie Becker, aber statt der Konventionen und Interaktionen die Strukturen des Musiklebens betonend, geht Richard A. Peterson in seinem Production of Culture-Ansatz davon aus, dass vor allem die strukturellen Rahmenbedingungen des Kulturschaffens den Inhalt der Kulturgüter beeinflussen (Peterson 1982). Zugunsten der Suche nach konkreten, empirisch beobachtbaren Faktoren, die Kultur nachweislich beeinflussen, ist dies ein Abgehen von der Frage, inwiefern gesellschaftliche (und somit auch ökonomische) Rahmenbedingungen in ihrer Gesamtheit das Kulturleben bestimmen. So gesehen bedeutet Kulturproduktion nicht nur das Wirken der Kreativen, sondern auch Distribution und Rezeption, Evaluierung, Tradierung und Bewahrung. Rang und Wert eines Kulturguts ergeben sich daraus, wie mit ihm insgesamt umgegangen wird. Der soziale Wandel spiegelt sich nach Peterson in den Einflussfaktoren Recht, Technologie, Industriestruktur, Organisationsstruktur, Markt und Berufsrollen wider. Erleben mehrere dieser Faktoren eine Veränderung, etwa durch gegenseitige Beeinflussung, so muss dies zu dramatischen Umwälzungen in der Kulturproduktion führen. Durch diese Brille betrachtet ist die Musikwirtschaft im Zeitalter Web 2.0 gekennzeichnet durch eine Schwächung des Urheberrechts, durch die zunehmende Dominanz einer neuen Distributionstechnologie, durch das Aufkommen neuer globaler, marktbeherrschender Wirtschaftsmächte wie Apple, Google oder Spotify, durch neue Aufgabenbereiche der Tonträgerkonzerne und vor allem durch ein extremes Überangebot, wo zuvor Mangelsituationen vorherrschend waren.

8.5 Musik im Alltag

Die Theorien von Bourdieu und Peterson sind sehr prominent und haben Generationen von Musiksoziologen zu Forschungsprojekten inspiriert. Das darf jedoch nicht darüber hinwegtäuschen, dass diese gesamtgesellschaftlichen Perspektiven auf Musikwirtschaft durch induktive Herangehensweisen ergänzt bzw. konterkariert werden. Selbst Konzeptionen mit sehr ähnlichen Vorannahmen unterscheiden sich oft hinsichtlich der Frage, ob die Perspektive makrosoziologisch oder mikrosoziologisch ausgerichtet ist. Nachdem in den 1990er Jahren die großen Umbrüche durch Globalisierung und Informationsgesellschaft zentrales Thema waren, erleben wir seit der Jahrtausendwende zunehmend eine intensive Beschäftigung mit der Frage von Musik im konkreten Alltag der Menschen (Bull, 2000; de Nora, 2002; Frith, 2003). Das mag auch damit zu tun haben, dass sich seit Techno keine musikbasierte Jugendkultur mehr entwickelt hat, die als Ausprägung gesellschaftlichen Wandels untersucht werden könnte. Stattdessen werden wir Zeuge einer florierenden Retrokultur, die auf Basis nun frei verfügbarer Information einen vergangenen Musiktrend nach dem anderen wieder aufleben lässt. Mit Datenbanken wie YouTube, Wikipedia oder Discogs hat sich das Internet zu einem reichhaltigen Backkatalog entwickelt, über den das musikalische Erbe bequem abrufbar und anschaulich aufbereitet ist. Die Schattenseiten der Offenheit dieses neuen Systems zeigen sich nun darin, dass Obskures, Fragwürdiges und zuvor (berechtigterweise) Unbeachtetes gleichwertig neben Wolfgang Amadeus Mozart, Miles Davis und den Beatles steht. Das mit einem Überangebot einhergehende generelle Erschöpfungsgefühl der RezipientIn (Habermas, 1985) wird dadurch verstärkt, dass es beträchtliche Energie erfordert, das (vermeintlich) Gute vom Schlechten zu trennen. Im Zeitalter des Web 2.0 mit seinem unkontrollierten Datenfluss funktioniert weder für die Musik selbst noch für Information darüber das von der Tonträgerindustrie perfektionierte Gatekeeping, das neun von zehn Veröffentlichungsvorschläge aussortiert hat. Als Konsequenz oder zur Vermeidung eines Ohnmachtsgefühls angesichts nicht mehr zu bewältigender Auswahlerfordernisse erfolgt vielfach eine Rückbesinnung auf Bewährtes, indem man so tut wie früher (Retro) oder sich überhaupt auf die Originale vergangener Jahrzehnte beschränkt (Vintage). Hier kann man auf gesellschaftlich anerkannte Werturteile zurückgreifen und sich als Kenner mit Stil auszeichnen. In Zeiten von Unsicherheit gibt es ein besonders starkes Bedürfnis, sich darauf verlassen zu können, dass eine Investition etwas wert ist. Deshalb reüssieren nicht nur Lifestyle-Produkte, die die gute alte Zeit mit ihrer Einfachheit, Verlässlichkeit und Überschaubarkeit heraufbeschwören.[9] Es verkauft sich auch jene Musik am besten, die klingt, aussieht und riecht wie früher. Die alte Schallplatte erlebt eine derart erfolgreiche Renaissance, dass nun wieder Plattenpresswerke gebaut und neue Vinylproduktionsverfahren entwickelt werden.[10] Am Musikzeitschriftenmarkt übertrumpfen sich die Sonderausgaben mit Auflistungen der Besten ihres Genres, ihres Jahrzehnts oder überhaupt. Die aus der Klassik und dem Jazz bekannte Kanonisierung unverzichtbarer Meisterwerke wird damit in den Pop/Rock-Bereich importiert, und schon ziehen die Pop-Helden von früher durch die Hochkulturtempel und führen ihre klassischen Tonträger eins zu eins auf. Musikwirtschaftlich betrachtet stellt sich die Frage, was kommt, wenn dieser Informations- und Konsumbedarf eines beschränkten Zeitraumes einmal gesättigt ist? Entsteht dann, wie von Howard S. Becker (1982) beschrieben, im Dialog zwischen Kreativen und dem Publikum wieder jene Innovation, die jahrzehntelang die Entwicklung populärer Musik vorangetrieben hat? Oder verkrustet Pop- und Rockmusik zu einer Tradition älterer, hoch gebildeter Männer, wie es den Genres Jazz und Klassik nachgesagt wird? Wenn dieser Bereich damit zu einer gesellschaftlichen Randerscheinung wird, wo holt sich dann die Jugend von morgen ihre außeralltäglichen Erlebnisse, ihren Trost bei Liebeskummer?

---

9   Beispiele wären die Angebotspalette des Haushaltswarenvertriebs *Manufaktum* sowie Ästhetik und Themenwahl der sehr erfolgreichen Zeitschriften *Landlust* oder *Servus*.

10 Ausführliche Auseinandersetzung mit dieser Vinylrenaissance und allen Begleiterscheinungen erfolgen etwa in den neu gegründeten Zeitschriften *Mint*, *Vinyl* oder *Vinyl Stories*.

8.6 Rezeptionsverhalten als entscheidende Bezugsgröße?

Die Ära der Tonträger war durch einen permanenten Mangel an verfügbarer Musik gekennzeichnet. Selbst Hits wurden einige Monate nach ihrem Höhepunkt auf Jahreszusammenstellungen zweitverwertet und dann in den Backkatalog verabschiedet. Damit war Platz für Neues, und dieses wurde auch mit beträchtlichem Aufwand gesucht. Was bedeutet es für die Musikwirtschaft, wenn alle Backkataloge mit einem Griff zum Smartphone verfügbar sind? Ein Ende der Übertragungsmusik? Alfred Smudits (2010) hat den Begriff „Verwendungsmusik" als Kennzeichen für diese neue Ära vorgeschlagen. Er spricht damit an, dass die neuen Rahmenbedingungen in nie gesehenem Ausmaß eine zweckrationale Nutzung erlauben. Die Rezeptionsforschung identifiziert regelmäßig Stimmungsregulierung als jene Qualität, die an Musik am meisten wertgeschätzt wird. Aber braucht es dazu noch Neuproduktionen? Noch viel stärker gilt diese Frage für das Musikhören als wertrationales oder traditionales Handeln. Legitime Kultur ist selten innovativ, sie dient ja vor allem dazu, die gesellschaftlichen Verhältnisse zu repräsentieren und zu konservieren. Und Traditionen beinhalten schon per se das von früher Überlieferte. Eine ganzheitliche Perspektive kann ihre Augen auch nicht vor dem Musikhören als affektivem Handeln verschließen. Alphons Silbermann (1957) hat bereits vor sechzig Jahren das Musikerlebnis ins Zentrum seiner Überlegungen gestellt, nicht ohne für diesen Zugang stark kritisiert zu werden. Nun könnte dieser Ansatz wieder an Relevanz gewinnen. Unter den neuen Rahmenbedingungen mit ihren vielen Konsumimpulsen und der kurzen Aufmerksamkeitsspanne junger RezipientInnen orientiert sich die Musikwirtschaft stärker denn je an dem praktischen Nutzen, den dieses Kulturgut den HörerInnen verschafft. In den Vermittlungszusammenhängen hat eine Ausrichtung auf einfachen Zugang und Abrufbequemlichkeit bereits deutliche Spuren hinterlassen. Inwieweit die radikale Nachfrageorientierung auch in den Entstehungszusammenhang hineinwirken wird, bleib abzuwarten. „On demand" ist auf jeden Fall das bestimmende musikwirtschaftliche Motto des beginnenden 21. Jahrhunderts.

Diese Befunde aus einer musiksoziologischen Perspektive auf Musikwirtschaft mögen kulturpessimistisch anmuten. Sie sind es vielleicht dort, wo die Möglichkeiten und Beschränkungen der Musikschaffenden thematisiert werden, die sich aus der digitalen Mediamorphose zwangsweise ergeben haben. Für die überwiegende Mehrheit der Kreativen jedoch ließ sich schon zuvor aus einer Musikkarriere nicht genug ökonomisches Kapital generieren, um davon den Lebensunterhalt zu bestreiten (Menger, 2006). Mit einer Entwicklung hin zum Musikvertrieb über Streaming wird sich diese Situation noch verschärfen. Im Bereich des Verbreitungszusammenhangs gibt es GewinnerInnen und VerliererInnen. Viele Veränderungen sind auch institutionell beobachtbar. Ehemalige ‚Weltmächte' des Musikbetriebs wie EMI – immerhin die Plattenfirma der Dauerbrenner Beatles – oder die Einzelhandelskette Tower Records existieren nicht mehr. Gleichzeitig ist Apple von einer erfolgreichen Computerfirma zur weltweit größten Verkäuferin von Onlinemusik geworden und konnte seit dem Launch des iTunes Music Store seinen Jahresumsatz vertausendfachen. Vom Musikstreaming profitieren bisher neben den Konsumenten nur die Major-Labels. Die weltweit erfolgreichste Streamingplattform Spotify hat in den ersten zehn Jahren seines Bestehens nur rote Zahlen geschrieben (Tschmuck, 2016). Dass nun auch Apple mit einer reinen Abo-Version und Jay-Z mit einer Luxusvariante auf diesen Markt drängen, könnte ein Indiz dafür sein, dass dieses Geschäftsmodell in den nächsten Jahren doch profitabel werden könnte. Im Aneignungszusammenhang sieht auf den ersten Blick alles erfreulich aus. Jegliche Musik, die man sich wünscht, und vielfältige Information dazu sind über das Smartphone allzeit verfügbar. Ausschlaggebend für das Musikhören sind nun nicht mehr Kennerschaft und Kaufkraft sondern das Wollen und zeitliche Ressourcen. Die Musikauswahl wird kaum noch durch marktbeherrschende Konzerne eingeschränkt, zeitliche und örtliche Begrenzungen des Repertoires spielen keine Rolle mehr. Auf den zweiten Blick jedoch stellt sich die Frage, ob mit dieser Ubiquität nicht auch der emotionale Faktor des Erringungs- und Entdeckungserfolges verloren geht, ob Musik damit nicht eines Wertes verlustig wird, der sie den Jugendgenerationen vergangener Jahrzehnte zu einem unverzichtbaren Bestandteil des Lebens gemacht hat. All diese Überlegungen gelten vor allem jener Musik, die von der Internetrevolution besonders betroffen ist. Das ist aus heutiger Sicht zuallererst der Pop/Rock-Bereich, der ab Mitte des 20. Jahrhunderts eines der Hauptinteressensfelder der investitionsfreudigen Jugend war und damit den weitaus größten Teil an der Gesamtwertschöpfung generiert hat. Dabei darf jedoch nicht vergessen werden, dass im deutschsprachigen Raum neben einer beständigen Relevanz klassischer Musik auch der Bereich Schlager/Volksmusik eine große Bedeutung hat. Diese Sphäre zeichnet sich durch ein treues Publikum aus, das nach wie vor die CD bevorzugt und so die Digitalisierung des Musikmarktes bremst. Klassische Musik ist jedoch, ebenso wie Jazz und die diversen Spielarten elektronischer Tanzmusik vor allem im Bereich der Darbietungsmusik relevant. Und nicht vergessen werden darf die in Österreich blühende Landschaft des Laienmusizierens, die jedoch aus musikwirtschaftlicher Perspektive nachrangige Bedeutung hat.

8.7 Zurück zum Anfang

Zusammenfassend lässt sich sagen, dass eine musiksoziologische Forschungsperspektive der Musikwirtschaft ihre Aufmerksamkeit nicht nur auf primäre ökonomische Aspekte musikalischer Praxis richtet. Sie interessiert sich prinzipiell für die gesellschaftlichen Voraussetzungen und Rahmenbedingungen musikwirtschaftlicher Strukturen, Prozesse und Praktiken. Diese Forschung kann auch weitere Tatbestände berücksichtigen und die damit verbundenen sozialen Ungleichheiten untersuchen. Musiksoziologie beschreibt und analysiert musikwirtschaftliche Phänomene über die Beobachtung und Interpretation von sozialem Handeln, das zu Wertschöpfung führt. Sie fragt nach der Wirkung von formalen und informellen Regeln und Ressourcen auf die Entstehung, Entfaltung und Veränderung von musikwirtschaftlichen Praktiken, Institutionen und Wertungen. Die zu untersuchenden Veränderungen bzw. Trägheitserscheinungen gesellschaftlicher Tatbestände und ihre Auswirkungen auf die musikalische Praxis lassen sich vor dem Hintergrund folgender analytischer Trennungen darstellen: Entstehungs-, Verbreitungs- und Aneignungszusammenhang; Umgangs-, Darbietungs- und Übertragungsmusik; alte und neue Medien; Digital Natives und Digital Immigrants; Distinktion und Integration; ethnische Zugehörigkeit, Geschlecht, Urbanität, Alter, Bildung; Struktur und Interaktion; Individuum, Gruppe, Gesellschaft; zweckrationales, wertrationales, traditionales und affektives soziales Handeln; sowie die Stilfelder Klassik, Jazz, Pop/Rock, Volksmusik/Schlager und Elektronik. Themenfelder und Eingrenzungsmöglichkeiten gibt es also zur Genüge. Aus der jeweils interessierenden Fragestellung ergibt sich dann die individuelle Schwerpunktsetzung unter Anwendung der entsprechenden Methoden.

Ich danke Martin Lücke und Tasos Zembylas für Ergänzungen und kritische Anmerkungen.

Literatur

Beck, U. (1983). Jenseits von Stand und Klasse? Soziale Ungleichheiten, gesellschaftliche Individualisierungsprozesse und die Entstehung neuer sozialer Formen und Identitäten. In R. Krekel (Hrsg.). *Soziale Ungleichheiten* (S. 35-74). Göttingen: Schwartz.
Becker, H. S. (1982). *Art worlds*. Berkeley: University of California Press.
Besseler, H. (1959). *Das musikalische Hören der Neuzeit*. Berlin: Akademie-Verlag.

Blaukopf, K. (1974). New Patterns of Musical Behaviour of the Young Generation in Industrial Societies. In I. Bontinck (Hrsg.): *New Patterns of Musical Behaviour. A Survey of Youth Activities in 18 countries* (S. 13-32). Wien: UE Verlag.

Blaukopf, K. (1989). *Beethovens Erben in der Mediamorphose. Kultur- und Medienpolitik für die elektronische Ära.* Heiden: Niggli.

Blaukopf, K. (2010). *Was ist Musiksoziologie? Ausgewählte Texte.* Frankfurt/Main: Peter Lang.

Bourdieu, P. (1979). *La distinction. Critique sociale du jugement.* Paris: Éds. de Minuit.

Bull, M. (2000). *Sounding out the city. Personal stereos and the management of everyday life.* Oxford: Berg.

Bundesverband Musikindustrie et al. (Hrsg.). 2015. *Musikwirtschaft in Deutschland. Studie zur volkswirtschaftlichen Bedeutung von Musikunternehmen unter Berücksichtigung aller Teilsektoren und Ausstrahlungseffekte.* Verfügbar unter: http://www.somm.eu/fileadmin/somm/upload/public-relations/pressemitteilungen/download/pm_2015/Musikwirtschaftsstudie_2015.PDF [24. April 2017].

Collopy, D., & Bahanovich, D. (2012). *Music Experience and Behaviour in Young People. Main Findings and Conclusions.* University of Hertfordshire: British Music Rights.

De Nora, T. (2002). *Music in Everyday Life.* Cambridge: Cambridge University Press.

Frith, S. (1987). The Industrialisation of Popular Music. In J. Lull (Hrsg.). *Popular Music and Communication* (S. 53-77). Newbury Park: Sage.

Frith, S. (2003). Music and Everyday Life. In M. Clayton, T. Herbert & R. Middleton (Hrsg.). *The cultural study of music. A critical introduction* (S. 92-101). New York: Routledge.

Habermas, J. (1985). *Die neue Unübersichtlichkeit.* Frankfurt am Main: Suhrkamp.

Hirsch, P. M. (1973 [1969]). *The structure of the popular music industry. The filtering process by which records are preselected for public consumption.* Ann Arbor: University of Michigan.

Huber, M. (2001). *Hubert von Goisern und die Musikindustrie.* Wien: Institut für Musiksoziologie.

Huber, M. (2017). *Musikhören im Zeitalter Web 2.0.* Wiesbaden: Springer VS.

Institut für Höhere Studien (Hrsg.) (2012). Ökonomische Effekte der Musikwirtschaft in Wien und Österreich. Projektbericht im Auftrag der Wirtschaftskammer Wien. Wien: Eigenverlag.

Larkey, E. (1993). *Pungent Sounds. Constructing Identity with Popular Music in Austria.* New York: Peter Lang.

Menger, P.-M. (2006). *Kunst und Brot. Die Metamorphosen des Arbeitnehmers.* Konstanz: UVK.

Müller, R., & Rhein, S. (2006). Musical self-socialization of adolescents: theoretical perspectives and empirical findings. In N. Bailer & M. Huber (Hrsg.). *Youth – Music – Socialization* (S. 11-28). Wien: Institut für Musiksoziologie.

Negus, K. (1992). *Producing Pop. Culture and conflict in the popular music industry.* London: Arnold.

Niemann, K. (1974). Mass Media. New Ways of Approach to Music and New Patterns of Musical Behaviour. In I. Bontinck (Hrsg.). *New Patterns of Musical Behaviour. A Survey of Youth Activities in 18 countries* (S. 44-53). Wien: UE Verlag.

Page, W. (2011). *Wallet Share.* Economic Insight, Issue 22 (18.04.11). London: PRS for Music.

Parzer, M. (2011). *Der gute Musikgeschmack. Zur sozialen Praxis ästhetischer Bewertungen in der Popularkultur.* Wien: Peter Lang.

Peterson, R. A. (1982). Five Constraints on the Production of Culture: Law, Technology, Market, Organizational Structure and Occupational Careers. *Journal of Popular Culture* 16, 143-153.

Peterson, R. A. (1992). Understanding audience segmentation. From elite and mass to omnivore and univore. *Poetics* 21, 243-258.

Rösing, H. (1987). Finanzielle und soziale Aspekte des Musikmachens. Musiker und Manager im Gespräch. In H. Rösing (Hrsg.). *Rock/Pop/Jazz. Vom Amateur zum Profi. Beiträge zur Popularmusikforschung 3/4* (S. 13-30). Hamburg: ASPM.

Savage, M. (2016). *Music streaming boosts sales of vinyl*. Verfügbar unter http://www.bbc.com/news/entertainment-arts-36027867 [7. Juni 2016].

Schulze, G. (1992). *Die Erlebnisgesellschaft. Kultursoziologie der Gegenwart*. Frankfurt am Main: Suhrkamp.

Silbermann, A. (1957). *Wovon lebt die Musik?* Regensburg: Bosse.

Smudits, A. (2002). *Mediamorphosen des Kulturschaffens. Kunst und Kommunikationstechnologien im Wandel*. Wien: Braumüller.

Smudits, A. (2010). *Musiksoziologie nach der Massenmoderne*. Unveröffentlichtes Manuskript.

Tschmuck, P. (2008). Vom Tonträger zur Musikdienstleistung. Der Paradigmenwechsel in der Musikindustrie. In G. Gensch, E. M. Stöckler, & P. Tschmuck (Hrsg.). *Musikrezeption, Musikdistribution und Musikproduktion. Der Wandel des Wertschöpfungsnetzwerks in der Musikwirtschaft* (S. 141-162). Wiesbaden: Gabler.

Tschmuck, P. (2016). *Die Ökonomie des Musikstreamings – Spotify*. Verfügbar unter https://musikwirtschaftsforschung.wordpress.com/2016/07/18/die-oekonomie-des-musikstreamings-spotify [25. April 2017].

Die perspektivische Rolle der (Inter-)Disziplin Musikwirtschaftsforschung für das Fach Musikwissenschaft

9

Martin Lücke

Zusammenfassung/Abstract

Zusammenfassung: Die Musikwissenschaft ist innerhalb der (Inter-)Disziplin Musikwirtschaftsforschung sowohl methodisch als auch personell unterrepräsentiert. Dabei gibt es konkrete Beispiele (Spielplangestaltung etc.) die belegen, wie wichtig es ist, musikwissenschaftliche Themen eben auch aus einer wirtschaftlichen Sichtweise zu betrachten. Vor allem innerhalb der musikwissenschaftlichen (universitären) Ausbildung ist die Musikwirtschaft derzeit noch kaum vorhanden, selbst nicht im Feld der Populären Musik. Der neue Bachelorstudiengang Musikmanagement an der Universität des Saarlandes zeigt, wie auf curricularer Ebene diese verschiedenen Felder zu verbinden sind.

Abstract: Within the (inter-)discipline of music business research, musicology is underrepresented both methodologically and personnel. There are specific examples (season schedule etc.) that show how important it is to look at musicological topics from an economic point of view. Above all within the music-scientific education on university level, the music industry is still scarce, even in the field of popular music. The new undergraduate degree course in Music Management at the University of Saarland shows how these various fields are to be connected at the curricular level.

> **Schlüsselbegriffe/Keywords**
>
> Schlüsselwörter: Musikwissenschaft, Musikwirtschaft, Musikindustrie, Musikwirtschaftsforschung, Populäre Musik, Musikmanagement, Ausbildung
>
> Keywords: Musicology, music business, music industry, music business research, popular music, music management, education

9.1 Einleitung

Die Musikwissenschaft, also die theoretische und praktische Auseinandersetzung mit Musik, gehört zu den ältesten akademischen Disziplinen im deutschsprachigen Raum (vgl. dazu ausführlicher den Artikel *Musikwissenschaft* von Cadenbach, Jaschinski & von Loesch, 1994), im Gegensatz dazu ist die Musikwirtschaftsforschung ein noch junges, sich erst allmählich etablierendes Wissenschaftsfach. Und obwohl beide genannten Wissenschaftsbereiche das Wort Musik als Kern in ihrem Namen tragen, scheint die Musikwissenschaft als Teilgebiet der, so soll es für den weiteren Verlauf bezeichnet werden, (Inter-)Disziplin Musikwirtschaftsforschung innerhalb dieser thematisch, methodisch und personell unterrepräsentiert zu sein.

In diesem Beitrag soll daher der Frage nachgegangen werden, ob konkrete Ansatzpunkte zwischen Musikwissenschaft auf der einen und Musikwirtschaftsforschung auf der anderen Seite existieren und wie die geisteswissenschaftliche Disziplin mit all ihren Unterthemen als Teildisziplin der Musikwirtschaftsforschung integriert werden könnte.[1] Vor allem ist dabei die Frage von Interesse, ob und wie sich verschiedene wirtschaftliche, rechtliche etc. Aspekte der historischen aber vor allem auch aktuellen Musikwirtschaft konkret auf die Schaffung und/oder Rezeption von musikalischen Werken auswirken kann bzw. ausgewirkt hat.[2] Dazu erfolgt zunächst ein kurzer

---

1   2016 fand auf der Jahrestagung der Gesellschaft für Musikforschung (GfM) in Mainz ein Roundtable zu diesem Thema statt, der von Prof. Dr. Peter Tschmuck (Universität für Musik und darstellende Kunst Wien, Prof. Dr. Beate Flath (Universität Paderborn) und Prof. Dr. Martin Lücke (Hochschule Macromedia) initiiert und gestaltet worden war. Dieser erste wichtige Impuls, das Thema Musikwirtschaftsforschung im Fachgebiet Musikwissenschaft zu verorten wurde auf der Jahrestagung der GfM 2017 in Kassel durch ein umfangreicheres Symposium am 28. September 2017 weiter vertieft.

2   Nachgewiesen für das Musikschaffen in Tirol im 16. und 17. Jahrhundert hat dies bereits Peter Tschmuck in seiner Dissertation (Tschmuck, 2001).

Überblick über die Historie des Fachs Musikwissenschaft mit Schwerpunkt auf dem deutschsprachigen Raum, bevor auf einige Beispiele für Ansatzpunkte zwischen Musikwissenschaft und Musikwirtschaftsforschung eingegangen wird. Ein weiterer Schwerpunkt liegt auf der Frage, ob und wie musikwirtschaftliche Aspekte in die Lehre (und Forschung) der Musikwissenschaft integriert werden können, wozu der (neue) Bachelorstudiengang Musikmanagement an der Universität des Saarlands im Rahmen einer kurzen Fallstudie näher betrachtet wird.

9.2 Musikwissenschaftliche Traditionen im deutschsprachigen Raum[3]

Der Begriff Musikwissenschaft findet sich erstmals in Schriften des 19. Jahrhunderts wie in Johann Bernhard Logiers *System der Musik-Wissenschaft* (1827), auch wenn bereits seit dem 17. Jahrhundert Standardwerke zur Musikgeschichte entstanden und man im 18. Jahrhundert bereits mehrfach von *„musikalischer Wissenschaft"* und *„Tonwissenschaft"* sprach (so z.B. in Lorenz Christoph Mizlers *Societät der musikalischen Wissenschaften* von 1738 und Georg Josef Voglers *Tonwissenschaft und Tonsetzkunst* von 1776). Das an Universitäten gelehrte Fach Musikwissenschaft etablierte sich aber erst in den sechziger Jahren des 19. Jahrhunderts, vor allem im deutschsprachigen Raum. Der berühmte (und auch berüchtigte) Wiener Musikkritiker Eduard Hanslick erhielt 1861 einen Ruf zum Professor für Musikgeschichte und -ästhetik an der Universität Wien. 1868 wurde die Gesellschaft für Musikforschung gegründet, als zentrales Publikationsorgan 1885 die u.a. von Guido Adler herausgegebene *Vierteljahresschrift für Musikwissenschaft* (vgl. Adler, 1885). Adler und Hanslick formulierten zu dieser Zeit zunächst zwei Hauptgebiete der Musikwissenschaft: erstens die Historische Musikwissenschaft, unterschieden wiederum in die historischen Disziplinen Notationskunde, Formenlehre, Theorie des Tonsatzes und Instrumentenkunde sowie die Hilfswissenschaften Paläographie, Chronologie, Diplomatik, Literaturgeschichte, Biographik, Geschichte der Liturgie und des Tanzes, und zweitens die Systematische Musikwissenschaft, unterteilt in „speculative" Theorie (der Harmonik, Rhythmik, Melik), in Ästhetik der Tonkunst und in Pädagogik des Faches Tonsatz mit Hilfswissenschaften wie u.a. Akustik, Physiologie und Psychologie sowie als Nebengebiet der Systematischen Musikwissenschaft die Musikethnologie. In Deutschland wandten sich die meis-

---

3 Vgl. zu diesem Abschnitt u.a. das bislang unveröffentlichte Manuskript von Rothkam (o.J.).

ten Lehrstühle zunächst vor allem der Historischen Musikwissenschaft zu. Eine der Haupttätigkeiten waren (Kritische) Gesamtausgaben von Werken einzelner Komponisten sowie Denkmälerausgaben von älterer Musik der deutschsprachigen Regionen. Die Ursprünge der eigentlichen Forschung der Systematischen Musikwissenschaft sowie der Musikethnologie bzw. Vergleichenden Musikwissenschaft begannen erst zu Beginn des 20. Jahrhunderts in Berlin in Person von Carl Stumpf, Erich von Hornbostel und Curt Sachs sowie in Wien (Richard Wallaschek oder Robert Lach). Nach dem Ersten Weltkrieg wurde die Deutsche Musikgesellschaft gegründet sowie die *Zeitschrift für Musikwissenschaft*, Vorgängerin jeweils der heutigen Gesellschaft für Musikforschung (GfM) mit ihrer Zeitschrift *Musikforschung*, sowie die Internationale Gesellschaft für Musikwissenschaft (ISM) mit ihrer Zeitschrift *Acta musicologica*.

Vor 1933 gab es zwar nur etwa ein Dutzend ordentliche Musikwissenschaftsprofessuren im deutschsprachigen Raum, dennoch galt die Disziplin als weltweit führend. Während des Nationalsozialismus reduzierte sich das Fach weiter vor allem auf deutsche Musik, erweitert um den Aspekt der Rasseforschung.[4] In dieser Phase wurde aber auch die Anzahl der Lehrstühle erweitert und ein Staatliches Institut für Musikforschung gegründet. Auch die Grundlage der umfassendsten deutschsprachigen Musikenzyklopädie wurde in dieser Zeit gelegt, die nach dem Zweiten Weltkrieg von Friedrich Blume als *Die Musik in Geschichte und Gegenwart* (MGG) herausgegeben wurde.[5] Blume fungierte auch als erster Präsident der 1948 neu gegründeten Gesellschaft für Musikforschung (GfM).

Bis 1945 war die praktische Musikausübung an Universitäten sowie die Lehre im Fach Musikwissenschaft in der Regel in einer Person vereint. Erst seit dieser Zeit beschäftigen sich MusikwissenschaftlerInnen ausschließlich mit wissenschaftlicher Lehre und Forschung innerhalb der meist philosophischen Fakultät. Fokussierte sich das Fach zunächst weiter vor allem auf das deutschsprachige Repertoire, wurde dies erst ab den 1960er Jahren und dem Aufkommen einer jüngeren Generation nach und nach in Frage gestellt. Bis in die 1980er Jahre hinein erweiterte sich das methodische Repertoire innerhalb der Historischen Musikwissenschaft um sozialgeschichtliche, semantische und sprachanaloge sowie musiktheaterwissenschaftliche Ansätze. Und auch die Systematische Musikwissenschaft konnte sich zum Teil als eigenständige Disziplin etablieren, ebenso die Vergleichende Musikwissenschaft, sodass sich an

---

4   Vgl. zur Rolle der Musikwissenschaft im Dritten Reich u. a. die ausführliche Studie von Rothkam & Schipperges (2015) sowie Potter (2000).
5   Zwischen 1994 und 2008 erfolgte eine vollständig überarbeitete Neuauflage der MGG, die oftmals als MGG2 bezeichnet wird. Herausgegeben wurde diese durch Ludwig Finscher als Gemeinschaftsprojekt der Verlage Bärenreiter und Metzler.

manchen Universitäten auch das Trias aus Historischer, Systematischer und Vergleichender (heute eher Musikethnologie) Musikwissenschaft etablieren konnte.

Heutzutage wird Musikwissenschaft im deutschsprachigen Raum an zahlreichen Universitäten gelehrt, seit einigen Jahrzehnten auch verstärkt an den Musikhochschulen – allerdings mit abnehmender Tendenz, so sind ganze Institute (u. a. Ruhr-Universität Bochum) geschlossen worden. Doch nach wie vor liegt der Schwerpunkt auf der Historischen Musikwissenschaft, obwohl vielfach zahlreiche weitere Methoden übernommen worden sind, inspiriert seit den 1990ern vor allem durch angelsächsische und verstärkt interdisziplinäre und kulturwissenschaftliche Forschung. So hat die (deutsche) Gesellschaft für Musikforschung zwar derzeit methodisch-thematische Fachgruppen u. a. für Aufführungspraxis und Interpretationsforschung, Frauen- und Genderstudien, Kirchenmusik, Musikethnologie und Vergleichende Musikwissenschaft, Musikinstrumentenkunde, Musiktheorie, Musikwissenschaft und Musikpädagogik, Soziologie und Sozialgeschichte der Musik sowie Systematische Musikwissenschaft, aber zentrale Bereiche wie Populäre Musik oder auch Musikwirtschaft finden sich in dieser so wichtigen Fachgesellschaft bis heute nicht, aber dazu später mehr.

Durch die Bologna-Reform ist die Disziplin Musikwissenschaft in den letzten Jahren aber auch immer weiter zersplittert worden. Zwar finden sich noch immer Schwerpunkte wie Historische Musikwissenschaft oder Systematische Musikwissenschaft bei den Angeboten der Lehranstalten, doch nimmt der Trend zu Spezifizierung zu, wie folgende Beispiele belegen: Musik und Medien (HU Berlin, Hannover), Musikvermittlung / Konzertpädagogik (Augsburg), Musik und Performance (Bayreuth), Musikforschung und Medienpraxis (Mannheim), Sound Studies (Bonn), Populäre Musik (HU Berlin, Paderborn) oder auch Musikmanagement (Saarbrücken)[6].

Durch diese kurze Geschichte der Entwicklung der universitären Fachs Musikwissenschaft ist deutlich geworden, dass dieses Feld äußerst komplex und vielschichtig ist und sich das Fach mit ganz unterschiedlichen Disziplinen auseinandersetzen müsste, zumindest wird dies durch das sich ausdifferenzierende Angebot suggeriert. Gleichzeitig ist aber die Dominanz der historischen, klassischen Musik im Unterschied zu populären Formen der Musik wie Rock, Pop, Schlager etc. nach wie vor ungebrochen. Aus der Innensicht des Fachs ist dies nicht verwunderlich, werden eben bis heute eher historische Inhalte gelehrt, was wiederum Auswirkungen auf die Weiterentwicklung des fachlichen Nachwuchses haben wird. Aus – rein – wirtschaftlicher Perspektive aber ist hier ein Missverhältnis entstanden, wird ein

---

6   Siehe hierzu v. a. Abschnitt 9.5.

kurzer Blick auf die Um- und Absatzzahlen der deutschen Tonträger- aber auch Live-Industrie geworfen.

Die Tonträgerindustrie in Deutschland setzt derzeit (Stand: 2016) 1,59 Mrd. € zu Endverbraucherpreisen um, zu einem Großteil noch immer durch physische Medien (v. a. CDs, 53,8 %), vermehrt aber auch durch digitale Erzeugnisse (Downloads, Streaming etc.) (BVMI, 2017, S. 6). Werden die erzielten Umsätze auf Basis des verkauften Repertoires betrachtet, so macht Klassik (inkl. Crossover-Klassik)[7] gerade einmal 3,9 % aus. Auf populäre Musik (Rock, Pop, Schlager, Hip-Hop, Dance, Deutsch-Pop, Volksmusik und Jazz) entfällt hingegen ein Anteil von 78,9 % (BVMI, 2017, S. 40).[8] Im Live-Bereich sind die Unterschiede zwar weniger deutlich, stammen doch immerhin 26 % der Umsätze aus dem Bereich Klassische Musik und Oper/Operette, doch dominieren auch hier die populären Genres den Markt (GfK, 2014, S. 8).[9] Deutlich wird also, dass die die Musikwissenschaft dominierende Historische Musikwissenschaft aus wirtschaftlicher Sicht unterrepräsentiert ist, der Fokus vor allem auf populären Strömungen liegt.

Doch es gibt in Deutschland seit einigen Jahren zumindest schleichende Verbesserungen in diesem Bereich – wenn auch die anglo-amerikanische Musikwissenschaft hier weiterhin führend ist. Dennoch wird die Populäre Musik[10] in der deutschsprachigen Musikwissenschaft nach wie vor eher stiefmütterlich behandelt, auch wenn es international renommierte Lehrstühle wie den von Peter Wicke an der Humboldt-Universität zu Berlin gab, der Ende 2016 emeritiert wurde[11] – allerdings ist bis heute (Stand: Oktober 2017) noch keine Nachfolge berufen worden. Darüber hinaus wird auch an anderen Universitäten und Hochschulen für Musik der populären Musik vor allem künstlerisch aber auch wissenschaftlich (u. a. Universität Paderborn, Hochschule für Musik Weimar etc.) mehr Raum geben. Auch

---

7   Unter Crossover-Klassik sind Künstler wie David Garrett zu verstehen, die ein klassisches Repertoire spielen, sich aber wie Popstars seitens der Tonträgerfirmen vermarkten lassen.
8   Der restliche Umsatz von 17,2 % wird mit Kinderprodukten, Hörbüchern und nicht näher spezifiziertem Sonstigem erzielt (BVMI, 2017, S. 40).
9   Der Gesamtmarkt im Live-Sektor erwirtschaftete 2013 ca. 2,7 Mrd. € (GfK, 2014, S. 3). Anders als bei der Studie zu den Umsätzen im Tonträgersegment (BVMI, 2017), wo die Unternehmen ihre Umsätze übermitteln, basieren die Zahlen der GfK auf Befragungen von KonzertgängerInnen. Zudem muss für die Genres Klassik und Oper berücksichtigt werden, dass ein Großteil der Karten subventioniert ist und somit keine vergleichbaren Umsätze im Vergleich zur nichtsubventionierten Rock- und Popmusik gegeben sind.
10 Vgl. zu diesem Thema u. a. Middleton (2002).
11 Peter Wicke wurde 1993 auf den Lehrstuhl Theorie und Geschichte der Populären Musik berufen.

existieren neben der mitgliedsstarken GfM (Gesellschaft für Musikforschung) gleich zwei kleinere Gesellschaften für Populäre Musik, die GfPm (Gesellschaft für Popularmusik) sowie der deutschsprachige Zweig der IASPM (International Association for Studying Popular Music), gleichzeitig hat aber die populäre Musik selbst in der GfM, wie schon erwähnt, keine eigene Vertretung. Und wenn – in der Vergangenheit – Universitätsprofessuren, z. B. an Musikhochschulen, für den Bereich Populäre Musik ausgeschrieben wurden, meinten die Verantwortlichen oftmals Jazz, nicht aber Rock- und Popmusik. Ansatzpunkte bestehen daher in der real gelebten musikwissenschaftlichen Disziplinenpraxis am ehesten mit den SystematikerInnen oder auch den MusikethnologInnen, aber nur selten mit den das Fach dominierenden historischen MusikwissenschaftlerInnen.

Zweifelsfrei heißt dies bei heute: Bei Ausschreibungen von Professuren im universitären Kontext oder auch bei Forschungsanträgen bei fördernden Wissenschaftsstiftungen und Forschungsgesellschaften existieren – zumindest im deutschsprachigen Raum – bessere (berufliche) Chancen, wenn sich MusikwissenschaftlerInnen mit historischen Themen des Barock, der Romantik oder der Wiener Klassik auseinandersetzen. Es soll hierbei nicht darum gehen, diese zweifelsfrei spannenden Themen zu negieren, doch ist das Missverhältnis zwischen den Forschungsbereichen innerhalb der Disziplin Musikwissenschaft gravierend, populäre Themen sind eher randständig und Themen, die sich mit Fragen der Musikwirtschaft auseinandersetzen sind – zumindest derzeit – innerhalb der Musikwissenschaft nicht präsent. Interessant war aber, dass im Ausschreibungstext für die Nachfolge von Peter Wicke explizit eine Persönlichkeit mit den Schwerpunkten Jugendkulturen und Musikindustrie gesucht worden war – von den Eingeladenen ist aber bislang niemand im Umfeld der Musikwirtschaftsforschung auffällig geworden. Zudem ist die Stelle im ersten Verfahren nicht besetzt worden.

9.3 Musikwirtschaftsforschung und Musikwissenschaft

Nun ist die Frage, ob sich zwischen der Musikwissenschaft und der Musikwirtschaftsforschung überhaupt Schnittmengen feststellen lassen, ob Fragen, die sich z. B. mit wirtschaftlichen oder rechtlichen Zusammenhängen befassen, überhaupt für das bereits breite Disziplinenfeld Musikwissenschaft von Relevanz sind. Dazu wird auch eine genauere Definition des Feldes Musikwirtschaftsforschung benötigt.

Da bislang keine allgemeingültige Definition existiert,[12] soll hier der Versuch einer solchen unternommen werden:

Musikwirtschaftsforschung ist eine Inter-Disziplin aus Musik-, Kultur,- Wirtschaftswissenschaft, Jura, Geschichtswissenschaft, Soziologie, Psychologie etc. und beschäftigt sich an dieser Schnittstelle umfassend mit dem Kultur- und Wirtschaftsgut Musik hinsichtlich Produktion, Distribution und Rezeption. Musik wird als ein kreativ gestaltetes Produkt, das in einen Markt hineingebracht werden muss und dort wechselwirkt mit ganz unterschiedlichen AkteurInnen, seien es AutorInnen oder ausübende KünstlerInnen, seien es Unternehmen der Reproduktions- oder Livebranche, seien es Medien oder andere Distributoren.

Darüber hinaus ist zu fragen, welche Rolle die Disziplin Musikwissenschaft innerhalb der Musikkulturforschung einnehmen könnte. Auch dazu ein Versuch:

Die Disziplin Musikwissenschaft bildet die wissenschaftliche Grundlage für das Kulturgut Musik, beschäftigt sich inhaltlich mit dem Werk, stellt den Kompositionsprozess in den Fokus, analysiert die Werke und setzt diese in einen gesellschaftlich-historischen Kontext. Musikwissenschaft soll innerhalb des Feldes Musikwirtschaftsforschung helfen, sich intensiver mit der Musik auseinanderzusetzen, um somit besser Wechselwirkungen mit dem Markt/der Wirtschaft und dem KonsumentInnen sowie der Musik als Produkt erkennen zu können.

Schon bei diesen beiden kurzen Versuchen einer Definition bzw. Erklärung lassen sich einige konkrete Ansatzpunkte zwischen den beiden Disziplinen Musikwissenschaft und Musikwirtschaftsforschung erkennen, und zwar nicht nur für Phänomene, die ihren Ursprung in der Zeit nach 1880 und der Möglichkeit der Reproduktion von Musik haben.[13] Zwei konkrete Beispiele für den subventionierten (Klassik-)

---

12 Aufgrund dessen hat im Sommer 2016 an der Musikuniversität Wien ein Workshop stattgefunden, bei dem verschiedene disziplinäre Zugänge sowie anwendbare Methoden diskutiert worden. Aus dem Workshop ist u. a. der vorliegende Sammelband hervorgegangen.

13 Die Erfindung des Phonographen durch Thomas A. Edison, 1877 zum Patent angemeldet, sowie die Erfindung des Grammophons durch Emil Berliner 1887 und damit die allmählich bestehende Möglichkeit, Aufnahmen auf ein Medium zu bannen und diese auch zu reproduzieren, gelten oftmals als Beginn der Musikwirtschaft. Aber schon in den Jahrhunderten zuvor war Musik nicht nur ein kulturelles, sondern stets auch ein wirtschaftliches Gut. (vgl. Limper & Lücke, 2013, S. 30-55)

9 Die Rolle der (Inter-)Disziplin Musikwirtschaftsforschung 167

Musikmarkt – denn generell ist es schon von Bedeutung, mit welcher der beiden Musikwelten, der freien Marktwirtschaft (Rock- und Popmusik etc., aber auch Musical) oder eben dem vor allem im deutschsprachigen Raum massiv subventionierten Markt der sogenannten Hochkultur man sich auseinandersetzt (siehe dazu auch Schneider, 2009b)[14] – sollen aufzeigen, wie sich musikwirtschaftliche Themen in klassische musikwissenschaftliche Fragestellungen integrieren lassen. Ein erstes Beispiel soll sich mit der Spielplangestaltung an einem Konzerthaus oder eines Kulturorchesters auseinandersetzen.

Generell gilt, dass alle am künstlerischen Erschaffungsprozess Beteiligten ständig ökonomischen Zwängen ausgeliefert sind, darunter die ausübenden KünstlerInnen, der/die KomponistIn des Werkes aber auch das Orchester als Institution. Werden aber Spielpläne immer (nur) nach rein künstlerischen, ästhetischen oder dramaturgischen Aspekten ausgewählt, oder spielen eben auch finanzielle Aspekte eine Rolle? Sicherlich glauben die meisten Konzertbesucher, dass zwischen den Stücken, die in einem Spielplan bzw. bei einem einzelnen Konzertprogramm gespielt werden, ein roter Faden besteht, ein dramaturgisch-inhaltlicher Kniff, der den Werken eine besondere Programmatik verleiht.

Doch können Stücke nicht auch nach anderen, außermusikalischen Kriterien ausgewählt werden? Danach, ob beispielsweise die zu spielenden Werke bereits gemeinfrei sind[15] und damit in Deutschland keine Gebühren an die Gesellschaft für musikalische Aufführungs- und mechanische Vervielfältigungsrechte (GEMA)[16] gezahlt werden müssen? Oder danach, ob die Noten entweder bereits von einem Orchester (vor Jahren) gekauft wurden oder aber von einem Verlag extra für die Aufführung geliehen werden müssen? Danach, ob das Zielpublikum z. B. Werke der Neuen Musik auch wirklich durch Anwesenheit honoriert – und dadurch überhaupt

---

14 Derzeit finanziert der deutsche Staat (Bund, Länder und Gemeinden) die sogenannte Hochkultur mit ca. 10 Mrd. € pro jährlich. Davon entfallen ca. ein Drittel auf die Bereiche Musik und Theater, worunter eben auch die 131 staatlich finanzierten Orchester und 82 Opernhäuser fallen. (Statistische Ämter des Bundes und der Länder, 2016, S. 29)

15 In Deutschland gilt das Urheberrecht bis 70 Jahre nach Tod des Autors, bei mehreren Autoren nach Tod des zuletzt verstorbenen Autors. Danach gelten Werke der Literatur, Kunst und Wissenschaft als gemeinfrei.

16 Die GEMA nimmt die Interessen von MusikautorInnen (KomponistInnen und BearbeiterInnen), TextdichterInnen und VerlegerInnen wahr. (vgl. dazu auch ausführlicher Brandhorst, 2009). Für (fast) jede Nutzungsart hat die GEMA spezielle Tarife. Für den geschilderten Fall trifft Tarif E zu, Konzerte der Ernsten Musik. Für ein Konzert in einem Saal mit max. 1.200 Plätzen und einem Eintrittspreismaximum von 41,- € müssen 1.196,45 € zzgl. 7 % MwSt. an die GEMA gezahlt werden, wenn geschützte Werke aufgeführt werden. Vgl. dazu den seit 1.1.2017 gültigen Tarif E unter: https://www.gema.de/fileadmin/user_upload/Musiknutzer/Tarife/Tarife_AD/tarif_e.pdf, [25. Juni 2017].

Einnahmen erzielt werden können –, oder ob letztendlich doch ein sicherer Ludwig van Beethoven oder ein Wolfgang Amadeus Mozart auf den Spielplan gesetzt werden, getreu dem Motto: Geht immer und kostet nicht viel.

Ein weiterer nicht zu verachtender Aspekt ist nicht nur in der Auswahl der Werke, sondern auch in der Wahl der zu engagierenden (Gast-)KünstlerInnen zu finden, wenn es sich bei dem zu interpretierenden um ein Solowerk oder ein Instrumentalkonzert handelt. Engagiert ein Konzerthaus, ein Orchester einen Star am Instrument wie die PianistInnen Lang Lang oder Hélène Grimauld, weltweit populäre und hoch gehandelte InterpretInnen, die auf der einen Seite fünfstellige Honorare pro Konzert verlangen können – so dass sie nur von wenigen Häusern, Orchestern oder Festivals überhaupt engagiert werden können – aber auch ein Garant für ausverkaufte Konzerte zu Höchstpreisen sind? Oder wird doch lieber die kostengünstigere PianistIn, der/die noch keinen gut dotierten Plattenvertrag bei der Deutschen Grammophon und damit eine dahinterstehende PR-Maschinerie unterschrieben hat? Gibt es aber zwischen den beiden genannten Polen wirklich einen hörbaren künstlerischen Unterschied, der von der Mehrheit der KonzertbesucherInnen überhaupt wahrgenommen werden kann, oder geht es nur um Vermarktung und Prestige? Alles dies könnten relevante Fragen sein, die hinter den Kulissen des Kulturbetriebs, abseits des Sichtfeldes eines normalen Konzertbesuchers, des Konsumenten, über das Dargebotene mitentscheiden – bei der Analyse aber (selten) mitbetrachtet werden.

Und eine weitere Ebene kann in die Betrachtung einfließen, die dann relevant wird, wenn im Bereich der Ernsten Musik Auftragskompositionen vergeben und auf den Spielplan gesetzt werden. Ohne auf die spezifische und sicherlich auch individuelle Kompositionspraxis einzelner TonsetzerInnen eingehen zu wollen oder zu können, muss auch in diesem Kontext die ökonomische Perspektive zumindest mit in Betracht gezogen werden. Denn zum einen zahlen die meisten Orchester ihre Kompositionsaufträge nach Anzahl der abgelieferten Kompositionsminuten in Euro pro Minute. Da macht es schon einen erheblichen Unterschied, ob das Auftragswerk 15 oder 45 Minuten lang ist. Zum anderen ist die Dauer der Komposition sowie die Besetzung auch in Bezug auf die durch die GEMA ausgeschütteten Tantiemen von großer Bedeutung. Dazu ein kurzer Exkurs zur Tantiemenausschüttung bei der GEMA. Im Bereich Konzerte der Ernsten Musik (Tarif E) setzt sich die Ausschüttung an die Urheber von musikalischen Werken nach folgender Formel zusammen (Brandhorst, 2010, S. 52):

Anteile x Punktebewertung x Punktewert x Anzahl der Aufführungen pro Jahr
= Ausschüttung

Bei den Anteilen ist von Bedeutung, ob es sich um eine reine Instrumentalkomposition handelt (dann erhält der/die KomponistIn 12/12), oder ob ggf. ein/eine TextdichterIn sowie ein Verlag beteiligt sind (dann erhält der/die KomponistIn 5/12, der/die TextdichterIn 3/12 und der Verlag 4/12) (Brandhorst, 2010, S. 53). Der hier angeführte Punktewert wird jedes Jahr von der GEMA neu ermittelt und ist ein konkreter Wert in Euro, der abhängig ist von den Einnahmen durch den bereits erläuterten Tarif E. Eine Stellschraube in Bezug auf die Tantiemenhöhe hat ein/eine UrheberIn aber bei der Punktebewertung. Die zu verteilenden Punkte ergeben sich aus der Art, der Dauer sowie der Besetzung des Werkes. Dazu einige Beispiele: Eine Instrumentalkomposition für 1-2 Instrumentalstimmen und unter 5 Minuten Dauer erhält 36 Punkte, ab 5 Minuten Dauer (bis 10 Minuten) aber bereits 96 Punkte – und damit die fast dreifache Tantiemenhöhe. Die Punktebewertung steigert sich auf 2.400 Punkte für beispielsweise ein Werk für großes Orchester bei einer Dauer ab 60 Minuten (Brandhorst, 2010, S. 54). In der Praxis bedeutet dies, dass es einen konkreten ökonomischen Nutzen gibt, ein Werk ein paar Takte länger oder ein paar Stimmen umfangreicher zu gestalten, und nicht nur künstlerische oder ästhetische Aspekte hierfür ausschlaggebend sind. Schließlich sind die genannten Tabellen (Brandhorst, 2010, S. 54) für GEMA-Mitglieder frei zugänglich und können somit eben bereits auch im Schaffensprozess eingesetzt werden.

Dabei existieren zahlreiche historische Beispiele, die zeigen, dass sich die Disziplin Musikwissenschaft nicht vor wirtschaftlichen Zusammenhängen und Faktoren verschließen darf. Es ist hinlänglich bekannt, dass Georg Friedrich Händel (1685–1759) während seiner Schaffensjahre in London fast mustergültig als Unternehmer, als Entrepreneur in eigener Sache agierte (Schneider, 2009a, S. 13). Nicht nur, dass er sich prozentual an den Verkäufen der Eintrittskarten beteiligen ließ, auch gab er dem Publikum zielgruppengerecht das, was es wollte: Italienische Opern. Und als dieses Geschäftsmodell aufgrund wirtschaftlicher Schwierigkeiten und wachsendem Konkurrenzdruck nicht mehr funktionierte, stellte sich Händel inhaltlich auf kostengünstiger zu produzierende Oratorien ein. Können diese wirtschaftlichen Aspekte bei der Analyse des Händelschen Oeuvres vollständig außer Acht gelassen werden? Können sich MusikwissenschaftlerInnen neutral an die Analyse des Notentextes wagen, ohne die hier nur kurz skizzierten Umstände zu kennen und in die Analyse einfließen zu lassen?

Auch Ludwig van Beethovens Verhältnis zu seinen Verlegern[17], einem klassischen Gatekeeper, kann als Beispiel für die notwendige Integration der Musikwirtschaftsforschung in die Musikwissenschaft – und umgekehrt – dienen, denn Beethoven wollte zwar als Komponist frei und unabhängig bleiben, lehnte Auftragswerke in der Regel ab, allerdings bot er wohlhabenden Mäzenen seine Werke vor der Drucklegung gegen ein Honorar zur exklusiven Nutzung von sechs bis zwölf Monaten an, um es erst anschließend gleich mehreren Verlagen anzubieten, die dadurch in Konkurrenz zueinander traten und – so die Hoffnung – höhere Honorare an ihn zahlten. Denn vor dem Aufkommen eines Schutzes von Urhebern und der Etablierung von Verwertungsgesellschaften war die Einmalzahlung seitens der Verlage für neue Werke die Haupteinnahmequelle von Tonsetzern. Gleichzeitig wäre Ludwig van Beethoven vielleicht heute nicht weltweit bekannt, hätte es nicht die distribuierende Verlagswirtschaft gegeben. Die bis heute stattfindende tiefgründige wissenschaftliche Auseinandersetzung mit dem in Bonn geborenen Komponisten verdanken wir also schlussendlich (auch) der Existenz der sich allmählich entwickelnden Musikwirtschaft.

Zwar ist gerade über Ludwig van Beethovens Verhältnis zu seinen Verlegern einiges im Detail bekannt, das Bonner Beethoven Haus widmet diesem Thema sogar ein eigenes Thema der aktuellen Internetausstellung[18], auch kennen wir zahlreiche Details zur meist prekären Finanzlage von Richard Wagner, doch sind musikwirtschaftliche Fragestellungen im Rahmen der dominierenden Historischen Musikwissenschaft noch eher eine Ausnahme, gar eine Randnotiz. Dies gilt in besonderem Maße für kommerzielle Produkte per se, also die populäre und damit kommerziell erfolgreiche Rock- und Popmusik. Diese wird in großen Teilen noch immer mit Argwohn betrachtet, auch wenn es, wie bereits beschrieben, inzwischen Lehrstühle für populäre Musikformen gibt. Doch selbst hier werden musikwirtschaftliche Fragestellungen nur selten betrachtet, obwohl Popmusik per se ein Industrieprodukt ist, ein Erzeugnis, das (oftmals rein) unter betriebswirtschaftlichen Aspekten vorwiegend von Großkonzernen (Majors) erdacht, konzipiert, hergestellt, vermarktet und vertrieben wird.

Michael Katz (2010) stellte in seinem Buch *Capturing Sounds* die These auf, dass der musiktechnische Fortschritt im Bereich Tonstudio bzw. in Bezug auf das Instrumentarium die gespielte, produzierte und konsumierte Musik verändert hat, eine These, die er ganz klar belegen kann, sodass dies als Faktum voraus-

---

17 Vgl. zum Verhältnis von KomponistInnen und VerlegerInnen auch Bartels (2009).
18 Die Internetausstellung des Beethoven Hauses „Beethoven und das Geld. ‚Alle Noten bringen mich nicht aus den Nöthen!'". Verfügbar unter http://www.beethoven-haus-bonn.de/sixcms/detail.php/31559, [26. Juni 2017].

gesetzt werden kann. Ebenso ließe sich aber auch die These aufstellen, dass die sich stetig verändernde Musikwirtschaft in ihren unterschiedlichen Facetten wie Tonträgerindustrie, Live-Business, Urheberrecht, Verwertungsgesellschaften etc. konkrete Auswirkungen auf die geschriebene und produzierte Musik gehabt hat und in Zukunft haben wird. Diesem großen Thema, was nichts anders bedeutet, als die Musikgeschichtsschreibung gänzlich neu zu bewerten, muss sich die Disziplin Musikwissenschaft in Zukunft interdisziplinär mit anderen Fachdisziplinen nähern, muss sich austauschen, muss voneinander lernen. Denn Musik ist nicht nur ein von allen geliebtes Kulturgut, über das es so viele wundervoll geschriebene Abhandlungen gibt, Musik war, ist und bleibt ein relevantes Wirtschaftsgut, an dem unterschiedliche Stakeholder profitieren. Musik erfreut uns, Musik emotionalisiert uns, Musik ärgert uns, aber es ist in jedem Fall vor- oder nachgelagert als wirtschaftliches Gut zu betrachten. Doch letztlich ist es ein Fakt, dass es innerhalb der Musikwirtschaftscommunity (noch) sehr wenige klassisch ausgebildete MusikwissenschaftlerInnen gibt. Ist der Zugang von anderen Fachdisziplinen aus einfacher? Schlicht und ergreifend interessanter? Benötige ich im Umfeld der Musikwirtschaft Kenntnisse und Fähigkeiten, die MusikwissenschaftlerInnen qua Ausbildung nicht besitzen?

9.4 Neue Ansätze: Musikmanagement (BA) an der Universität Saarbrücken

Einen neuen Ansatz verfolgt dahingehend die Universität des Saarlands mit ihrem Bachelorangebot Musikmanagement, das in seinem fachlichen Kern auf einem musikwissenschaftlichen Studiengang basiert – dazu später mehr. Ziel und Gegenstand des BA Musikmanagement an der in Saarbrücken ansässigen Universität sind:

> „Gegenstand des Studiums ist die Musik in verschiedenen Erscheinungsformen in Geschichte und Gegenwart und ihre Vermittlung in den Institutionen des gegenwärtigen Musik- und Kulturlebens. Dabei werden zugleich praktische Kenntnisse über die Funktionen und Strukturen von Institutionen erworben, die das gegenwärtige Musik- und Kulturleben prägen. Externe Berufspraktika geben Einblicke in konkrete Arbeitsbedingungen und deren kommunikative und organisatorische Anforderungen. (…) Absolventen des 6-semestrigen Studiengangs mit dem Abschluss ‚Bachelor of Arts (B. A.)' sind für Berufe der administrativen und medialen Beschäftigung mit Musik qualifiziert. Dazu gehören die mit Musik befasste Kulturarbeit in öffentlichen und privaten Einrichtungen und Institutionen, ebenso die Konzeption sowie das Marketing von Musikfestivals und ähnlichen Konzerteinrichtungen, Öffentlichkeitsarbeit an Theatern, Opern- und Konzerthäusern sowie an Klangkörper gebundene Einrich-

tungen, die redaktionell-journalistische Arbeit bei Printmedien, im Rundfunk und Fernsehen und die mit Musik befasste kulturpolitische Arbeit." (Uni Saarland, 2017a)

Ähnliche Berufsfelder für AbsolventInnen finden sich auch in regulären musikwissenschaftlichen Studiengängen, doch geht der BA Musikmanagement einen neuen Weg, indem er eng mit weiteren Fakultäten der Universität wie Rechts- und Wirtschaftswissenschaften kooperiert, um neue curriculare Inhalte anbieten zu können. Letztendlich setzt sich das Bachelorstudium mit seinen 180 Credit Points (CP) wie folgt zusammen: 96 CP, und damit mehr als die Hälfte, setzt sich aus ‚klassischen' Modulen aus dem Feld Musikwissenschaft zusammen, wozu u. a. Kurse in Musikgeschichte, Repertoire oder eigene Musikpraxis (Chor oder Orchester) zählen. 16 CP werden für das Modul Berufspraxis (Praktikum und Kolloquium) eingesetzt. Hinzu kommen Schlüsselkompetenzen und Sprachen (12 CP), eigene künstlerische Projekte (13 CP) sowie die Abschlussarbeit (10 CP).

Für andere Module aus dem Bereich Management (Wirtschaft, Recht, Marketing etc.) sind im Studienverlauf maximal 33 CP[19] vorgesehen (Uni Saarland, 2017b), also ca. ein Sechstel des gesamten Angebots.

Ist dieses Sechstel ausreichend? Darüber ließe sich trefflich diskutieren. Immerhin ist in Saarbrücken (erstmals) der Versuch unternommen worden, verschiedene Disziplinen, die für die Arbeit (und die Forschung) im Bereich Musikwirtschaft von Relevanz sind, in einen Studiengang zu integrieren, der sich aber, darauf deuten die Module hin, vor allem an den subventionierten Klassikmarkt ausrichtet.[20] Trotzdem bleibt in diesem Fall der Kern des Faches, also Musikwissenschaft, bestehen – auch wenn der Name des Studiengangs etwas anderes suggeriert. Die nächsten Jahre werden zeigen, ob sich solch ein Studiengang im Portfolio durchsetzen kann. Sicherlich wird es interessant sein zu beobachten, ob aus dieser Verbindung von Disziplinen, die die Inter-Disziplin Musikwirtschaftsforschung auszeichnet, neue Ansätze auch für die Musikwissenschaft ausgehen werden.

---

19 Diese 33 CP setzen sich wie folgt zusammen: Module Wirtschaft und Recht (15 CP), Modul Musikmanagement/Marketing (6 CP) sowie Vertiefung (12 CP). Die Vertiefungsmodule können allerdings auch aus dem Fächerangebot von Musikwissenschaft gewählt werden, sodass auch „nur" 21 CP mit managementorientierten Fächern absolviert werden könnten. (vgl. Uni Saarland, 2017b)

20 Eine genaue Abfolge der Module sowie darin beinhaltete Kurse findet sich unter: http://www.uni-saarland.de/fileadmin/user_upload/Studium/studienplanung/bachelor/Studienpläne/Studplan_BA_2015/Musikmanag_BA_Studplan.pdf, [27. Juni 2017].

9.5 Ausblicke

Für die Disziplin Musikwissenschaft ist es wichtig, die Musikwirtschaftsforschung bzw. darin befindliche Disziplinen als Teilgebiet in die (universitäre) Ausbildung der Musikwissenschaft zu integrieren, ebenso wie es mit Themenfeldern wie Akustik, Soziologie oder Psychologie etc. bereits geschehen ist. Auch in der sich inzwischen etablierten Sub-Disziplin Populäre Musik ist dies noch längst nicht ausreichend geschehen. Zwar kann man sich wissenschaftlich intensiv mit der Rolle der Frau in Musikvideos des Heavy Metals auseinandersetzen, tiefgründige Einblicke in die Formen und Methoden der (Musik-)Wirtschaft werden aber kaum vermittelt. Zu oft wird nach dem Prinzip verfahren, populäre Musikströmungen sind halt da, beschäftigen wir uns damit. Die Gründe ihrer wirtschaftlichen Existenz von Produktion bis Distribution werden hingegen meist noch ausgeklammert.

Doch dieser Mangel ist nicht nur auf Ausbildungsseite zu sehen, sondern kann auch im Ausstellungssegment besichtigt werden. Das in Gronau ansässige rock'n'popmuseum, das größte Museum für populäre Musik in Deutschland, beleuchtet zwar in seiner Dauerausstellung – sowie in den regelmäßigen Wechselausstellungen – zahlreiche Phänomene populärer Musikströmungen, der Bereich (Musik-)Wirtschaft war hier aber noch gänzlich ausgeklammert. Dies änderte sich erst mit der durch den Autor des Beitrags kuratierten Ausstellung *We're only in it for the money. Musik als Ware,* die zwischen Oktober 2016 und April 2017 einen intensiven Blick auf die wirtschaftlichen und rechtlichen Zusammenhänge der Musikwirtschaft sowohl historisch als auch aktuell bot (vgl. Lücke, 2016). Zentrale Frage dieser Ausstellung war die der Vermittlung, wie also komplexe Sachverhalte einem Laienpublikum zugänglich gemacht werden können, wofür ein musikwissenschaftlicher Ansatz gewählt wurde, die verschiedenen Themenkomplexe mit zentralen Künstler, Alben oder einzelnen Titeln zu verbinden.[21]

Und weitere Veränderungen werden sichtbar: In den letzten zwei, drei Jahren sind einige grundlegende bzw. überblicksartige Sammel- bzw. Methodenwerke zur Populären Musik auf Deutsch erschienen. Im als Lehrbuch des Laaber Verlags erschienenen Sammelband zur Populären Musik (Pfleiderer, von Appen & Grosch, 2014) nimmt die *Kleine Geschichte der Musikindustrie* zwar nur ein Kapitel mit 17 Seiten ein (Gebesmair, 2014), doch interessanterweise hat Jan Hemming in *Methoden der Erforschung populärer Musik* mit Musikindustrie und Urheberrecht der Musikwirtschaft ein eigenes Methodenkapitel gewidmet (Hemming, 2015). Diese Entwicklung, dass sich Musikwissenschaftler mehr mit der Thematik der Musikwirtschaft auseinandersetzen und dies auch durch Publikationen in der

---

21 Vgl. dazu den noch nicht erschienenen Aufsatz von Lücke (o. J.).

Lehre verortet wird, ist mehr als begrüßenswert und sicherlich in Zukunft noch stärker ausbaubar. Denn für die Musikwirtschaftsforschung erscheint es zentral, sich nicht nur mit den Produktions-, Distributions- oder Rezeptionsbedingungen von Musik auseinanderzusetzen, sondern mit dem Kern an sich, also der Musik, ihren Genres und Stilen. Beide Felder bedingen einander, diese so wichtige Erkenntnis muss weiterhin auf verschiedenen Ebenen in Lehre und Forschung intensiv gefördert werden.

Literatur

Adler, G. (1885). Umfang, Methode und Ziel der Musikwissenschaft. *Vierteljahresschrift für Musikwissenschaft* 1, 5–20.
Bartels, U. (2009). Komponisten – Verleger – Komponisten und Verleger. Ein Streifzug. In C. Bullerjahn & W. Löffler (Hrsg.). *Musik und Ökonomie. Finanzieren und Vermarkten von und mit Hilfe von Musik – Musikästhetisches und musikpädagogisches Haushalten* (S. 143–162). München: Olms.
Bolz, S., Kelber, M., Knoth, I., & Langenbruch, A. (Hrsg.) (2016). *Wissenskulturen der Musikwissenschaft: Generationen – Netzwerke – Denkstrukturen*. Bielefeld: transcript.
Brandhorst, J. (2009). Die kollektive Wahrnehmung von Urheberrechten als Teil der Musikwirtschaft. Aufgaben und Arbeit der GEMA. In C. Bullerjahn & W. Löffler (Hrsg.). *Musik und Ökonomie. Finanzieren und Vermarkten von und mit Hilfe von Musik – Musikästhetisches und musikpädagogisches Haushalten* (S. 54–84). München: Olms.
Brandhorst, J. (2010). Die Verteilung Teil II. Abrechnung in der Sparte E. *GEMA Virtuos* 5, 52–57.
BVMI (2017). *Musikindustrie in Zahlen 2016*. Berlin. [Broschüre]
Cadenbach, R., Jaschinski, A., & von Loesch, H. (1994). Musikwissenschaft. In L. Finscher (Hrsg.). *Die Musik in Geschichte und Gegenwart. 26 Bände in 2 Teilen* (Sp. 1789–1834). Kassel, Stuttgart: Bärenreiter; Metzler.
Gebesmair, A. (2014). Wechselnde Koalitionen. Eine kleine Geschichte der Musikindustrie. In M. Pfleiderer, R. von Appen & N. Grosch (Hrsg.). *Populäre Musik. Geschichte – Kontexte – Forschungsperspektiven* (S. 72–89). Laaber: Laaber.
GfK (2014). *Veranstaltungsmarkt 2013*. München: Keller.
Hemming, J. (2015). *Methoden der Erforschung Populärer Musik*. Wiesbaden: VS Verlag.
Katz, M. (2010). *Capturing Sound: How Technology has Changed Music*. Berkeley et al.: University of California Press.
Limper, J., & Lücke, M. (2013). *Management in der Musikwirtschaft*. Stuttgart: Kohlhammer.
Logier, J. B. (1827). *System der Musikwissenschaften und der praktischen Komposition*. Berlin.
Lücke, M. (2016). *We're only in it for the money. Musik als Ware*. Gronau. [Broschüre]
Lücke, M. (o. J.). „We're only in it for the money. Musik als Ware." Wie erkläre ich es der Zielgruppe. In A. Meyer (Hrsg.). Musikausstellungen. München: Olms. [in Druck]
Middleton, R. (2002). *Studying Popular Music*. Philadelphia: Open University Press.

Pfleiderer, M., von Appen, R., & Grosch, N. (Hrsg.) (2014). *Populäre Musik. Geschichte – Kontexte – Forschungsperspektiven.* Laaber: Laaber.

Potter, P. (2000). *Die deutscheste der Künste. Musikwissenschaft und Gesellschaft von der Weimarer Republik bis zum Ende des Dritten Reichs.* Stuttgart: Klein-Cotta.

Rösing, H., & Petersen, P. (2000). *Musikwissenschaft. Was sie kann, was sie will.* Reinbek: Rowohlt.

Rothkam, J., & Schipperges, T. (Hrsg.) (2015). *Musikwissenschaft und Vergangenheitspolitik. Forschung und Lehre im frühen Nachkriegsdeutschland. Mit den Lehrveranstaltungen 1945 bis 1955.* München: edition text+kritik. [CD-ROM]

Rothkam, J. (o. J.) Musikwissenschaftler. In: M. Lücke (Hrsg.). *Lexikon der Musikberufe.* Laaber: Laaber (o. S.) [im Druck]

Schneider, A. (1993). Systematische Musikwissenschaft: Traditionen, Ansätze, Aufgaben. *Systematische Musikwissenschaft* 1 (2), 145–180.

Schneider, M. C. (2009a). Barocker Musikunternehmer. *Handelsblatt* 71, 14. April: 13.

Schneider, W. (2009b). Kulturpolitische Überlegungen zur Musikförderung in Deutschland. Eine weitere ‚Unvollendete'. In C. Bullerjahn & W. Löffler (Hrsg.). *Musik und Ökonomie. Finanzieren und Vermarkten von und mit Hilfe von Musik – Musikästhetisches und musikpädagogisches Haushalten* (S. 85-108). München: Olms.

Statistische Ämter des Bundes und der Länder (2016). *Kulturfinanzbericht 2016.* Wiesbaden. [Broschüre]

Tschmuck, P. (2001). *Die höfische Musikpflege in Tirol im 16. und 17. Jahrhundert: eine sozioökonomische Untersuchung.* Innsbruck: Studien-Verlag.

Uni Saarland (2017a). *Musikmanagement (Bachelor).* Verfügbar unter http://www.uni-saarland.de/campus/studium/studienangebot/az/m/musikm-ba.html, [27. Juni 2017].

Uni Saarland (2017b). *Musikmanagement (Bachelor). Studienverlauf.* Verfügbar unter http://www.uni-saarland.de/campus/studium/studienangebot/az/m/musikm-ba/studienverlauf.html, [27. Juni 2017].

Vogler, G. J. (1776). *Tonwissenschaft und Tonsetzkunst.* Mannheim: Kuhrfürstliche Hofbuchdruckerei.

The manufacturer's authorised representative in the EU is Springer Nature Customer Service Centre GmbH, Europaplatz 3, 69115 Heidelberg, Germany. If you have any concerns regarding our products, please contact ProductSafety@springernature.com

Printed and bound by CPI Group (UK) Ltd, Croydon, CR0 4YY

25/03/2026

02078212-0001